浙江省高等教育重点建设教材

高职高专规划教材

市场调研与分析

郑聪玲 著

ZHEJIANG UNIVERSITY PRESS
浙江大学出版社

目 录

CONTENTS

市

场

营

销

学

项目一
岗前准备工作

【项目概要】

作为市场调研人员，首先要了解企业市场部的工作权限及职责，了解市场部的组织架构，熟悉市场调研人员的岗位职责，并在此基础上掌握市场调研与分析业务的基本流程。所以，在这一项目里包括：熟悉市场调研人员的岗位职责、掌握市场调研与分析工作流程两个模块。为了使同学们做好岗前准备工作，我们在各个模块里分别设计了相应的工作任务，并提供了参考案例。

【学习目标】

能力目标：能根据企业市场调研与分析业务的操作流程做好上岗前的准备工作。

知识目标：了解市场部的职能及工作权限；熟悉企业市场调研人员的岗位职责；理解市场调研的概念，理解市场调研与分析的工作过程。

素质目标：培养团队合作精神；培养学生独立发现问题、分析和解决问题的能力。

模块名称	能力目标	知识目标	素质目标
模块1：熟悉市场调研人员的岗位职责	能熟悉市场调研人员的岗位职责	了解市场部的职能及工作权限 了解市场部的组织架构 熟悉市场调研人员的岗位职责	学会与人沟通 增强自主学习能力和自我管理能力 培养开拓意识
模块2：掌握市场调研与分析工作流程	能掌握市场调研与分析工作流程	掌握市场调研与分析业务的基本流程	增强自主学习能力和自我管理能力 培养学生服务意识和法律意识

销售与市场谁轻谁重

由于我们从计划经济时代转到市场经济时代的年头还不够长，所以直到今天很多人对市场经济体系里的一些基本概念还不清楚，因此，对于到底什么是推销、什么是营销、市场营销与销售是一种什么样的关系等问题好像还不是很明确。为了回答这些最初级的问题，我们有必要从最基本的概念谈起。

胳膊和大腿哪个重要？

我们可以把市场部比喻成侦察兵，而销售部是作战部队。

这个问题不用回答，大家都知道答案，因为胳膊与大腿缺一不可。一个人只要缺少任何一个"部件"，就称为"残废"，因为人身体上不同"部件"的作用不同，扮演着不同的角色，不存在谁更重要的问题。

同样，在一个企业里，市场部与销售部扮演着不同的角色，负责不同的工作，也不存在谁更重要的问题。

大家都听说过"瞎子背瘸子"这个比喻吧，道理其实差不多。我们可以把市场部比喻成侦察兵，而销售部是作战部队。没有侦察兵的话，作战部门就会像瞎子一样"胡打乱打"，没有章法，没有节奏，甚至没有明确的目标，尽管销售人员非常努力，可是只能碰运气，效果可想而知。同样，如果只有侦察兵而没有作战部队的话，照样不能完成任务，因为我们虽然知道下一步该做什么，但却没有人去做，结果就只能是纸上谈兵。

今天和明天哪个重要？

销售部的任务是关注今天，让企业有健康的现金流进来，而市场部的任务是关注明天，激发未来的市场需求。

我想没有哪个人愿意为了今天的短期利益而牺牲明天的长期利益，"过把瘾就死"。所以每个人都会"长短结合"地来考虑自己的未来。企业市场营销自然也不例外，必须兼顾短期利益与长期利益，找到平衡点。

如果一个企业只顾今天，明天就可能没有饭吃，这样的企业就成为"只低头拉车，不抬头看路"的"瞎子"，走到哪算哪，过着"有上顿没下顿"的不稳定生活；销售人员的日子会一天比一天难过，每到1月1日，一切都"置零"，要从头开始，而且往哪里走还要自己去摸索，始终处于"冒险"的状态。另一方面，如果企业只看明天，那今天就可能饿死，只能看着美好的画面充饥，这样的企业往往是好高骛远，生活在虚幻之中，靠幻想来激励自己，但却总也达不成目标。

所以说在一个企业里，销售部的任务是关注今天，让企业有健康的现金流进来；而市场部的任务则是关注明天，即寻找未来的机会，识别未来的机会,激发未来的市场需求,让目标客户对本企业的完整产品产生兴趣,源源不断地产生"潜在客户流",为销售部输送"准客户"。

战略与执行哪个重要?

市场部负责企业今后3~5年的市场营销策略设计,而销售部则要负责下一年的具体实施。

一本《执行》一夜之间唤醒了很多企业家和经理人,好像大家都找到了问题的根源,找到了解决企业问题的灵丹妙药,所以"执行"这个概念以"前所未有"的超常规速度被越来越多的企业当做"法宝"。可是在没有明确的企业战略之前,大家执行什么?

这是一个再简单不过的问题了,可是很多企业家和决策者都不愿意承认自己的企业没有战略,很多人把想法当做战略,把目标当做战略,把理想当做战略,等等。所以企业一遇到问题,就把他们归结为"执行"不力。就像我以前在其他文章中反复强调过的那样,绝大多数中国企业目前面临的挑战是"战略的缺失",而这个战略的缺失给他们带来的是"明天的困惑",今天大谈执行为时尚早,因为与跨国公司所处的阶段不同,千万不要盲目跟风。

可以说,如果一个企业没有设置市场部,就不存在市场部与销售部的分工,所以战略只能来自老总的灵感,而不是客观的、科学的分析。通常情况下,市场部负责企业今后3~5年的市场营销策略设计(而销售总监必须参与战略设计),同时销售部负责下一年的具体实施。在这种情况下,市场部的作用类似于军队里的参谋部,是战略设计部门,而销售部是执行部门,所以战略与执行缺一不可。

先做销售还是先做市场?

竞争越充分,市场部的职能就越重要。到底是先做销售,还是先做市场,要看行业的竞争态势和各企业在目标市场上的地位。

一般说来,在竞争不充分(并非不激烈)的市场上,由于产品差异化很小(甚至根本没有),大家都把精力放在捕捉现有的市场机会上面,只要能生产出类似的产品就能够赚到钱。尤其是有了一些知名度的企业,就可以采用OEM或者是ODM的方式快速进入到一个新的市场,由于采用跟踪战略,用不着做科学的市场调查,用不着做消费者行为分析,也用不着什么战略设计,只要跟着别人走就行了。

这样做在假冒伪劣产品依然横行的市场环境中的确有其存在的价值,因为消费者不知道该相信谁,能相信谁,只要出现几个(相对说来)可以信赖的品牌,就会优先选择这些企业的产品。在这个时期,销售部是企业里最重要的部门,而市场部的确没有什么大用途,充其量也就是替销售部打杂的"小工"，帮助销售队伍做宣传，做渠道支持等辅助性工作。这个时候，市场上最典型的竞争要素就是价格战和广告战，销售部完全可以胜任，这就是我们所说的典型的推销模式阶段。

但是随着竞争市场营销策略的加剧，再靠没有差异的产品就很难生存下去。一旦某个市场进入完全竞争状态，假冒伪劣产品就会逐渐退出市场，由于剩下来的大企业又过多，就只有通过"优胜劣汰"来洗牌，从而进入最后的垄断竞争状态。

在这个阶段，企业靠销售人员"单打独斗"已经不可能取胜了，尤其是不可能取得全面性、决定性的成功了。这时候市场部的价值就开始体现出来了，因为企业需要有专人去布局、去规划、去设计，并按照游戏规则出牌，把不遵守游戏规则的企业淘汰掉。

资料来源：高建华：《销售与市场谁轻谁重》，载 www.thldl.org.cn/news/1001/31401.html，2010 年 1 月 19 日。

—— **小思考** ——

①请思考一下企业中市场部的作用。

②市场部和销售部的关系是什么？

通过上述案例的学习，我们可以得知：在市场营销活动中，市场部和销售部是通过相互配合来完成最终的营销任务的。市场部的作用是解决消费者是否乐意购买产品的问题，而销售部解决的是消费者是否能够买到的问题。因为市场调研与分析业务是市场部的主要工作内容之一，市场调研人员的工作要与市场部的其他方面的工作相互配合，才能履行好市场部的职责，因此，我们必须在全面了解市场部的职责、组织架构及人员分工的基础上，熟悉和掌握市场调研人员的岗位职责、市场调研与分析业务的工作流程等内容，从而为从事市场调研与分析工作做好上岗前的准备工作。通过本项目的学习，你将全面了解上述内容。

模块 1　熟悉市场调研人员的岗位职责

要做好市场调研与分析工作，首先需要在了解市场调研人员的部门归属、岗位职责等的基础上，认识到市场调研与分析工作的重要性和市场调研人员应该具备的知识、技能和素质，以便在之后的项目学习中明确学习目的、理清思路、分清主次、有针对性地培养自己的各项技能和能力。以下的任务则呈现市场部职能、工作权限、组织架构、市场调研人员的岗位职责等全部知识。

一、演练项目任务

背景设计

1. 某公司市场部组织结构与责权列表如下：

部门	市场部	部门负责人	市场部经理	直属领导	营销总监
部门组织结构图					部门编制

	经理级1人
主管级7人	
视情况而定	

职责	1. 根据市场调研结果，开展现有市场分析和未来市场预测
	2. 负责市场策划、公关与市场开拓工作
	3. 负责制定营销、产品、促销、形象等策划方案，并协助相关部门共同实施
	4. 负责产品、产品线的规划与管理工作
	5. 负责企业广告战略的制定与实施工作
权力	1. 有制定市场战略的参与权
	2. 有对各类市场策划方案的审核权
	3. 有对市场开发计划的执行权
	4. 有对部门内部员工的考核权
	5. 有对部门内部员工聘任、解聘的建议权

相关说明					
编制人数		审核人员		批准人员	
编制日期		审核日期		批准日期	

2. 某公司市场调研专员的岗位职责如下：

职责1	协助市场调研主管具体组织市场调研活动
职责2	制定调研方法、调研路径、制作数据统计表格
职责3	市场环境变化的调研、整理和报告
职责4	市场竞争对手、竞争产品、竞争策略信息的收集、整理和汇报工作
职责5	顾客购买习惯、购买心理等信息调研
职责6	新产品市场反馈调研，并提出改善意见
职责7	市场趋势和市场潜力分析
职责8	分析产品或服务的潜在市场
职责9	协助调研主管完成调研报告
职责10	完成领导临时交办的任务

请完成以下任务：

（1）根据背景1资料，归纳总结市场部所要做的工作；

（2）根据背景2资料，归纳总结市场调研人员所要做的工作。

二、理论知识

市场调研人员的部门归属是企业市场部。市场部是面向市场做营销分析，制订相关营销计划，对已制订的计划进行追踪评估以达到营销控制目的的职能部门，对营销总监直接负责。

（一）市场部的具体职能

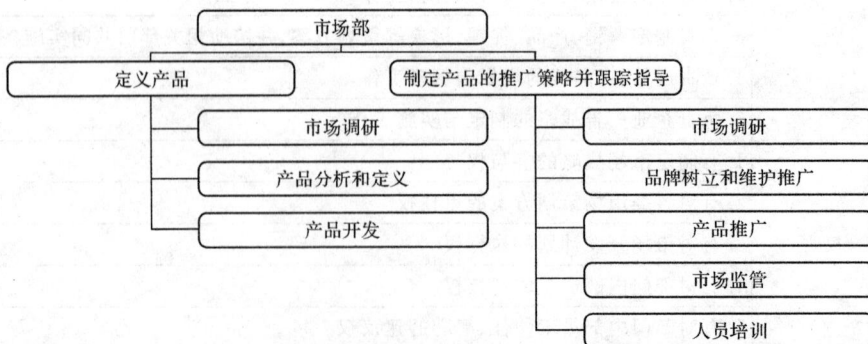

从本质上讲，企业中市场部的职能有两个基本方面：

第一个基本方面是定义产品。

就是市场部为贯彻企业的经营目标,站在行业发展和市场需求的角度,确立企业应该开发生产的产品和服务,并用语言文字和图表把这一产品和服务清晰地表达出来;而要完成好这一基本职能,就需要做好三个方面的工作:

1. 市场调研:调查研究是一切工作的开始,没有调查就没有发言权,就没有新发现。调查研究是企业一切决策的基础。市场部根据企业的经营目标和经营范围,来制定市场调研的信息收集范围、内容、标准、方法,信息汇总分析的内容、关键指标、格式,信息交流传递的机制和流程等项工作。

在企业定义产品方面,市场调研的范围一般包括行业与市场研究、购买行为研究和产品研究。

2. 产品分析和定义:市场部结合收集的各类内部信息、外部信息,以及企业的经营方向、目标计划、自身资源、优势、以往的销售数据等进行综合分析,确立企业产品开发计划,并对产品进行可行性分析。

3. 产品开发:市场部提出新品概念,并具体化为新品开发计划,经过可行性分析,由公司批准同意后,就交给产品开发中心来负责落实新品的开发工作。

第二个基本方面是制订产品的推广策略并跟踪指导。

新品开发出来以后,如何指导协助销售部门去销售,通过什么样的渠道去推广?怎样推广?这就是涉及市场部的第二项基本职能:制定产品的推广策略。这项职能通常包括以下五个方面:

1. 市场调研:在企业制订产品的推广策略并跟踪指导方面,市场调研的范围一般包括产品研究,定价研究,分销研究和促销研究。

2. 品牌树立和维护推广:市场部根据企业的经营目标、行业地位、市场环境等情况,确立和调整企业的品牌定位、传播理念、CI(企业识别)和 VI(视觉识别)形象、品牌管理标准,制定和执行企业品牌的媒体传播、公关活动计划,制定和执行企业文化的传播和公关计划。

3. 产品推广:产品推向市场后,不仅存在如何销售的问题,更存在如何规范的销售问题。这就需要市场部向销售部提供市场策略支持,并进行跟踪指导服务,并对新品推广情况进行监管评估、分析反馈。

4. 市场监管:是对销售部实施营销计划过程、结果、费用兑付的评估、审核,以行使市场监控职能,保持市场的稳定性、企业品牌形象的统一性和规范性,搞好企业的售后服务工作。

5. 人员培训:为了不断提升营销队伍的综合素质和工作执行力,需要定期开展系统的培训工作。市场部要负责确定培训的内容、挑选培训人员、审核培训材料、组织培训、进行培训评估等工作。

（二）市场部的工作权限

市场部的作用是解决消费者是否乐意购买产品的问题，也就是说愿不愿意购买的问题都属于市场部管辖的范畴。

在企业的具体操作行为当中，市场部所要做的工作如下：

1. 进行市场的定位：选择适合的产品市场，确定市场范围，即：对市场进行人群定位，找出该人群的特征与习惯，并对该人群的需求进行分析，以当时当地的人群需求特点制定对应市场的策略和方式。

2. 对产品进行定位：根据市场的人群特点，对产品的利益进行整合并与定位好的市场进行对接。这些工作包括：产品的品牌是否符合市场认知习惯和喜好，是否与产品的利益产生歧义，是否适合推广；产品的价格是否为目标市场所认同，是否符合产品的流转速度需要，是否符合消费市场所能接受的概念；产品的卖点和概念之间是否可以支持品牌成长，是否可以促进产品的销售但又不损伤品牌；产品的包装是否符合消费者的接受习惯，是否可以产生视觉影响力和视觉接受频率的习惯，是否适合该产品的渠道和物流需要，是否符合产品概念的成本；产品的市场诉求是否可以满足消费者的利益和结果需要，是否利于推广。

3. 对推广进行策划：根据当时的市场状况，制订适合企业的推广策略和计划，制订符合目标群体接受习惯的广告策略和计划，制订不同阶段的促销计划，制订人员的推广和助销方式，制订产品的引导和展示规划，制定市场销售的行为准则及终端的促进计划。

4. 对渠道方式进行策划：设计符合产品特点的渠道利用方式，设计产品的物流体系，对产品市场的阶段能力进行调研和评估，针对性地加快产品的市场流速促进及市场的品牌促进，改进渠道的方式及策略规划，以更加适应整体市场的变化需要；对销售人员进行适当的市场培训，让业务人员在终端学会利用渠道的方式和方法，为销售的扩大创造市场需求条件，同时为企业更有效地利用渠道策略解决销售问题奠定基础。

5. 有效地进行市场控制：一个企业的产品在市场上的成功需要的不仅仅是策略，还要有一套完善的计划体系进行保障。市场部需针对变化的市场情况有效地制订阶段性的目标计划，此时要考虑产品的阶段性特点、产品的淡旺季特点、产品的区域性接受特点、产品的人群区隔特点、产品的市场细分特点等。这些特点同时又面临着企业经济的发展状况、区域的文化特点及历史沿革等多方面的影响。

6. 塑造产品的品牌：不同的产品，其品牌价值不同。有些品牌的价值是通过单个产品体现出来的,而有些则是通过产品的重复消费体现出来。对于企业来说,产品和品牌都可以带来利润。产品可以通过销售卖给消费者,品牌则可以通过营销的方式让消费者购买。所以,市场部的职责是让消费者看到品牌的价值,并且购买它。生产一个产品需要成本,塑造一个品牌也需要成本,工人生产产品创造出产品的利益价值,而市场部门则要塑造出产品的品牌价值。塑造品牌的过程是营销的每一个细化过程,所以,市场部门的整体营销策略和策划能力是对企业的产品品牌塑造能力的一个保障。

（三）市场部组织架构及人员职责

市场部的基本架构形式

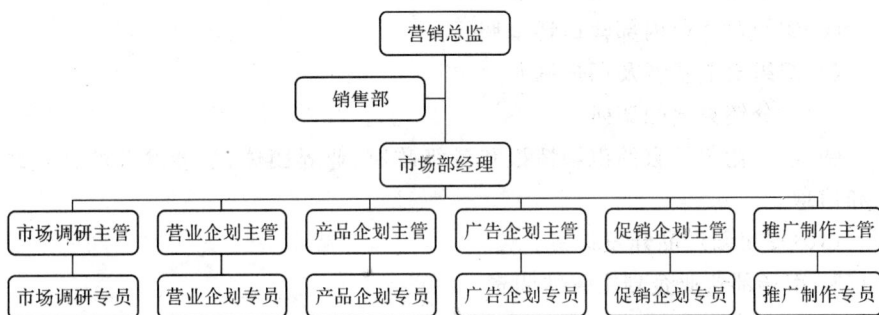

1. 市场部经理的职责

管理市场部工作,在市场部职能范围内行使人事管理权,部门内人员费用额度内审核权,营销计划的报批审核权。同时对营销计划的实施效果负领导和管理责任。对营销总监直接负责。其具体职责是:

（1）全面计划、安排、管理市场部工作。

（2）制订年度营销策略和营销计划。

（3）协调部门内部与其他部门之间的合作关系。

（4）制定市场部的工作规范、行为准则及奖励制度。

（5）指导、检查、控制本部门各项工作的实施。

（6）配合人力资源部对市场人员的培训、考核、调配。

（7）拟订并监督执行市场规划与预算。

（8）拟订并监督执行公关及促销活动计划,计划安排年、季、月及专项市场推广策划。

（9）制订广告策略,包括年、季、月及特定活动的广告计划。

（10）对市场进行科学的预测和分析,并为产品的开发、生产及投放市场做好准备。

(11)拟订并监督执行市场调研计划。

(12)拟订并监督执行新产品上市计划和预算。

(13)制订各项费用的申报及审核程序。

2．市场部市场调研主管的职责

(1)负责市场调研计划的制订及实施。

(2)建立健全营销信息系统,制定内部信息、市场情报收集、整理、分析、交流及保密制度。

(3)为本部门和其他部门提供信息决策支持。

(4)协助市场部经理制订各项市场营销计划。

(5)组织进行宏观环境及行业状况调研。

(6)组织对企业内部营销环境调研。

(7)组织对消费者及用户调研。

(8)对分销渠道的调研。

(9)收集竞争厂家的市场情报和各级政府、业界团体、学会发布的行业政策和信息。

(10)提出新产品开发提案。

3．市场部营业企划主管的职责

(1)制订各种不同的渠道配置计划。

(2)负责竞争产品信息的整理与分类。

(3)制订产品的分销计划。

(4)制订渠道政策与培训、激励和控制政策。

(5)定期分析、评估通路。

(6)与销售部及时沟通每月销量计划并适量安排生产。

(7)控制产成品、包装式样和库存数量。

(8)控制物流并适时通报促销计划。

4．市场部产品企划主管的职责

(1)制订产品年度、月度计划。

(2)负责产品开发,并与研发、生产、采购、财务等部门共同进行产品商业化运作企划。

(3)负责产品全方位企划,包括价格企划、包装企划、渠道企划、延伸企划。

(4)协助广告及促销企划部门进行产品广告及促销企划。

5．市场部广告企划主管的职责

(1)制订年、季、月度广告费用计划。

(2)负责企业各项产品、公关活动的策划与执行。

（3）正确地选择广告公司。

（4）督导广告及制作代理公司的工作。

（5）制订产品不同时期的广告策略。

（6）进行广告检测与统计，并保持与市场调研主管的业务沟通。

（7）及时进行广告、公关活动的效果评估。

6. **市场部促销企划主管的职责**

（1）根据公司的整体规划，进行年度、季度、月度及节假日的各种促销活动。

（2）负责拟订各种促销方案，并监督各种促销方案的实施与效果的评估。

（3）指导、监督各个区域市场促销活动计划的拟订和实施，制订市场促销活动经费的申报以及审批程序，并对该项程序予以监督。

（4）负责促销品的设计、制作及发放管理。

（5）负责区域销量的统计分析，并提出推进计划。

（6）制订不同时期、不同促销活动的各项预算，并依据预算控制促销经费的使用。

7. **市场部推广制作主管的职责**

（1）制订年度推广计划。

（2）负责各个商场专柜、专卖店的美术设计与制作以及 POP 的设计与制作。

（3）负责各种推广方案的制订。

（4）推广制作费用预算与控制。

（5）负责各种推广方案的实施，并对方案的实施予以监督，并进行销售的评估。

8. **市场部理货员的职责**

（1）安排固定的走街拜访线路。

（2）直接拜访零售店客户。

（3）完成商品化陈列工作，有效进行陈列位置、空间位置、地面陈列的管理。

（4）进行有效的购买点援助器材的张贴、悬挂及陈列。

（5）培育零售商店对于商品化陈列工作的积极态度和对深度分销的较多认识。

（6）积极了解并获得竞争对手的各种信息，积极利用有效渠道对相关信息进行反馈并提出建议。

（7）建立良好的客户关系，保持亲善的态度，树立公司的专业形象。

(8)积极有效利用促销资金,以最经济的方式运作并保持高效率。

(9)完整、准确、及时地制作、呈报各类报表。

(10)在市场代表的指导下,管理促销人员。

(四)市场部与销售部的协作关系

市场部应将以下企划提供给销售部,并作必要的说明、培训及研讨:

(1)销售促进计划。

(2)促销活动/公关活动计划及安排。

(3)POP 投放计划,促销/公关礼品发放计划。

(4)年、季度、月销售目标。

(5)产品市场占有率及品牌推广计划。

除此之外,还应检查及沟通终端市场活动状况,如设置市场部理货员职位负责终端市场的产品理货。

销售部应将以下工作向市场部提供:

(1)终端产品陈列情况。

(2)产品理货情况。

(3)POP 发放情况。

(4)网点开发、覆盖率情况。

(5)终端销售情况。

(6)终端促销信息反馈。

(7)区域销售状况。

(8)竞争品牌市场信息反馈。

(9)客户反馈。

销售部不仅要完成每月销售计划,还要反馈市场信息状况及竞争产品情况,以便市场部根据不同时期的变化指数预测未来市场产品需求走向,制订下月及调整下季度生产计划。

销售部在完成把产品有效送达销售终端的同时,要配合市场部达成有效推广,使消费者不仅能看到产品,而且能够产生购买欲望。所以,对销售终端的活动宣传,如产品摆放、促销活动配合、POP 的配合宣传都是销售部人员工作范围,也是与市场部沟通较多的环节之一。

三、实践操作

调研人员熟悉了市场部的职能、工作权限、组织架构及人员职责之后,就可以理解市场调研人员所要做的工作了,本部分将呈现市场调研的范围和市场调研人员的具体工作。

（一）了解市场部的职能与工作权限

结合市场营销专业知识，了解市场部的职能、市场部要做的工作及权限。

（二）明确市场调研的具体作用

在理解市场部要做的工作及权限之后，明确市场调研在企业市场部的工作中的重要作用。

美国营销协会（AMA）关于市场调研的定义是："市场调研是把消费者、客户、大众和市场人员通过信息联结起来，而营销者借助这些信息可发现和确定营销机会和营销问题，开展、改善、评估和监控营销活动，并加深对市场营销过程的认识。"它概括了市场调研的实际作用是：收集、分析并解释营销和各级管理层的其他决策所需的相关信息。

在企业经营管理决策中，我们需要深入地了解我们的消费者，要知道：谁是我们的买主，为什么、什么时候买，其购买行为如何变化；需要深入地了解我们的竞争者，要知道：谁是真正的竞争者，其优势何在，其未来的战略活动如何开展；同时我们还需要深入地了解我们自己：我们的绩效如何，我们的销售额是多少，市场份额是多少，企业形象如何，产品知名度有多高；此外，我们还需要认识环境的变化：经济对资源环境的影响，政府政策的变化，政治环境对销售的影响趋势，技术上的突破将引发制造方法的哪些变革，等等，这些问题常常需要市场调研来解决。如某电器公司的一次市场调研目的是："在蒸汽熨斗行业，是否还有尚未意识到的市场机会和问题？"又如该公司的另一次市场调研主题是："应该把即将推出的无绳电熨头的单价定为多少最合适？"

借助于市场调研所提供的信息，研究者能够透彻地了解消费者需求、偏好、习惯行为模式及其背后的内在动因，这对于处于引入期和成长期的产品尤为重要。在产品（或服务）在投入市场之前，通过详细准确的市场调研，可以在早期就确定产品的需求状况；在产品的成长期，为让产品起飞，市场调研还对细分市场、确定目标市场、选取产品的最佳价格、正确包装和策划广告宣传等活动起着重要作用。

（三）确定市场部的市场调研范围

市场调研作为营销决策的基础，其业务范围就显得很广。在企业中，市场调研业务主要包括以下几个方面：

（1）行业与市场研究：行业与竞争者分析（供应总量、市场份额、主要品牌、品牌忠实度等）、市场分析（市场特点研究、市场需求规模与结构的衡量、销售分析）、市场趋势预测（相关因素排列、发展轨迹分析、未来环境变化等）、兼并与多元化研究。

（2）购买行为研究：消费者分布及特征研究、市场细分研究、品牌认知与偏好研究、购买欲望与行为研究、购买者满意度与忠诚度研究。其中市场细分研究着重搜集关于产品的属性及其重要程度、品牌的知名度及受欢迎程度、产品使用方式、调查对象对产品的态度及购买欲望等信息。

(3)产品研究:概念构思与测试、品牌命名与测试、试销市场测试(新产品的市场接受情况及需求量调查)、现有产品市场测评、包装设计研究、竞争产品研究。

(4)定价研究:需求分析(包括市场潜力、销售潜力、销售预测等)、价格分析、价格弹性分析、竞争者价格分析、成本分析。

(5)分销研究:选址研究、渠道绩效研究、渠道覆盖面研究(主要流通环节、中间商类型、中间商品质、交易条件等)。

(6)促销研究:媒体测试、文案测试、广告效果测评、竞争性广告研究、公共形象研究、销售人员薪酬与绩效研究、促销效果测评。

(四)熟悉市场调研人员的职责与工作权限

从市场部的作用及市场调研范围之广可以看出,市场调研人员的职责重大。市场调研人员的职责主要是对市场调研工作内容的具体执行与任务的细节分配。具体来说,市场调研人员的工作可以概括为以下几个方面:

(1)根据营销决策的实际需要,确定调研主题。

(2)进行调研策划,如确定调研方法,制作数据统计表格。

(3)搜集市场环境、顾客需求及购买行为、竞争对手等信息。

(4)审核、分析相关数据,预测市场趋势和市场潜力。

(5)制作调研报告。

(6)向管理层提交调研报告。

四、问题与经验

通过本模块的学习,我们要解决两个问题,即明确市场调研在企业市场营销工作中的重要性以及市场调研人员的职责与所要做的工作。现实的经验和教训告诉我们:企业的市场部太重要了,企业市场部不仅是企业的参谋部,而且是企业的司令部。面对目前近乎惨烈的市场竞争,如果市场部的建制和团队力量跟不上,不但会严重影响品牌推广策略的组织实施,而且关系到整个企业指导作战的能力。

那么什么样的人最适合做市场调研的工作呢?

首先要有战略眼光,能从长远的角度考虑问题,他们关心的不是现在,是整个行业有哪些潜在的机会,如何把这些潜在机会变成本企业未来的现实机会,所以是探路者,是侦察部队。

其次要有洞察能力,市场营销需要在微弱的市场信号中发掘机会,并把各种因素组合起来分析,从而得出自己的结论。

再次要有表达能力,市场调研人员完成了市场调研、用户分析、竞争分析之后,要把这些资料整理成易于沟通的演示文件,能用简捷明了的语言去介绍、沟通,使大家理解并接受,所以市场调研人员必须是出色的演讲者,是宣传队。

五、参考范例

制订市场营销计划需要搜集的资料

一、企业概况

包括企业在国内外市场上的信誉、组织情况、人员构成、固定资产和总投资、成本利润控制、原材料供应、库存情况等。

二、利润和成本

产品的获利分析和成本分析。

三、产品

产品的用途和范围、优点与缺点、市场规模、限制市场大小的各种因素。

四、市场结构

市场的主要国内供应商、国内市场的地理差异化及季节或周期性差别、主要进口来源和主要进口者、有利于竞争者出现的因素等。

五、市场的变化趋势

市场大小和产品需求与 10 年、5 年前相比如何？变化趋势如何？

六、市场份额

企业每一个产品品类的市场份额、主要竞争品的市场份额、国内市场新老顾客销售额所占的比例。

七、销售情况和销售方法

采用什么样的渠道方式、所利用的渠道政策、市场终端的推进方式以及结款方式、送货方式、人员支持等。

八、包装和运输

包装使用情况、可分辨程度、运输包装制度以及对竞争性运输方法的比较等。

九、价格

规定产品价格的制度、与竞争产品价格(毛价、净价、折扣)的比较、价格波动原因等。

十、用户和消费者态度

顾客对产品的认知和喜好程度、购买选择度、对产品和企业的了解以及对产品质量及品质的认同感如何。

十一、新产品

产品与同类产品的差异、可替代的需求方式及科技的创新性如何。

十二、竞争性活动和竞争性产品

企业的市场竞争以及产品与同类产品在品质上、营销方法上的优劣势对比,企业人员的营销水平、市场运作能力以及推广表现、品牌状况等。

十三、需求

产品的需求如何,限制需求的因素有哪些?

十四、政府方面的因素

如产品税、销售税(含进口税)结构,产品和原料进口税如何,信贷条件、支持政策等。

资料来源:刘永炬著:《市场部》,京华出版社 2006 年版。

模块 2　掌握市场调研与分析工作流程

根据市场调研人员的职责与工作任务,我们将市场调研与分析的工作过程分为六个阶段,即:市场调研方案设计、市场调研问卷与抽样方案设计、实地市场调研的组织、市场调研数据的整理、市场调研数据的分析、市场调研报告的撰写与汇报。以下的任务则呈现市场调研与分析的完整工作过程。

一、演练项目任务

背景设计

见本模块参考范例资料。

请完成以下任务:

通过阅读参考范例——A 品牌的市场调研流程,归纳市场调研与分析工作过程的各阶段及每个阶段的工作步骤。

二、理论知识

尽管市场研究有多种不同的研究方法,但市场调研与分析总的流程(marketing research process)是一致的,我们将其分为六个阶段:

(一)市场调研方案设计

包括明确需要解决的营销管理问题、确定调研目标、选择市场调研的方法、确定调研进度及费用、撰写市场调研方案等主要步骤。

（二）市场调研问卷与抽样方案设计

包括设计信息及数据获得工具、设计抽样方案、确定样本量等主要步骤。

（三）实地市场调研的组织

包括挑选访问员、培训访问员、运作实施、复核验收等步骤。

（四）市场调研数据的整理

包括数据审核、数据的编码、数据录入、数据整理等步骤。

（五）市场调研数据的分析

包括设计数据分析的方法、数据分析等步骤。

（六）市场调研报告的撰写与汇报

包括撰写报告的摘要、目录、正文及附录、制作汇报 PPT 等工作。

以上流程参见图 1-1。

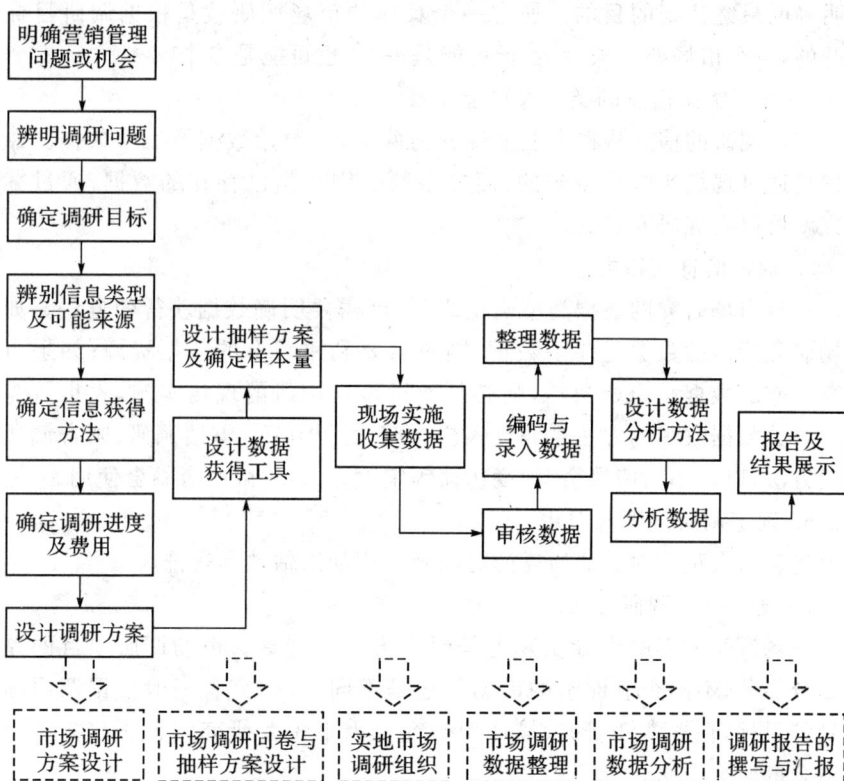

图 1-1 市场调研与分析的基本流程图

市场调研与分析的基本步骤为：

1. 明确需要解决的营销管理问题

任何一个公司或部门要执行市场调研，几乎都是因为发现新问题或机会，当机会或问题发生时，就是要尽可能地明确定义以澄清问题或机会的本质。这时需要进行问题或机会背景的调查与分析，在此基础上构建企业对市场调研的需求。

2. 辨明市场调研问题

这是市场调研非常重要的一个步骤。因为明确、严谨的问题界定是市场调研工作成功的一半。此阶段需要研究人员细致地了解企业市场调研需求，充分利用现有的二手资料并与丰富的专业研究经验相结合。

3. 确定调研目标

市场调研目标是由界定的市场调研问题而决定的，是为了解决研究问题而明确的最终达到的目的。通常一个具体的市场调研就是根据调研目标而展开的，一个市场调研项目，目标可能是一个，也可能是多个。

4. 辨别所需信息的类型及可能来源

市场调研的信息从根本上来说分为两类，即原始数据及二手数据。原始数据是通过现场实施后得到的；而二手数据则是指已存在的数据，通过案头研究就可以实现研究目的。

5. 确定信息获得方法

一旦市场研究的数据类型确定之后，就需要明确数据获得的方法。如果市场研究所需的数据是二手数据，则只需要利用现有的数据资源；如果市场研究所需的数据是原始数据，则必须通过市场调研的现场实施，收集所需信息。原始数据收集的方法主要有入户访问、拦截访问、电话调研、邮寄调研等定量方法，以及小组座谈会、深度访谈等定性方法，一般两者结合使用。

6. 确定调研进度与费用

指调研人员应对调研所需的时间及费用加以估计和安排。

7. 设计市场调研方案

市场调研方案的设计实际上是研究方法的选择。市场调研项目的差异化十分显著，不同企业面临的市场问题是不同的，研究者一般根据调研项目达到的目标，在探索性研究、描述型研究及因果关系研究三种研究方法中选择适合的研究方法。

8. 设计数据及信息获得工具（问卷、访问提纲等）

一般收集数据的工具有两种，一种为结构式问卷，即问卷的格式是确定的，所有问题都有具体的选项，回答者只需选出适合自己的选项即可；另一种为非结构式问卷,问题是开放式的,被访者可以根据自己的实际情况给出相应的回答。问卷或访问提纲是市场调研获得信息的重要工具。如果市场调研已明确研究目标及调研方法,但缺少一个好的问卷或访问提纲,仍会导致研究绩效的下降或失去调研意义。

9. 设计抽样方案及确定样本量

设计抽样方案及确定样本量一般是针对定量研究来说的。一项定量研究的抽样设计必须把握三个问题,首先,要根据研究的问题确定研究总体;其次,规划怎样在样本框中抽出需要的样本;最后要明确研究需要的样本量,即这次调研中需要调研多少调研对象。

10. 现场实施——收集数据信息

现场实施是数据收集过程。大部分现场实施访问是由经过培训的访问员进行,有时研究者也会进行一些难度较大、研究问题较深的访问。在访问过程中,由于访问员、研究者或受访对象的原因,经常出现非抽样误差,造成调研结果的准确性降低。任何调研都无法避免非抽样误差,需要现场实施过程中采取有效方式尽可能控制,从而提高调研结果的信度。

11. 整理市场调研数据

现场实施调研所获得的数据为原始数据,需要运用数据分析软件进行整理与分析。整理市场调研数据前需要对数据进行审核,审核无误后的数据才可以进入数据整理环节。整理市场调研的数据在整个市场调研中占有重要的地位,数据整理得是否正确,直接决定着整个市场调研任务能否顺利完成。不恰当的加工整理,不完善的整理方法,往往使调查来的丰富、完备的资料失去价值,蒙蔽了现象的真相,得不到正确的结论。

12. 分析市场调研数据

数据分析是数据整理的继续,它是在数据整理的基础上,采用适当的数据分析方法,从调研得来的大量信息中提取有用的信息,以找出调研对象的内在规律和形成调研结论的过程。

13. 报告及结果展示

市场调研的最后一个步骤是在数据分析的基础上,形成分析报告。调研报告是企业获得调研结果的最主要形式,因而一个好的调研报告既要充分解决企业在调研初期提出的需求,而且还应适时加入市场研究人员的专业判断。报告完成后,报告结果的口头陈述是市场调研项目结果展示的另外一种形式,这种形式需要在报告的基础上进行内容提炼,并可以图片辅助展示结果。

三、实践操作

（一）熟悉市场调研与分析的基本步骤

仔细地阅读参考范例，理清和理解市场调研与分析的完整工作过程。

（二）掌握市场调研与分析工作流程

依据图 1-1 的市场调研与分析的基本流程图，归纳市场调研与分析工作过程的各阶段及每个阶段的工作步骤。

四、问题与经验

通过本模块的学习，我们要解决两个问题，即明确严格按照市场调研与分析流程来开展市场调研工作的重要性以及掌握市场调研与分析流程。

在市场调研与分析工作中，科学、系统、严谨是非常重要的。只有本着科学、系统和严谨的思路，严格按照市场调研与分析的流程来操作，我们所做的调研工作才能在后面各项营销决策中发挥举足轻重的作用。完整的流程设计是营销人员在调研开始时应该首先进行的重要工作。

市场调研与分析流程设计是关于调研设计、数据收集、数据整理与分析、研究预算及时间进度安排等方面的计划方案，是研究过程中非常重要的指导性文件，通常表现为正式的市场营销调研方案。调研流程设计能将调研需要解决的问题纳入一个完整的科学系统，运用各种调研方式实现最终调研目标。

五、参考范例

A 品牌的市场调研流程

A 品牌之所以在中国市场取得巨大成功，除了运用恰当的战略战术之外，更重要的是 A 品牌在中国首次推出代表全新消费理念的健康产品之前，将市场调研工作放到了战略高度，前期的调研工作做到了高度精细化。所有的后期活动，如：品牌包装策划、样板市场的建设、广告及公关活动、促销活动、招商与推广、渠道的建设与管理等，都依托市场调研得出的正确结论，因而进展十分顺利，从而实现了"在恰当的地点、恰当的时间、以恰当的价格、使用恰当的促销方式把恰当的商品卖给恰当的人"。

笔者开始进行 A 品牌的中国市场策划和营销运作时，其在国内市场尚不具备一定的知名度，因此我们仍将其视作一个刚进入市场导入期的新产品，并为此安排了为期两个月的市场调研活动。在这两个月的调研活动中，科学、系统、严谨是我们最为关注的问题。正是本着这种科学、系统和严谨的思

路,我们所做的调研工作在后面各项营销决策中发挥了举足轻重的作用。我们的调研流程如下:

一、界定要调研的问题

作为一种高端的食用油,A品牌产品出色的保健功效可说是毋庸置疑的。如何将这种有益于国民健康的产品品牌在国内市场推广,就必须要了解现在的市场状况,A品牌在进行市场调研工作前仔细思考了调研要解决的问题。我们首先对市场进行剖析,把市场组成要素细分为市场本身、消费者、竞争者及其产品、自身产品、价格、营销环境、广告与传播、销售渠道等几个重要方面,并抓住其中的关键点进行了详细调研、分析、论证,为决策提供了有力依据。

对市场本身,我们主要需要调查食用油及其细分市场的供需状况。

消费者方面的信息是A品牌市场调研工作的重点。我们计划了解消费者中的5W1H,即哪些人构成了市场(Who)?他们选择何种同类商品(What)?他们为何购买(Why)?他们什么时候购买(When)?他们在哪里购买(Where)?他们以什么方式购买(How)和消费者对A品牌和竞争对手的认知度和评价,对价格的承受能力。

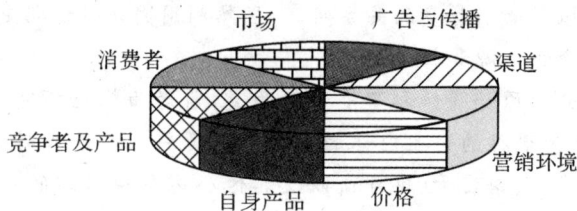

图1 市场剖析

竞争者方面,我们要调查是谁在和我们竞争。我们既关注和我们联系最为密切的细分市场,同时也关注其他种类食用油的情况。要调查这些主要竞争者的战略目标,识别竞争者的战略,评估他们的优势与劣势,估计竞争者在受到攻击时的反应模式。

对自己的产品,我们计划更系统地整理资料,准确界定产品的生命周期、市场定位及营销方案与策略。

价格方面,我们希望得到竞争产品的定价情况和消费者对本公司产品的价格预期,从而更好地制定产品价格策略,打开销路。

关于营销环境,我们需要两方面的信息。宏观来看,人口环境、经济环境、政策环境及技术环境是我们关注的重点。在对宏观环境有效把握的基础上,作为国际品牌的A品牌才能较为顺利地制订合理的战略计划,真正走入中国市场。微观环境,主要是调查产业链上游的供应商,下游的经销商,目标消费者,主要竞争者和替代品的情况。

广告与媒体宣传方面,我们的目标是通过调查确定广告受众,即产品的目标客户群(Who)、中国百姓最能接受的宣传方式(How)、以及用怎样的广告文句更能赢得他们的好感(What)。

渠道上,通过对经销商和超市的考察,确定理想的销售渠道,计划使商品能够通过最短的最方便的途径到达目标顾客手中,做到通路顺畅。

二、市场调研设计

(一)市场调研方案设计

每个调研问题都是独一无二的,因此,界定了市场调研的问题和目标后,我们首先要针对不同的调研问题,为整个调研活动做方案设计。调研设计方案对调研工作者的作用就像建筑设计蓝图对建筑者的作用。

调研设计方案可归纳为三种传统的类型:探测性、描述性和因果性。这三种调研方案的顺序并不意味着实施方案的顺序,调研是一个反复的过程,因此我们在调研时利用多种调研方案。比如,在了解整个市场状况时,主要应用探测性调研,而阐述消费人群特征时,则主要应用描述性调研;对于消费者收入水平和橄榄油消费量的关系研究,显然利用因果性调研更为恰当。

(二)确定资料来源和收集方法

资料通常分为原始资料和二手资料两类,前者为根据研究目的而直接收集的资料,后者为现存的企业内部的和外部的资料。二手资料中的内部资料主要来源是消费者、销售量、供货商以及其他公司希望跟踪的资料的数据库。外部资料是指从公司外部得到的资料,其来源包括出版物和数据库等。

二手资料与原始资料相比具有其自身的优势。同原始资料相比,二手资料的获得更快;二手资料的获得所需的费用相对低廉;通常所需的资料较容易找到。另外,二手资料还能够有效地丰富原始资料。

大多数情况下,调研者要完成原始的收集任务首先是从收集二手资料开始的。通过二手资料的收集,可以了解要研究的行业情况,包括销售、利润状况、主要竞争对手及发生的一些重大事件。同时,二手资料的研究可以有助于了解在原始资料收集中会遇到的概念、数据和术语。针对原始资料和二手资料的不同特点,结合企业的需求,我们的调研人员在恰当的调研问题上使用了恰当的资料,节省了经费,提高了调研效率。

对于市场供求状况,我们的信息搜集人员从行业分析类的出版物上得到了准确的数据。其中包括产品市场结构,几大主要供应商的年供应量,北京地区及全国的年消费总量、人均消费量,全国食用油的消费趋势等。

竞争者的主要信息大多来源于公司信息系统平时的积累。为了准确把握行业动态，公司内部专门设置了一个数据库，来自媒体、政府、行业报告等所有有关竞争者的资料都保存其中，需要的时候可以进行统计和相关数据分析。这种资料的获得方式极大方便了公司随时了解竞争者的动态，以修订自己的竞争方案。二手资料的有效应用，使我们既获得了有用信息，又节省了许多调研经费。

对于十分重要的消费者信息，仅有二手资料是远远不够的，在对决策具有重大影响的调研活动中，我们还是决定充分依靠原始资料，以提高信息的准确性。为了分析竞争对手最新情况和消费者情况，我们花了相当大的人力物力设计问卷，进行科学的定量调查，获得了详实的原始资料。

为了切身感受产品的市场环境，作为总策划师的笔者也多次去一些大型超市实地考察产品的市场状况。经过大量走访后，笔者坚信：初榨橄榄油，这个异乡的来客一定会在有着博大包容性的中国市场生根发芽、开花结果。

在一手资料收集过程中，我们充分了解了竞争对手的相关情况，找准了市场，同时深入了解了消费者，也牢牢抓住了消费者的心。正是因为灵活运用了各种资料收集方式，这次调研活动完成得既高效又经济。

（三）调研方法选择

在市场调研中，定性调研与定量调研是两种主要方法。通常情况下，相较于定量调研，定性调研具有成本低的优势，但对调研人员的素质要求较高，需要他们对消费者心理特征有深层次的了解。由于定性调研结果在很大程度上依赖于调研者的主观认识和个人解释，所以只可以指明事物发展的方向及其趋势，但却不能表明事物发展的广度和深度，只是一种试探性的研究类型。而定量调研则能得到大样本和统计性较强的分析，属于因果性、说明性的研究类型，其量化结果对定性调研可起到支持、验证的作用。

以上比较反映了两种调研方法内在特性的不同，另外从两者的执行上来看，也有不同的要求和条件。比如，为了从受访者细微的表情、神态、语音语调变化探究出更深刻的问题，在进行定性调研过程中，我们大多要准备录音机、录像机等设备，留下完整的、直观的原始记录；在以座谈会形式进行定性调研时，访问者还要做好投影设施、照片、讨论指南等多样化的硬件准备。而定量调研主要"用问卷说话"，在硬件方面的准备上，定量调研要比定性调研单纯多了。结合这样的特点，对访问者前期的培训方面，要求定性调研的访问者应当具备心理学、社会学、消费行为学、营销学、市场调研方面的知识，而对于定量调研的调研员，则侧重亲和力的培养，以达到客观完成问卷的目的。

由于定性调查是市场调查和分析的前提和基础，没有正确的定性分析，就不可能对市场作出科学而合理的描述,无法建立正确的理论假设,定量调查也就因此失去了理论指导。

因此,我们在调研的方法上,采用了定性与定量相结合的方式。其中定性调研手段包括深度访问和焦点小组法,定量调研则主要选定问卷调查的方式。我们对市场调研的安排主要分两步走:第一阶段对行业市场进行定性调查分析,通过搜集和分析超市、经销商、行业协会、国家权威部门等市场资料,初步了解市场,研究行业总体趋势;第二阶段进行定量调查分析,在定性调查的基础上发掘市场切入点和细分市场,为进一步掌握市场状况和消费者的需求设计具有针对性的市场调查问卷,直接面对目标消费群体进行调查。

(四)确定抽样方案

在一般情况下,市场营销调研都不可能对研究总体进行全面调查,因此,无论采用何种资料收集方法,都要依据研究目的首先确定研究总体,然后决定样本的性质、容量及抽样方法。同时,抽样调研场所的选择也是一个不可忽略的问题。调研场所的选择在很大程度上决定调查结果是否具有代表性,更会影响到营销决策的准确性,必须慎重考虑。一般来说,市场调研场所的选定是与企业产品销售市场策略紧密相连的。

通过对行业状况的细致分析,我们考虑到橄榄油现在还只是相关行业市场中较小的一个细分市场,大部分消费者仅将其作为"主要食用油以外的补充品",销售区域只集中在大中型城市,消费群也局限于收入和文化水平都较高的群体。通过以往大量的自然销售分析得知,A品牌相当比例的销售额发生在零售等渠道。故此,我们选择了一些重要的、有代表性的大卖场、超市展开市场调研。

大卖场主要选择了家乐福、新世界购物中心、北辰购物中心等,这里集中了大量的中高端消费者,是这一阶层消费者的典型代表。同时由于营业面积和营业方式的缘故,这几家卖场还是团购相对集中的地方。选择这里作为部分调研场所,不仅可以收集到一些终端消费者的信息,还可以间接了解到部分团队购买的情况。百盛、太平洋、华堂这些超市不是地处高档办公写字楼区就是靠近使馆或商业核心区,集中了大部分高端消费者,因此也被选为我们的调研场所。

(五)时间与经费研究

在研究与设计阶段,研究人员应对进行研究所需的时间及费用加以估计。时间是指完成整个研究计划所需时间;研究经费则包括研究人员的薪金、差旅交通费、访问费、材料费等各种费用。

由于这次我们的调研工作要在较大范围内展开,所以根据侧重点的不

同,企业的调研预算主要综合考虑了以下几方面内容:

1. 时间预算分配

这实际是我们进行市场调研工作的纵向计划,我们将总的调研时间分为若干个时间段,按照时间流程有所侧重地分配预算。

2. 地域预算分配

在中国这个多元化的市场上,各地的销售情况差异很大,若按照平均分配的原则对各地采取相同的调研方式,则很难准确收集到对企业决策具有借鉴意义的资料。所以,我们根据各地经济发展水平,综合考虑当地销售市场的宏观、微观环境,编制了不同预算。比如,在北京这样经济发展水平很高、市场较为成熟、消费者购买力很强的主要目标城市,全面而深入的市场调研工作必不可少,所以我们在这些城市配置了足够的人力物力,为成功调研作了大量的投资。对于一些市县级的中小城市,调研计划相对简单,以了解总体情况为目标,主要计划借助当地经销商完成更细致的工作。这种因地制宜、集中优势兵力对主要城市进行重点击破的战术使本品牌的营销在调研工作上就比其他企业更胜一筹。

3. 部门预算分配

在调研计划中,我们还将时间和经费在相关部门之间合理配置,在保证各部门独立完成工作时还注意兼顾了企业整体预算目标。

为了使调研活动的整个过程更加严密,我们做出了某城市整个市场调研活动的详细经费预算(表1),不仅包括了固定的费用,还为不确定事件划出了预留费用,以保证一切顺利进行。

表 1 市场调研活动预算

序号	项目名称	备注
1	访问员工资	X 名 * Y 天 * Z 元
2	统计员工资	X 元
3	焦点小组工资	Y 人 * X 元
4	调查问卷印刷费	Z 份 * X 元
5	政府部门资料索取费	调查行业的数据资料
6	礼品费	赠送被访者的礼物
7	不可预测性费用	X 元
合计	—	T 元

三、定性调查分析

我们先是搜集了大量的行业资料,对行业市场进行了定性分析。通过对大量文献的研究,我们发现:中国的食用油消费仍以普通食用植物油如大豆油、菜籽油、花生油等为主,市场庞大且发展迅速,品牌竞争激烈。过去由于消费观念不同,人们对食用油认识有限,所以中低档食用油产品较受大众欢迎。近年来,人们生活水平日益提高,对营养健康饮食的需求也日趋强烈。2003年"非典"疫情的影响,更使人们的健康意识大大增强。2003年雅客V9在糖果市场飞速蹿红,农夫复合果汁饮料热销饮料市场,都是利用健康、营养的产品定位吸引了消费者,从一个侧面反映了消费者对营养保健类饮食的巨大热情。

随着行业市场竞争的不断加剧,营养健康概念逐渐深入人心,拉动了人们对特种食用油(例如橄榄油、核桃油、葵花籽油、葡萄籽油等)的需求。食用油消费呈现向多样化、高档化、健康化发展的新趋势,市场日渐细分。从数据上看,进口食用油的市场份额增加,并且价值增幅远远超过数量增幅,说明进口食用植物油中,高价值食用油所占比例越来越大,进口量也越来越多,食用油市场总体趋势对A品牌橄榄油的中国推广计划来说是非常有利的。

同时我们也发现,现阶段食用植物油市场表现特点主要是:城市以食用精制油、农村以消费二级油为主;食用油的品种丰富,因油料和加工工艺的不同而分为20多个品种,但大豆油的消费量最大,占40%以上;不同种类食用植物油的消费表现出明显的地域特征;目前市场上的食用植物油品牌众多,除"金龙鱼"、"福临门"的市场分布较广泛之外,其他品牌的分布也呈现明显的地域特征。说明中小食用油品牌的知名度也具有显著的区域特征。

另外,我们组建了专门的项目团队,对产品现有渠道所占比例、A品牌销售情况、促销效果、消费者主要接触媒介、产品情况、竞争者情况等进行了定性调研,为下一步进行定量分析打下基础。

现代营销观念认为,市场调研是一个动态的过程,虽然有科学的程式化步骤,但任何环节都需要创意的帮助。调研的创造性实际上是市场调研的诸多性质中最有价值的特性,是调研人员营销知识、调研技术、思维能力的综合体现,当然也是市场调研有效性最有力的保障。因为有创意的调研总是来自于调研人员对市场的把握、对营销的理解、对调研技法的精通。在我们的市场调研活动中,我们没有拘泥于调查问卷的单调形式,而是在调查问卷里创造性地增添了参与座谈会赠产品的活动,从而达到"一箭三雕"的目的:一是成功邀请消费者参加座谈会,二是可以通过赠品本身试探消费者对产品的接受程度,三是通过座谈会能发现更深层次的市场问题。座谈会在市场调研活动中是开放式访谈中的一种,我们的调研人员在召开座谈会之前针对调研主题精心准备了大纲。

调研人员在事前准备了详尽的大纲,但只将其作为参考,在座谈会中并不拘泥于大纲所列举的范围和形式,而是将焦点集中于受访者身上,对他们的视角表现出真正的兴趣、关心和理解。因此,在座谈会中,我们要求会议的组织者提高引导技巧,学会真正了解受访者的内心,真正走进他们的世界。

在我们的大力宣传和热情邀约下,消费者对产品十分感兴趣,报名参与座谈者十分踊跃。在历时一个多小时的座谈会上,气氛热烈,很多消费者发言都很积极,对我们的产品表现出强烈的求知欲望和参与意愿。通过座谈会,我们看到了公司产品对消费者的吸引力,但是也发现很多人对橄榄油的用法、功能缺乏了解。因此,在制订未来的市场营销方案时,我们将重点放在这一点,以产品的功能、用法作为主要诉求点,采用各种生动有趣的形式,将相关知识的普及教育和本品牌紧紧相联,在消费者接受、熟悉产品的同时,也在消费者心中树立了本品牌的良好形象。

四、定量调查分析

问卷调查是市场调研中最有效也是被经常使用的一种定量调查方法,一直被业内人士看做是制胜的法宝。一份优秀的问卷需经过相当审慎而周密的计划,因为不当的问卷设计足以毁坏整个调研工作,浪费企业大量的时间、人力和经费。

经过重重严格把关的问卷,最终以科学严谨的面貌到达消费者手中,使消费者容易作答的同时,也为统计分析工作带来了极大的便利。我们的问卷调查工作为整个企业在进入市场时的决策制定提供了重要而有力的依据。

大量的定性定量调查,为我们提供了重要数据,在对数据进行处理中,工作人员对问卷中反馈的信息作出了科学合理分析。

五、调研人员的培训

在访问调研中,访问员作为信息的采集者,直接影响着调研的质量,所以,访问员的培训和管理是有效实施调研的关键之一。为此,我们对聘请的市场调查人员进行了专业市场调研培训。培训前,我们制订了周密的计划,从而真正提高访问员的业务水平。培训既包括工作方法的讲授,也包括工作要求和相应的工作制度、奖惩措施的明确,真正使访问队伍达到了科学化、规范化。

为了激起访问员的工作热情,首先让他们在培训中深入了解调研的目标产品。培训的第一节课,我们请来了公司的橄榄油特别厨师,通过幻灯片向大家展示了橄榄油原料产地的美丽风光、宜人气候,展示了当地人因食用橄榄油而带来的健康生活。通过图文并茂的介绍,告诉访问员橄榄油一直是地中海沿岸人们的健康食用油,实践证明长期食用橄榄油能对人体功能起到很好的调节作用,并能预防某些疾病,是人人皆宜的佳品。当然,在正式访问时,访问员只可以接受绝对客观的被访问者信息,严禁诱导被访者。

另外,我们也让访问员明确他们工作的重大意义,即本品牌产品在初步进入中国市场后,希望通过本次定性及定量的研究,使自己更好地了解中国消费者在本行业的消费趋向以及目前人们对行业产品的认识情况,从而使我们能系统地制订出具有针对性的市场推广策略,让本品牌成为中国市场同类产品的领导品牌,同时有益于国民的健康和改善其饮食结构。

虽然在培训时公司充分运用各种生动有趣的方式,但严格的制度是一项工作高质量完成的重要保障。为此,培训中,在表明公司对大家的信任后,我们也十分明确地提出了工作要求。其中我们重点强调了工作态度,比如,不偷懒或歪曲资料;耐心,不为机械式工作所苦,且能循循善诱使受访者合作,以自然开朗个性与受访者讨论各种问题;以及工作中要注意确保每份调研试卷整洁干净,确保每份调研问卷的真实性,在活动结束后及时地把全部资料上交负责人,并且保管好赠品等。

为了保证实际调研的顺利开展,公司在培训中组织访问员阅读问卷并让大家提出自己的意见和问题(培训人员作现场的解答),明确讲解了如何选择调查对象和注意的问题,并说明当顾客来了解我们的产品或品尝我们的产品时,应以热情的态度来面对顾客,请求他们回答我们的问卷。为此,还采取了活泼的现场表演形式,让访问员进行逼真模拟。在这种环境中接受了培训,访问员轻松地接受了应具备的知识和技能。最后,公司将报酬和双方的权利义务明确地通过协议规定下来,解除了访问员的后顾之忧。

在市场调研进行过程中,由于我们聘用的访问员经过了仔细选拔,素质较高,亲和力强,又经过了系统培训,这就从人员上保证了调研的效果。在访问过程中,访问员承诺被访人会在后期收到给他们寄出产品赠品,因此能够较为顺利地留下被调查者的联系方式,方便了以后电话回访,从而尽可能地减少了本次市场调查的误差,保证了调研质量。

六、正式调研及日程安排

首先我们依据各调研场所的不同情况,对问卷的数量做出具体分配,这有利于保证样本的完整性和代表性。在访问期间,我们充分考虑到了访问员上下班的路程和时间状况,将访问人员安排到相应的地方开展访问工作,更好地唤起了他们的工作热情。同时,公司派出专人到各大访问地点跟踪检查调研员的工作情况,以保证数据的真实性和调研效果。表2是某次调研的工作安排。

表 2　市场调查员工作安排

本次调查总协调员：市场助理

调查地点	调查人员信息	问卷数量	时间安排	督查员信息	业务员信息
百盛超市	赵× 1381001—	共194张	8—16日		
	陈× 1381006—		8～16日		
	韩× 1381066—		8～16日		
华堂十里堡	易× 1302000—	共106张	8、9～14、15、16日		
	佟× 1381036—		8、9～14、15、16日		
新世界	荣× 1362109—	共106张	8、9～14、15、16日		
	张× 1350111—		8、9～14、15、16日		
	肖× 1368114—		8、9～14、15、16日		
太平洋	张× 1368305—	共194张	8～16日		
	田× 1381006—		8～16日		
	刘× 1381003—		8～16日		

　　公司前期明确了调研的目标，将调研过程细化为详尽的工作流程，选择了较为科学的调研方法和数据收集方式，对访问员进行了严格的岗前培训及工作指导监督，安排了科学的预调研，这一切为整个调研活动的成功奠定了坚实的基础。在对收集的数据进行相关的数理统计后，调研小组向决策者提供了一份非常具有参考价值的调研报告。

　　资料来源：刘杰克著《营销力——A品牌闪电制胜中国市场全程实录》，人民出版社2004年版。

项目二
市场调研方案的设计

【项目概要】

在进行一项市场调研时，首先要明确本次调研需要解决的问题，接着就应针对这一问题明确调研目标，确定调研内容，选择市场调研方法，设计市场调研方案，并在此基础上开始市场调研的资料收集工作。所以，在这一项目里包括定义市场调研问题、选择市场调研的方法、撰写市场调研方案三个模块。为了使同学们具备完成设计市场调研方案这一工作任务所需要的技能，我们按照市场调研方案的设计步骤在各个模块里分别设计了相应的工作任务，并提供了参考案例。

【学习目标】

能力目标：能设计市场调研方案。

知识目标：了解市场调研的概念，理解市场调研与分析的工作过程；理解市场调研方案设计的工作步骤。

素质目标：培养团队合作精神；培养学生独立发现问题、分析和解决问题的能力。

模块名称	能力目标	知识目标	素质目标
模块1：定义市场调研问题	1. 能发现营销管理问题 2. 能定义市场调研问题，会写调研目标 3. 能确定调研内容	熟悉市场调研问题的分类和市场调研的内容 掌握定义调研问题，确认所需信息的工作过程	学会与人沟通 增强自主学习能力，培养开拓意识，创新思维和发现问题的能力
模块2：选择市场调研的方法	1. 能按照确认所需的信息，确定调研区域和调研对象 2. 能根据确认的所需信息，选择合适的调研方法	熟悉市场调研方法设计的工作步骤 理解总体、总体单位、标志、调研方法等概念 掌握案头调研的方法 理解实地调研的方法	培养学生独立分析和解决问题的能力

模块名称	能力目标	知识目标	素质目标
模块3：撰写市场调研方案	1.能确定调查时间进度和工作期限 2.能制订调查的组织计划 3.能撰写市场调研方案	理解调查时间和工作期限的概念 熟悉调研方案的格式要求	培养团队合作精神 培养学生书面文字表达能力

【开篇案例】

LanCo 邮购公司

LanCo 邮购公司的董事会会议开得十分热闹，争论的焦点是公司目前的高退货率。在退货对公司的影响上，大家的看法没有分歧——退货极大地削弱了公司的赢利能力。然而在如何解决问题上，董事会分成两大阵营：一方认为，通过加快发货速度，就可以有效减少退货；而另一方则认为这样做除了提高发货成本，进一步侵蚀利润外，不会有其他效果。

LanCo 的经理决定，第一步先要搞清楚"退货问题"，然后再采取必要手段减少退货，以提高公司的赢利能力。

LanCo 邮购公司是一家非常成功的商品邮购公司。顾客按照商品目录寄来订单，然后公司再按订单发出货物。LanCo 的目标市场是中低收入的家庭。商品目录刊登在杂志和报纸上。公司保存有一个庞大的商品目录分发清单，清单列出了领取目录者和以前从公司邮购过商品的顾客。公司每年给这些人寄出大致对应于四个季度的四份目录，11 月初加寄一份节日附加目录。随着销售的稳定增长，公司现在的年销售额达 7000 万美元。

为了和要求顾客在发货前付款的大公司竞争，LanCo 公司像许多邮购公司一样，也采用货到付款（cash-on-delivery, COD）的交易方式。COD 方式的优点是销售阻力很小，能带来相对较大的销售总额。COD 之所以吸引顾客，部分原因是在这种方式下，如果商品寄到时情况和发出订单时相比发生了变化，顾客可以很容易地拒收商品。但这却给 LanCo 公司带来了很头疼的问题——按价值计算，目前退货已占到公司全部销售总额的 30%。退货每增加 1%，意味着公司的净利润损失就要增加 40 万美元，董事会成员们望着指示商品退货率的红线，心急如焚。

经理 Horace Levinson 收集了一些数据（见下表），以努力搞清楚"无人认领退货"的问题，进而减少这种情况的发生。LanCo 公司怎样才能降低正在慢慢扼杀公司的"无人认领退货"的数量呢？

接到订货日期	发货日期	是否退货	订单数量
1.6	1.9	否	17
1.6	1.11	否	26
1.10	1.21	否	66
1.12	1.28	是	65
1.14	1.21	否	55
1.18	1.20	否	182
1.18	1.23	否	34
1.20	2.7	否	81
1.22	1.29	是	137
1.23	2.5	否	98
1.27	1.30	否	138
1.29	2.5	否	98
2.4	2.7	否	40
2.4	2.8	否	49
2.5	2.18	是	130
2.14	2.16	否	153
2.17	2.24	否	123
2.18	2.21	否	82
2.19	3.6	是	87
2.25	3.2	是	192
3.3	3.21	否	48
3.10	3.18	是	119
3.14	3.22	是	198
3.22	3.26	否	114
3.23	3.27	否	113
3.23	3.29	否	117
3.25	3.26	否	187
3.27	4.11	是	42
3.29	4.2	否	95
4.8	4.12	否	141
4.13	4.14	否	87
4.14	4.21	是	160
4.20	4.22	否	134
5.8	5.22	否	91
5.16	5.21	是	100
5.18	5.29	否	30

接到订货日期	发货日期	是否退货	订单数量
5.25	6.7	是	191
5.28	5.30	否	51
5.29	6.2	否	72
6.9	6.12	否	107
6.11	6.27	否	106
6.16	6.21	否	115
6.17	7.1	否	37
6.20	6.22	否	170
6.20	6.26	否	67
6.28	7.6	否	154
7.1	7.18	否	82
7.5	7.10	否	132
7.9	7.23	是	170
7.14	7.20	否	17
7.19	7.21	否	131
7.22	7.27	否	25
8.7	8.15	否	34
8.13	8.20	是	166
8.15	8.25	是	136
8.15	8.19	否	154
8.19	9.1	否	111
8.27	9.1	否	53
9.12	9.25	否	51

—— 小思考 ——

①该公司的市场调研问题是什么？

②文中搜集的数据是第一手数据还是第二手数据？

③文中数据的搜集采用了哪种市场调研的方法？能否根据所搜集数据对 LanCo 公司所面临问题进行合理的解释和得出令人信服的结论？

④文中从接到订单到发货所需的平均时间是如何计算的，为什么要计算该指标？

这些正是在设计一份市场调研方案时需要考虑的问题。通过本项目的学习,我们可以对如何设计市场调研方案有一个全面的了解。

模块 1 定义市场调研问题

定义市场调研问题是市场调研与分析的第一步,也是最重要的一步。只有清楚地定义了市场调研问题,才能正确地设计和实施调研。要想做好这一工作,必须掌握定义市场调研问题的工作过程,包括:收集必要的背景信息,识别营销管理问题,提出可能的调研问题并加以甄别等。以下的任务则呈现完成整个工作的过程。

一、演练项目任务

背景设计

在过去两年的时间里,×××品牌内衣企业的销售额增长得非常缓慢,管理层决定向市场推出一些新内衣品牌。管理者想知道真正原因究竟是什么?是经济衰退?广告支出减少?消费者偏好转变?还是代理商推销不力?市场调查者认为应先分析有关资料,然后找出研究问题并进一步作出假设、提出研究目标。为此,调研者进行了定性调研和二手数据分析,得到的信息如下:消费者偏好有转变可能是导致上述问题的主要原因。

请完成以下任务:

(1)定义市场调研问题;

(2)写出调研目标;

(3)确认所需信息。

二、理论知识

为了避免定义市场调研问题的盲目性,市场调研人员需要对这一阶段的工作进行一个设计或构想。在社会科学领域,根据调研的主要目的,可以将调研设计分为探索性调研设计、描述性调研设计和因果调研设计三大类。一般来说,在定义市场调研问题这一阶段,调研人员对面临的问题所知甚少,为了准确确认营销管理决策问题、搜集必要的背景材料、寻找解决问题的初步方案和线索、定义调研题目,需要进行探索性调研。为此,调研人员应遵循以下三条原则:

(1)明确探索性调研的目的。探索性调研是通过对某个问题或情况的探索,发现新动态,提出新看法与见解,或者排除不可行的想法。

(2)了解探索性调研的特点。探索性调研不需要事先严格确定的调研方案与程序,采用的方法灵活多样。它很少采用结构化的问卷或随机抽取的大样本,主要采用定性的数据收集方法和相对较小的配额或便捷样本。

（3）保持开放的心态。善于捕捉探索性调研所产生的新想法和新观点,随时根据调研中发现的新线索调整调研的重点和方向。

（4）熟悉探索性调研的方法。探索性调研常用的方法有:文献查询、专家调查、二手数据分析、定性研究和预调查。

（一）文献查询

文献查询是获得对某一问题的看法和见解提出初步假设或澄清有关概念的非常经济又便捷的方法。通过查阅有关学术期刊、行业杂志、调研报告和案例,使调研人员能够充分借鉴前人的经验和知识。

（二）专家调查

专家调查是对有关权威人士进行调查,听取他们的看法与建议。需要注意的是,专家调查的对象并不是仅限于业内专业人士或学者,也可以包括有经验的用户,对该问题兴趣浓厚的普通人。

（三）二手数据分析

查阅文献、年鉴,上因特网等是获取调研数据资料的辅助形式,搜集到的主要是第二手数据资料。二手数据数量巨大、用途多样、信息丰富、来源广泛。因此,具有及时、物美、价廉等优势。我们所使用的数据大多数是二手数据。

（1）外部可以获得的二手数据

主要有公开发表的二手数据。包括各级政府、非营利机构、贸易组织和行业机构、商业性出版物等等。其中政府机构所编辑出版的统计资料是宏观、微观信息数据的主要来源。

政府机构提供的二手数据主要有各类统计年鉴、国务院各有关部委发布的公告及其他官方资料。如《中国统计年鉴》、《中国统计摘要》、《中国社会统计年鉴》、《中国工业经济统计年鉴》、《中国建筑业统计年鉴》、《中国金融年鉴》、《中国证券期货统计年鉴》、《中国贸易外经统计年鉴》、《中国农村统计年鉴》、《中国人口统计年鉴》、《中国市场统计年鉴》、《中国劳动工资统计年鉴》、《中国区域经济统计年鉴》、《中国城市(镇)生活与物价年鉴》、《中国县(市)社会经济统计年鉴》等,还有各种电子出版物,如《中国乡、镇、街道人口资料》、《中国人口普查资料》、《中华人民共和国人口电子地图集》、《国民收入统计资料汇编》以及各省、市、地区自编的统计年鉴等。

除了国内出版的刊物外,由国际和外国组织机构提供世界各国社会和经济数据的出版物也很多,如《国际统计年鉴》、《世界经济年鉴》、《国外经济统计资料》、《世界经济展望》、世界银行出版的各年度《世界发展报告》、联合国的有关部门及世界各国定期出版的《联合国统计年鉴》、《美国统计摘要》、《日本统计月报》等。

反映我国经济社会动态的数据,可由《中国统计》、《中国经济景气月报》、《中国经济数据分析》等期刊获得。

在计算机与网络技术飞速发展的今天,互联网已成为获取调研数据的重要途径。主要的数据库有:在线网络查询、国家或地方统计局的数据库、各大型零售商的进出仓货物数据库、国家相关部委的统计数据库等。

此外,企业外部二手数据还来自于各行业协会发表和保存的有关行业销售及发展趋势的数据和分析资料,各种信息咨询机构、专业市场调查公司如:央视调查咨询中心、零点市场调查与分析公司等专门调查取得的数据(如数据公交车Ominibus),各类图书、期刊、报纸、市场研究、技术报告、政府文件中也包含有许多二手数据。

(2)内部可以获得的二手数据

内部二手信息数据是从被调查单位内部直接获取的与调查有关的信息数据资料。例如,企业内部的各管理部门在各经营环节和各层次产生的数据资料,主要有:企业职能管理部门提供的数据资料,如会计、统计、计划等部门的统计数字和报表、原始凭证、会计账目、分析总结报告等;企业经营机构如销售、供应、科研、市场开发等部门提供的进出货统计、库存记录、合同签订执行、广告费用及效果等。企业内部二手信息数据除了传统上的文件档案形式的纸介质资料外,对于今天的企业来说,面对着21世纪的挑战,尤其是计算机网络的发展,一些企业已经或正在着手建立现在的和潜在的消费者以及内部生产、销售管理的信息数据库,企业信息管理系统(MIS),企业决策支持系统(DSS)和企业数据仓储(DW)等,优秀的调查人员可以据此调查现有的市场营销活动和预测未来调查销售状况等。

适用情形:

①调研人员对某项调查需要研究的具体问题不明确,或者是需要找出问题的症结或对调研的方向不明朗,可采用二手数据调研法,以确认营销管理过程中存在的问题,或更准确地定义市场调研问题。

②调研人员欲回答特定的调研问题,检验一些假设时,可采用二手数据分析法。

③在市场调查方案的设计中,调查者往往需要利用历史信息,了解总体范围、总体分布、总体单位数目、关键指标或主要变量,才能有效地定义总体、设计样本框、确定样本量、确定抽样方式等,以设计出可行的科学的市场调研方案。

④在设计收集一手数据之前,调研人员应该分析相关的二手数据。

⑤在以下五类调查中,二手数据分析效果最佳:工业产品、高级耐用品、对外贸易、作为实地调查的预备调查、作为企业经常性的市场调查以不断了解市场动态。

在实际市场调研中,一般情况下,先分析二手数据,只有当二手数据用完或不适合了,才收集一手数据。

当然,由于二手数据不是为了目前面临的特定问题,而是为了其他问题所收集的,因此二手数据对于解决当前手头上的问题,包括其相关性、准确性和及时性,用处可能有限。

—— 小资料 ——

企业内部记录中可用数据的范例:

职员记录:姓名、地址、社会保障号码、工薪、任职状况、其他个人情况

生产记录:部件或产品、生产量、管理成本、原料成本等

销售记录:产品、销售量、区域销售量、客户类型销售量、营销成本等

信用记录:客户名称、地址、电话、信用限额、应收账款余额

客户记录:年龄、性别、收入水平、家庭情况、地址、爱好

(四)定性调研

定性调研是探索性调研所用的主要方法。定性研究是一组定性资料收集方法的统称,其优点在于简便易行和对调研对象的贴近。定性调研使调研人员可以在近距离和比较自然的环境下对调研对象进行观察或进行深度沟通,有利于从调研对象的角度观察和理解他们的行为、态度和动机等,可以获得常规的定量调研方法无法提供的信息。人们通常不愿意直接回答陌生人提出的侵犯隐私、让他们尴尬或者对自尊与地位有负面影响的问题。此外,人们常常不能准确地回答那些触动他们潜意识的问题,即使他们愿意回答。例如,有人可能通过购买名牌产品来表示自己的身份和地位,但可能不会如实回答有关购买动机的问题,或者自己并没有明确意识到这一点。

根据调查对象是否了解项目的真正目的,定性研究方法分为直接法和间接法两种。

直接法对调研项目的目的不加掩饰,项目的目的对调查对象是公开的,或者从所问的问题中可以明显看出,专题组座谈与深度访谈是主要的直接方法。

间接法掩饰真正目的。影射法是间接方法中最常用的,包括联想法、完成法、构筑法以及表达法。

(1)专题组座谈

专题组座谈是由训练有素的主持人以非结构化的自然方式对一小群调查对象进行的访谈。主持人引导讨论,主要目的是从适当的目标市场中抽取一群人,通过听取他们谈论调研人员所感兴趣的话题(如一种产品、一项服务或其他话题等)来得到有关见解。这一方法具有调查者与被调查者容易沟通、反馈性强的特点,其价值在于自由的小组讨论经常可以得到意想不到的发现,获取访问调查无法取得的资料。这种方法适用于搜集与调研问题有密切关系的少数人员的倾向和意见,这些人通常是有关调研问题的专家或有经验的人。一个专题组一般包括8~12人,专题组会议可以持续1~3个小时,通常1.5~2个小时最为常见。

但应用这一方法时应注意以下两点:

第一,一个专题组应当在人口统计特征与社会特征上保持同质性。

第二,在执行任何定性研究之前,无论哪种定性研究方法都必须有明确目标,应该根据营销调研问题的定义确定定性研究的内容。

[例] 如果市场调研的问题是:通过比较影响顾客光顾率的主要因素,确定某百货商店同其他竞争对手的相对优势和劣势。那么定性研究的内容可以描述如下:

①确定家庭在选择商店时所考虑的相关因素(选择标准)。

②针对某一产品种类,确定消费者认为的竞争商店。

③确定可能影响消费者光顾商店的心理特征。

④确定与光顾商店相关的消费者选择行为的其他方面。

(2)深度访谈

深度访谈,是一次只有一名受访者参加的特殊的定性研究。"深访"暗示着要不断深入受访者的思想当中,努力挖掘关于某一主题的潜在的行为动机、信仰、态度、感受和深层意见。"深访"是一种一对一执行的非结构化的个人访问,熟练的调查人员运用大量的追问技巧,尽可能让受访者自由发挥,表达他的想法和感受。深度访谈不像专题组座谈那样常用,常用于动机研究,最适宜于研究较隐秘、较敏感或个人之间观点差异极大的问题,如个人隐私问题,政治性的问题,专家访谈和感性、情绪化、富有个人情感的消费(香水、巧克力、鲜花等)。深度访谈的时间长度从30分钟到1小时不等。

目前用得比较多的三种深度访谈方法分别是梯式提问、隐蔽式提问和象征意义分析。

梯式提问是指提问线索是从产品特征到使用者特征。该方法可以让调研人员了解消费者的主观世界,提供一个挖掘影响消费者购买决策的潜在心理和情绪原因的途径。例如:

问题:"您为什么购买美宝莲化妆品?"

答:"我买美宝莲化妆品,因为它是一个好的品牌而且价格合理。"

问题:"价格合理的化妆品为什么对你这么重要?"

答:"买不是非常昂贵的高质量产品使我自我感觉良好,因为这表示我花钱明智。"

隐蔽式提问的不是社会公认的价值观、一般的生活方式,而是个人所深刻关注的。

象征意义分析试图通过比较对象与其相反面来分析目标对象的象征性意义。为了了解某一主题,研究人员可以试图了解它的反面。产品的逻辑反面包括产品不具备的用处、属性以及产品不属于的类型。

[例] 采用深度访谈法调研航空旅行隐藏的问题,以进行广告策划

在此项研究中,研究人员调查了男性中层经理对航空公司的态度。

梯度提问

针对每一航空公司的属性(例如宽敞的飞机),确定它为什么是重要的(我能做更多的工作),然后追问原因(我有更多的成就)等。梯度提问的结果表明经理们喜欢先进的座位预订系统、宽敞的飞机、更舒适的一等舱。这使得他们能在飞行时做更多的工作,进而产生成就感和更强烈的自豪感。这个方法表明诸如美国航空公司以往采用的"你是老板"之类的支持经理人自豪感的广告活动,是值得采用的。

隐蔽式提问

调查对象被问及梦想、工作和社会生活以及确定隐蔽的生活问题。回答表明富有魅力的、历史性的、精英的、竞争性的活动(例如第二次世界大战飞机空战)都是经理人的个人兴趣所在。这些兴趣能够由诸如德国汉莎航空公司以"红色男爵"为代言人之类的广告活动来突出,表达了这家航空公司的闯劲、高地位和极富竞争力。

象征意义分析

所提的问题包括:"如果你不能再乘飞机,将会怎样?"回答大部分类似于:"没有飞机,我不得不依赖于写信和打长途电话。"这表明航空公司卖给经理人的是面对面的交流。因此,一个有效的广告对经理人的保证应该像联邦快递对每一个包裹所做的保证一样。

这些方法所揭示的信息,可以用来有效地定位一家航空公司并确定适宜

的广告和沟通策略。

（3）影射法

影射法是一种间接的、非结构化的提问方法，目的在于鼓励被调查者间接地透露其对有关问题的动机、信念、态度和感觉。这类方法可以被看做是深度访谈的一种特殊形式，是通过让调查对象解释别人的行为，间接地反映在特定情境下 他们自己的动机、信仰、态度或者感受。例如，如果间接问调查对象为什么买豪华车，他们不一定能够或愿意描述真实的购买动机。但是，如果让调查对象看不同档次车的照片，然后让他描述这些车的用户及其购买动机，可以间接反映调查对象对不同汽车用户及其潜在购买动机的感知。

适用情形：

①调研人员对某项调查需要研究的具体问题不明确，或者是需要找出问题的症结或对调研的方向不明朗，可采用定性调研法，以确认营销管理过程中存在的问题，或更准确地定义市场调研问题。

②调研人员欲确定解决问题的各种可能的行动方案，推测这些行动的预期效果（即提出假设），以得到解决问题办法的思路时，可采用定性调研法。

③调研人员欲明确进一步研究的重点，确定调研中应该包括的变量时，可采用定性调研法。对较小的样本进行定性调研，能使大规模的结论性调研有效实施。

④定性调研有时是为了解释定量调研所得到的结果。

三、实践操作

调研人员熟悉了定义市场调研问题应遵循的原则之后，就可以开始定义市场调研问题了，本部分将呈现定义市场调研问题的过程。定义市场调研问题需要完成以下四个步骤：

（一）识别营销管理问题

不同的企业在市场中所处的境况都不一样，同一个企业在不同阶段中所遇到的营销管理问题也都不同。古谚说："对一个问题作出恰当定义等于解决了一半。"针对企业实际情况界定营销管理问题是市场调研乃至整合营销所要解决的首要课题，不能准确地发现问题，所有的策略、创意以及营销手段都将成为无的之矢，包括市场调研。

一般来说，市场调研的题目来自营销管理人员在经营过程中所面临的机遇与问题，或管理人员对其产品和业务的新的想法。调研人员应当根据管理者所面临的管理决策问题及其信息需求定义市场调研问题，以澄清问题或机遇的本质。

当机遇来临或问题发生时，一般会通过以下征兆反映出来，如公司或部门的销售量、市场份额、利润、销售定单、投诉、竞争者等发生改变。

（二）收集必要的背景信息

为了了解和准确把握营销管理人员所面临的决策问题及其起因，调研人员可以通过以下途径收集必要的背景信息，包括与管理决策人员沟通、咨询专家、分析二手数据和探索性的定性调研等。背景信息的收集，不仅可以帮助我们把握问题的起因和解决问题的线索，有时候甚至能够帮助我们找到初步的答案，如二手数据分析。

（三）确认市场调研问题

市场调研问题是需要收集数据加以研究的问题，主要涉及需要什么信息以及如何有效地获取这些信息。因产生营销管理问题的可能原因有多个，所以通常针对一个营销管理问题可以列出很多个调研题目。如营销管理问题是：公司是否应该推出一款新产品？可能的调研题目有：顾客需求与购买意向调研；竞争产品分析；产品概念测试。

由于资源的限制，不可能对所有可能的问题都进行调研，调研人员必须根据其对决策的用途、成本和技术上的可行性等因素进行取舍，抓住重点，将有限的资源用在最能够产生效益的地方。

以提高某产品在全国重点城市中的占有率为例，营销管理问题是：如何提高产品的市场占有率？可能的调研题目有：产品满意度调研；分销渠道调研；价格调研；产品认知调研；产品知名度及美誉度调研。假设营销管理者和调研人员都认为分销商销售不力影响了产品的市场占有率，那么调研问题就是：全国重点城市某产品分销渠道调研，为制定更有效的分销渠道策略提供依据。

（四）确定所需信息，即市场调研内容

当市场调研题目确认之后，调研内容也就随之确定了。具体实例见表2-1。

表 2-1 调研问题与调研内容关系举例

营销管理问题	市场调研问题	市场调研内容
制定有效的营销策略	市场细分研究	1. 市场有哪些主要客户群？ 2. 主要客户群的规模、特点与需求是什么？ 3. 每个客户群的关键购买因素是什么？

营销管理问题	市场调研问题	市场调研内容
为新产品设计包装	几个备选包装设计的有效性测试	1. 消费者对新包装的接受程度 2. 消费者对新包装的喜欢程度以及喜欢和不喜欢的方面 3. 在几种包装设计中,消费者的偏好
为节假日设计有效的促销活动	促销活动对消费者的影响评估	1. 消费者对促销活动的看法 2. 不同促销活动对消费者购买行为的影响及原因 3. 消费者喜欢的促销活动类型和促销礼品

四、问题与经验

通过本模块的学习我们要解决两个问题,即明确定义市场调研问题在整个市场调研与分析过程中的重要性以及根据企业实际营销管理工作的需要定义市场调研问题。但是在现实的操作过程中却容易出现以下问题,调研人员要注意避免或防止这些错误。

(1)不道德的调研。在未经同意的情况下获取消费者或客人的私人信息,盗窃竞争对手的商业机密等。

(2)花瓶式的调研。在管理层倾向接受与自己意见一致的调研结果的情况下,调研人员为了晋升,调研的目的仅仅是为了证实一个已经确定的决策。

(3)得不偿失的调研。调研公司或人员有时会从自身的利益出发,提出一些用处不大的调研,当调研的成本超过其可能带来的收益时,开展此项调研就变得得不偿失了。

(4)不可行的调研。委托方提出的要求过于苛刻、技术上不可行或愿意支付的费用过低,调研人员为拿到项目而做出很不现实的承诺。

五、参考范例

×牌一次性尿裤的市场调研问题

一、工作背景与任务

背景设计

×牌的一次性尿裤市场份额去年下降了。为什么?公司方面也不能确定。是经济衰退所影响？广告支出的减少？销售代理效率低？还是消费者的习惯改变了？公司采用探索性调研来寻求最可能的原因,如从一些用户及代理商处收集资料,得到的信息如下:×牌是一种价格经济的尿裤,起初是为了与低成本的品牌竞争,而现在有小孩的家庭比这个品牌刚上市时更有钱,并愿意花更多的钱在高质量的婴儿用品上,这是公司市场份额下降的可能原因。

请完成以下任务:

(1)确定市场调研问题;

(2)写出调研目标;

(3)确认所需信息。

二、实践结果

1. 营销管理问题为:

×牌的一次性尿裤市场份额去年下降了。

2. 背景调研与分析的结果如下:

×牌是一种价格经济的尿布,起初是为了与低成本的品牌竞争,而现在有小孩的家庭比这个品牌刚上市时更有钱,并愿意花更多的钱在高质量的婴儿用品上,这是公司市场份额下降的可能原因。

3. 调研问题为:

消费者需要什么价格档次的产品?

4. 调研目标表述为:

确定消费者需要什么价格档次的产品,为提高市场份额提供依据。

5. 本次市场调研的内容包括:

①目标市场的不同阶层顾客对产品的需求程度;

②竞争产品的定价水平及销售量;

③采用浮动价格是否合适? 提价和降价带来的反应;

④目标市场的不同消费者对产品价格的要求。

资料来源:本人教学设计资料,2010 年 12 月 30 日。

模块 2 选择市场调研的方法

定义了市场调研问题和确定了调研内容,调研人员对调研问题和调研思路已经有了一定的认识,为了回答探索性调研提出的问题,需要按照确定的调研内容收集所需信息。但是,如何才能收集到所需的信息,同样需要精心设计。根据调研的主要目的,调研设计分为探索性调研设计、描述性调研设计和因果调研设计三大类。在探索性调研之后,需要进行的是描述性调研或因果关系调研。不同的调研设计,需要与之相适应的市场调研方法。调研方法主要说明从什么地方、什么人、用什么方法来收集有关的信息。其工作过程主要包括:调研区域、调研对象和调研方法的选择等。以下的任务则呈现完成整个工作的过程。

一、演练项目任务

背景设计

银泰百货集团是以百货零售业为主营业务的百货零售集团,作为中国银泰投资有限公司旗下的自有百货品牌,银泰百货经过几年的发展,创造出良好的业绩,并在此基础上初步形成了全国性百货集团公司的架构。

宁波银泰百货有限公司是浙江银泰百货的第一家连锁店,位于宁波市商业最繁华的黄金地段——三江口商业中心,是一家集百货、休闲、美食于一体的大型综合性百货公司。宁波银泰于 2000 年 11 月 18 日开业,定位中、高档,以年轻、时尚的都市白领和新型家庭为主力客层,力求走在潮流的尖端,及时传递最新的流行资讯,大大激发了大多数年轻人的消费欲望,让他们觉得有了自己的独特购物场所。

银泰百货经过几年的努力,在宁波树立了良好的社会形象,得到了社会各界的广泛认同,正成为一个富有活力、勇于创新的现代化百货商场和充满都市时尚气息、聚集白领的时髦购物场所。

现在我们荣幸地接受了宁波银泰百货有限公司的委托,对宁波服装消费状况进行市场调研与分析。

请完成以下任务:

1. 设计调研方法。

2. 采用案头调研方法,进行以下两个分析,并提交案头分析报告。

(1)宁波服装消费市场现状分析;

(2)宏观环境对宁波服装市场的影响。

二、理论知识

(一)调研对象

调研对象和分析单位的确定,对于选择合适的调研设计、抽样设计和数据收集与分析方法是非常重要的,它也有助于进行正确的推断。

调研对象是指根据一定的调研题目和目的所确定的研究事物的全体,它是由客观存在的、具有某种共同性质的许多个别事物构成的整体。例如,评估对某一品牌的认知度时,其调研对象是该品牌目标市场的全部成员;评估其用户满意度时,其调研对象是该品牌目标市场中有实际购买和使用经历的成员。

调研单位是指构成调研对象的个体单位,它是某一特定研究所涉及的基本对象或事件。营销调研中的调研单位可以是城市、机构、家庭或个人。调研单位的确定主要取决于调研的内容和推论的层次(个体还是群体)。例如,在研究冰箱的拥有率和收入之间的关系时,家庭是比较合适的调研单位,因为冰箱通常是以户为单位购买和使用的;研究购买手机的主要动机时,以个人为调研单位比较合适;而研究广告支出与市场份额之间的关系时,调研单位是品牌或厂商。

(二)调研方法

市场调研方法的选择取决于市场调研设计的类型,为了避免选择市场调研方法的盲目性,调研人员需要首先了解描述性调研和因果关系调研两类调研设计,了解各自的目的、特征,掌握与之相适应的市场调研方法。

1. 描述性调研

描述性调研所用的主要方法是二手数据、调查法和观察法。本模块主要讨论调查法和观察法,二手数据在本项目模块一已做了介绍。

(1)描述性调研的目的

描述性调研的主要目的是对某些事物进行描述,通常是对某些现象、行为、过程、变化或者变量之间的关系。具体目的包括:

①描述相关群体,如消费者、销售人员、组织、市场区域的特征。例如,我们可以描述出经常在必胜客消费的人群特征。

②估计在特定群体中有某一行为的人的比例。例如,摩托车主同时也拥有汽车的比例。

③判断消费者对产品或品牌特征的感知。例如,针对选择商场的标准中的重要因素,消费者是如何看待各个商场的?消费者是如何评价中国移动和中国联通这两个品牌的?大学生对 MP3 消费满意程度如何?

④描述某种行为或过程。例如消费者的购买决策过程与购后行为。

⑤描述营销变量之间的关系。例如,逛商场与在外面吃饭的关系。

⑥估计与预测。例如,在宁波银泰百货有限公司时尚服装的零售额将是多少?

(2)描述性调研的特点

描述性调研是预先计划的、结构化的,对拟收集的信息的内容和形式有明确的要求,通常采用有代表性的大样本。

在开展描述性调研时,一定要明确 6W,即对象(who)、内容(what)、时间(when)、地点(where)、目的(why)和方法(way)。同时,要做出某项决策,需要与之相适应的统计分析方法,而每一种统计分析方法对所分析的变量都有特定的要求。因此,在收集数据前应该拟订好数据处理与分析计划,以便保证收集的数据符合要求,能够为决策服务。例如,在设计调查问卷时,定性变量的分组要符合决策的需要,只有定量尺度测量的变量才可以进行相关与回归分析。

(3)描述性调研分类

描述性调研是从特定的样本总体中收集信息,分为横截面调研设计和纵向调研设计两种。

①横截面调研

横截面调研是一次性地从特定的样本总体中收集信息,又分为一次横截面调研与多次横截面调研。

一次横截面调研是指在一个时点从目标总体中抽取样本收集一次信息;多次横截面调研是指在两个或两个以上时点从同一目标总体中抽取样本收集信息,但每次的样本是彼此相对独立的。

多次横截面调研可以反映现象在不同时间状态的变化,但不能获得同一样本随时间动态变化的信息。例如,表 2-2 的信息反映了两个时期购买不同品牌的家庭数发生的变化,但不能反映在时间段 1 购买某品牌的调查对象是否在时间段 2 仍然购买该品牌。这时需要进行纵向调研设计。

表 2-2　不同时期购买不同品牌的家庭数

品牌	调查时间段 1	调查时间段 2
A 品牌	200	300
B 品牌	300	400
C 品牌	500	500
合计	1000	1200

②纵向调研

纵向调研是指对目标总体中的固定样本组的同一组变量进行重复测量。在市场调研中,固定样本组一词通常与纵向调研设计一词是等同的。固定样本组一般是由家庭作为调查对象而组成的样本,他们同意长期按要求提供信息。固定样本组一般由专业的市场调研公司建立和维持。

纵向调研可以获得同一样本随时间变化的信息,洞察其真实的变化模式。例如,表 2-3 的信息不仅反映了市场份额随时间的变化情况,而且还提供了品牌忠诚度和品牌转换的有价值的信息。在时间段 1 购买品牌 A 的调查对象只有 50%（100/200）在时间段 2 仍然购买 A。相应的重复购买品牌 B 与 C 的比例分别是 33.3%（100/300）与 55%（275/500）。因此,在这一时段,C 的品牌忠诚度最高,而 B 的品牌忠诚度最低。

表 2-3 不同时期购买不同品牌家庭数的变化

调查时间段 1 购买的品牌	调查时间段 2 购买的品牌			
	A 品牌	B 品牌	C 品牌	合计
A 品牌	100	50	50	200
B 品牌	25	100	175	300
C 品牌	75	150	275	500
合计	200	300	500	1000

纵向调研另一个优点是因更多地依赖连续的购买日志的记录,更少地依赖调查对象的回忆,所以其数据比横截面数据更加准确;第三个优点是能够收集到相对大量的数据。固定样本组成员通常因其参与而得到一些补偿,所以他们愿意参加冗长而费神的访谈。

纵向调研的主要缺点是样本组成员可能拒绝合作而使调查对象缺乏代表性。此外,还包括操作复杂、成本高、时间长等缺点。

（4）描述性调研的方法

1）调查法

调查也称沟通方法,是通过向调查对象发放一个结构化问卷,以收集特定信息的调查方法。这种获取信息的方法以询问调查对象为基础,向调查对象询问各种各样涉及他们的行为、意志、态度、感知、动机以及生活方式的问题。这些问题可能会以口头或书面的形式提出。

调查法根据其执行方式可以分为以下几类:访问调查、邮寄调查、电话调查、网上调查等。

①访问调查,又称派员调查,它是调查者与被调查者通过面对面地交谈从而得到所需数据资料的调查方法。它是按照调查人员事先设计好的、有固定格式的标准化问卷或表格,有顺序地依次提问,并由受访者做出回答。其优点是能够对调查过程加以控制。访问调查的表现形式有入户访问调查和拦截访问调查两种。访问调查虽然花费较高,但搜集的数据质量也较高。近几年来,入户访问调查由于成本较高而较少使用,而拦截访问调查尤其是商场拦截访问调查因效率高变得越来越常用。需要注意的是,在拦截访问调查

期间,使用如产品、广告、促销提示、照片、地图或其他视听提示等有形刺激经常是有帮助或必需的。

②邮寄调查,是通过邮寄、宣传媒介传送、专门场所分发等方式将调查问卷送至被调查者,由被调查者填写,然后将问卷寄回或投放到指定收集点的一种调查方法。一个典型的邮寄调查包括邮寄信封、封面信、问卷、回寄信封,或许还有一份物质奖励。邮寄调查是一种标准化调查,其特点是调查人员和被调查者没有直接的语言交流,信息的传递完全依赖于问卷或调查表。其优点是保密性强,调查区域广,费用低,无调查员偏差。邮寄调查只适用于那些时效性要求不高的项目。

需要注意的是,在邮寄调查之前,首先需要至少宽泛地确认调查对象。因此,第一步就是获取一个正确的邮寄名单。邮寄名单可以通过电话簿、顾客名录、协会成员名单获得,或者从出售出版物订阅名单和商业邮寄名单的公司处买。不论来源于何处,邮寄名单都应该是最新的,并与目标总体密切相关。

③电话调查,是调查人员利用电话同受访者进行语言交流,从而获得信息的一种调查方式。电话调查具有时效快、费用低、范围广等特点。随着电话的普及,电话调查的应用也越来越广泛。电话调查员按照事先设计好的纸质问卷进行调查并记录下回答。电话调查所提问题要明确、问题数量不宜过多。适用于对一些简明扼要、数量有限的问题进行调查。

④网上调查,是企业单位、个人或组织利用互联网了解和掌握市场、网民信息的调查方式。进行互联网调查主要有以下三种基本方法:E-mail 问卷调查、交互式 CATI 调查、交互式 CAPI 调查和互联网 CGI 调查。

E-mail 问卷调查,问卷就是一份简单的 E-mail,并按照已知的 E-mail 地址发出。被访者回答完毕将问卷回复给调研机构,有专门的程序进行问卷准备、编制 E-mail 地址和收集数据。E-mail 问卷制作方便,分发迅速。由于出现在被访者的私人信箱中,因此能够得到注意。但是,它只限于传输文本,虽然图形也能在 E-mail 中进行链接,但与问卷文本是分开的。

交互式 CATI 调查,又称电脑辅助电话调查,是利用一种软件语言程序在 CATI 上设计问卷结构并在网上进行传输,把电话拨号、调查记录、数据处理等借助于计算机来完成,通过电脑与电话相结合完成调查的全过程的一种调查方法。与传统的电话调查相比,电脑辅助电话调查搜集数据的质量得到了加强,访问的时间大大缩短,也不需要数据的编码和录入等。互联网服务器直接与数据库连接,收集到的被访者的答案可以直接被进行储存。互联网服务站可以设在调研机构中,也可以租用有 CAT 装置的单位。但是 CATI 语言技术不能显示互联网调研在图片、播放等方面的优势。

交互式CAPI调查，又称电脑辅助人员访谈，是让调查对象坐在电脑终端前，用键盘、鼠标或触摸屏回答屏幕上显示的问卷。CAPI常被用来在购物商场、产品鉴定会、会议和行业展会上收集数据。与传统的访问调查相比，电脑辅助人员访谈具有可以利用用户友好的软件系统，设计调查对象容易理解的问题，刺激调查对象对项目的兴趣等优点。

互联网CGI调查，有专门为网络调查设计的问卷链接及传输软件。这种软件设计为无须使用程序的方式，包括整体问卷设计、网络服务器、数据库和数据传输程序。一种典型的用法是：问卷由简易的可视问卷编辑器产生，自动传送到互联网服务器上，通过网站，使用者可以随时在屏幕上对回答数据进行整体统计或图表统计。

平均每次访谈，网络调查系统均比交互式CATI费用低，但对小规模的样本调查（低于500名）的费用都比E-mail调查高。

综上所述，网上调查具有组织简单、费用低廉、传播快速且具多媒体性、调查没有地域时空限制、调查结果客观性较高等优点，网上调查的不足之处在于调查对象的局限性。网络调查的对象只能是已联网的用户或者经常上网的网民，调查的回答率难以控制。

2）观察法

观察法是以一种系统的方式记录人、事物及事件的行为模式，以获得有关现象的信息的调查方法。观察者并不向所观察的人提问或与之交谈。信息可以在实践发生时记录或从过去的事件记录中获得。

根据执行模式可以将观察法分为人员观察、机械观察、内容分析和痕量分析。

①人员观察

调研人员并不试图控制或操纵所观察的现象，而是仅仅记录下在自然环境（例如商店内）或实验环境中正在发生的实际行为。例如，调研人员记录下一家百货商店的顾客人数并观察客流情况。这一信息可以帮助设计商店布局，确定每个部门和货架摆放位置，进行商品陈列。

[例]　神秘顾客的观察

肯德基北京总部公司每年都会通过电话联系一些肯德基的忠实顾客，通过征求其意见挑选出一批肯德基的神秘顾客，进而对全国各地的肯德基进行秘密的调查访问。为了了解肯德基的历史背景、内部管理以及每位员工在上班过程中该做和不该做的事情，每位神秘顾客都要经过正规的培训。通过培训后，每位神秘顾客会被分配到全国各地的肯德基进行秘密调查。

神秘顾客主要是对餐厅的 CHAMPS(即 C-cleanliness 美观整洁的环境、H-hospitality 真诚友善的接待、A-accuary 准确无误的供餐、M-mainterance 优良维护的设施、P-produce quality 高质稳定的产品、S-speed 快速迅捷服务)进行打分。

当顾客来到餐厅后,首先可以通过观察的方法对餐厅的环境(灯光、卫生、室内的温度以及服务员的接待态度等)进行观察,接着还可以通过对来该餐厅的其他就餐顾客进行询问来了解餐厅所提供的产品质量进行调查。肯德基采用神秘顾客的秘密调查方法,来了解顾客对其就餐环境、服务员的接待态度、收银员的供餐准确度以及提供的产品质量等方面的满意度,大大提高了服务质量。

②机械观察

机械观察是用机械设备而非人员来连续记录正在进行的行为。这些设备可能需要调查对象直接参与,也可能不需要。

③内容分析

内容分析是一种适用于观察沟通过程而非行为或实物的方法,是对沟通内容进行客观、系统、定量的描述。分析单位可以是信息中的词或词类、个人或物体的特征、主题或提议、信息的长度或持续时间、信息的题目等。内容分析方法可以有效地用于对开放式问题的分析。

④痕量分析

痕量分析是通过收集过去行为的物理痕迹或证据进行分析的方法。例如,通过分析商店购物收据来了解人们经常光顾的商店。一般来说,痕量分析法因其局限性,是最后考虑使用的方法。

2. 因果关系调研

(1)因果关系调研的目的

因果关系调研的目的在于确定因果关系,解释某些现象、行为或变化所产生的原因。例如,降价或改变产品的包装能否提高产品的销量? 投放一款新产品对公司现有产品的销量有何影响? 投放的广告是否真的导致了消费者态度和购买行为的变化?

(2)因果关系调研的特点

因果关系调研需要预先计划好的、结构化的设计。因果关系确立的基本步骤是:

①通过描述性调研确立变量之间的相关关系。

②通过实验法检验因果关系。

（3）因果关系调研的方法

因果关系调研所用的方法是实验法。

实验法是用于验证因果关系的方法，它需要在相对可控的环境中，对自变量进行控制与操纵，通过实验对比而获取资料。一般做法是，从影响问题的诸多因素中选出一个或几个因素，在设置一定的实验条件下观察其反映，然后对实验结果进行对比分析，并确定是否大规模推广。如对同一品牌的不同口味的果汁让实验者饮用，以记录其反映结果。对某一商品在改变其品种、价格、包装、广告等任何因素时，均可采用此方法。实验法特别适合于假设检验，而不适合用于描述。利用该种方法可以取得较为正确的原始资料，但其成本高、研究时间长。

三、实践操作

调研人员在理解了调研对象、调研单位的概念，了解了描述性调研和因果关系调研两类调研设计所适合采用的调研方法之后，就可以针对定义的市场调研问题，开始选择市场调研方法了。本部分将呈现选择市场调研方法的过程。

（一）选择调研区域

是说明区域的数目及名称。调研区域可根据客户的调研要求，根据产品的目标市场和各区域的代表性来选择，也可以用抽样的方法来选择。如果用抽样来选择的话，则必须对抽样的过程进行详细说明。

在选择研究区域的考虑中，要参考以下原则进行：

（1）首先是在企业目前所管辖的销售范围内选择。

（2）选择不同省份、不同层次的消费群体和市场区域来研究。

（3）参考本产品在各地区的市场表现来选择，譬如选择一些本产品表现好的地区，也选择一些表现一般或不好的地区；选择一些销售较为稳定的地区，也选择一些销售状况越发严峻的地区；总之，要了解导致不同市场表现的原因，以及对不同市场区域可以采用的不同策略。

（4）综合各城市的经济、社会、文化水平差异，来选择能代表不同层次的研究地区。

（二）清楚地定义调研对象

要根据调研题目和内容清楚地定义调研对象，根据调研的内容和推论的层次确定调研单位。例如，对大学优秀教师课堂的调研对象说明如下：

根据学校的评教结果，我选择了 3 名优秀大学教师的课堂教学进行课堂观察，考察他们教学的成功之处。我的出现不应该妨碍正常的课堂教学进程，我所观察的大学优秀教师的课堂教学也应该在自然情景下，只有这样才有研究的意义，对旁人才有一定的启发意义。

（三）收集调研对象的有关信息

有关调研对象的基本信息，对选择合适的抽样方案和调研方法非常重要。例如，如果调研对象非常分散，可能需要考虑采用电话调查或邮寄调查；对于低收入、低教育程度的人群，需要通过访问调查收集数据。

（四）选择调研方法

是说明以何种调研方式来对相关的调研对象收集资料。没有哪种调研方法在任何场合都是最好的，调研人员要依据每种调研方法的特点、需要的信息、时间和资金的限制、调研对象的特点等因素加以选择。例如，对于敏感问题，邮寄问卷调查、置留式问卷调查、网上调查比较容易得到真实的答案；如果需要提供实物刺激，则需要考虑访问调查。

在一个调研项目中，可以将多种调研方法结合使用。例如，在一个典型项目中，调研人员向调研对象分发产品、自填式问卷和回寄信封，用传统电话调查进行追踪调研，结果得到了97％的电话调查对象的合作，取得了82％的问卷返回率。

四、问题与经验

通过本模块的学习，我们要解决选择市场调研方法的问题，因此将各种调研方法的特点做一简单的比较是非常必要的。一般来说，调研人员应该了解各种调研方法在调研成本、调研内容、样本的代表性、回答率、收集数据的速度等方面的特点，以便在实际的调研工作中根据实际情况加以选择。

（一）调研内容

调研方法	特　点
访问调查	调研人员与调研对象的互动性好，适用于复杂的、困难的问题调查
电话调查	调研人员与调研对象的互动性次之，不适合特别复杂的或需要展示实物的调查
邮寄调查	调研人员与调研对象之间没有互动，适用于比较简单的问题和敏感问题的调查
网上调查	调研人员与调研对象的互动性好，容易对调查内容进行快速修改和调整，适用于比较简单的问题
观察法	只适用于有关活动、行为和现象的调查，可作为调查法的补充

（二）调研成本

调研方法	特　点
入户访问调查	成本较高
拦截访问调查	成本中等到高
交互式 CAPI 调查	成本中等到高
交互式 CATI 调查	成本中等
电话调查	成本中等到低
邮寄调查	成本低
E-mail 问卷调查互联网 CGI 调查	成本低
观察法	如果观察的现象经常发生或历时时间很短，则成本低，快捷；但是观察数据经常费时、昂贵

（三）样本的代表性

调研方法	特　点
入户访问调查	最好的抽样控制，覆盖面广，样本的代表性最好
交互式 CAPI 调查	可以设定样本限额，自动随机地挑选调查对象，样本的代表性较好
拦截访问调查	很难做到随机拦截，同时潜在的调查对象可以有意避免或主动与调查员接触，样本的代表性中等
电话调查 交互式 CATI 调查	依赖于抽样框架：一张带电话号码的人员名单。中等偏高的样本控制
邮寄调查	依赖于抽样框架：一份符合样本条件的个人或家庭的地址名单。样本的控制程度很低
E-mail 问卷调查互联网 CGI 调查	中等偏低的样本控制
观察法	样本的代表性中等偏低

（四）数据收集环境的控制

调研方法	特　点
入户访问调查	调研人员对调研对象回答问卷的环境控制程度中等偏高
交互式 CAPI 调查拦截访问调查	在中心地点进行的访问调查（商场拦截和 CAPI）提供了最大程度的环境控制

调研方法	特 点
电话调查交互式 CATI 调查	中等程度的环境控制
邮寄调查 E-mail 问卷调查 互联网 CGI 调查	调研人员对环境的控制能力很低
观察法	自然环境

（五）回答率

调研方法	特 点
访问调查 交互式 CAPI 调查	回答率最高
电话调查 交互式 CATI 调查	中等
邮寄调查	低
网上调查	最低
观察法	无回答

（六）收集数据的速度

调研方法	特 点
入户访问调查	慢
交互式 CAPI 调查 拦截访问调查	较快
电话调查 交互式 CATI 调查	快
邮寄调查	最慢
E-mail 问卷调查 互联网 CGI 调查	最快
根据现象发生或历时时间或快或慢	根据现象发生或历时时间或快或慢

五、参考范例

某产品消费者行为调研的市场调研方法设计

一、工作背景与任务

背景设计

某公司为了提高现有市场的产品销量及开拓新市场,需要对永林蓝豹金刚地板进行一次消费者行为调研。

请完成以下任务:

为该公司设计市场调研方法。

二、实践结果

1. 调研区域为:

宁波市、杭州市。

选择宁波市的原因是该市场地板销量大,占总销量的绝大比重,拟继续提高销量;选择杭州市的原因是企业为了开拓杭州这一新市场。

2. 调研对象为:

①现在正在考虑购买木地板的消费者。

②装潢公司设计施工人员。

选择装潢公司设计施工人员作为调研对象之一的原因是专业装潢公司对消费者选购地板有很大影响力。

3. 调研方法设计如下:

①对消费者采用入户访问调查、拦截访问调查。

②对装潢公司设计施工人员采用电话调查、深度访谈法。

模块3 撰写市场调研方案

市场调研方案是对拟进行的市场调研项目的各个步骤及其时间进度、预算安排等的文字描述,是对本次调研所做的科学、严密、可行的工作计划和组织措施,是指导调研的蓝图,也是调研人员和管理层之间就调研的内容、方法、进度、要求和预算等所达成的合同。一旦定义了市场调研问题,选择了市场调研的方法,就要尽早完成书面的调研计划并获得调研委托(授权)方的批准。这样做不仅可以确保管理层对项目的认可和支持,而且可以保证调研项目按照计划的要求执行并按时提交调研结果。市场调研方案是对调研工作各个方面和全部过程的通盘考虑,以下的任务将呈现撰写市场调研方案的完整工作过程。

一、正式工作项目任务

以小组(不超过 5 人)为单位,选择一家企业,根据企业营销管理的需要,选择和定义市场调研的问题,设计市场调研方法,设计一份周密的市场调研方案。

二、理论知识

市场调研方案的形式有很多,大多数的调研方案阐述市场调研过程的所有步骤,并包括如下内容:

(一)执行摘要

是对整个调研方案各部分要点的概括和总结,以便高层管理人员能够快速了解方案的核心内容。

(二)背景

简明扼要地介绍整个调查问题出台的背景原因。

(三)调研题目与目的

较背景部分稍微详细点,通常包括调研问题的陈述和目的。如果还没有确认调研问题,则应当明确说明市场调研的目的。

确定调研目的是任何一项市场调研首先要解决的问题。不同的调研目的需要不同的调研资料,不同的调研资料又有不同的收集方法。调研目的明确了,收集资料的范围、内容和方法也就确定下来了。

阐述调研题目和目的时,应指出调研课题的背景,想研究的问题和可能的几种备用决策,指明该课题的调研结果能给企业带来的决策价值、经济效益、社会效益,以及在理论上的价值。

调研目的一般表述形式为:调研问题＋营销管理问题。例如,弄清买我们产品的人群的特征,为确定产品的目标市场提供依据。

(四)调研内容

确定调研内容(或调研项目)就是要明确向被调查者了解些什么问题。在确定调研项目时,除要考虑调研目的和调研对象的特点外,还要注意以下几个问题:

第一,确定的调研项目应当既是调查任务所需,又是能够取得答案的。凡是调研目的需要又可以取得的调研项目要充分满足,否则不应列入。

第二,项目的表达必须明确,使答案具有确定的表示形式,如数字式、是否式或文字式等。否则,会使被调查者产生不同理解而做出不同的答案,造成汇总时的困难。

第三,确定调研项目应尽可能做到项目之间相互关联,使取得的资料相互对照,以便了解现象发生变化的原因、条件和后果,便于检查答案的准确性。

第四,调研项目的涵义要明确、肯定,必要时可附调查项目解释。

(五)调查提纲和调查表

将调研项目科学地分类、排列,构成调查提纲或调查表,可以方便调查登记和汇总。调查表一般由表头、表体和表脚三个部分组成。

表头包括调查表的名称、调查单位(或填报单位)的名称、性质和隶属关系等。表头上填写的内容一般不作统计分析之用,但它是核实和复查调查单位的依据。

表体包括调查项目、栏号和计量单位等,它是调查表的主要部分。

表脚包括调查者或填报人的签名和调查日期等,其目的是为了明确责任,一旦发现问题,便于查寻。

调查表拟定后,为便于正确填表、统一规格,还要附填表说明。内容包括调查表中各个项目的解释,有关计算方法以及填表时应注意的事项等,填表说明应力求准确、简明扼要、通俗易懂。

(六)调研对象和调研单位

确定调研对象和调研单位,这主要是为了解决向谁调查和由谁来具体提供资料的问题。确定调查对象和调查单位时,应该注意:由于市场现象具有复杂多变的特点,因此,在许多情况下,调查对象也是比较复杂的,必须用科学的理论为指导,严格规定调查对象的含义,并指出它与其他有关现象的界限,以免造成调查登记时由于界限不清而发生的差错。如:以城市职工为调查对象,就应明确职工的含义,划清城市职工与非城市职工、职工与居民等概念的界限。

(七)调研方法

指明所采用的调研方法的主要特征等。

(八)调研时间和调研工作期限

调研时间是指调研数据所属的时间。如果所要调研的是时期现象,就要明确规定资料所反映的是调研对象从何时起到何时止的数据。如果所要调研的是时点现象,就要明确规定统一的标准调研时点。

调研期限是规定调研工作的开始时间和结束时间。为了提高信息资料的时效性,在可能的情况下,调研期限应适当缩短。

(九)调研数据的整理与分析

指拟采用的数据整理与分析方法等。

目前,采用实地调研方法收集的原始数据的处理工作一般由计算机进行,这在设计中也应予以考虑,包括采用何种操作程序以保证必要的运算速度、计算精度及特殊目的。

随着经济管理理论的发展和计算机的运用,越来越多的现代统计分析手段可供我们在分析时选择,如回归分析、相关分析、聚类分析等。每种分析技术都有其自身的特点和适用性,因此,应根据调研的要求,选择最佳的分析方法并在方案中加以规定。

（十）结果提交

主要包括报告书的形式和份数,报告书的基本内容、报告书中图表量的大小等。

（十一）调研进度与预算

说明每阶段的时间安排,给出分项目的预算。

市场调研费用的多少应根据调研的目的、调研的范围和调研的难易程度而定。通常,市场调研中实地调研阶段的费用一般占整个调研经费预算的40%左右,而实地调研前期的计划准备阶段与后期分析报告阶段的费用则占预算经费的20%和40%左右。

调研活动经费一般包括:①调研方案设计费与策划费;②抽样设计费;③问卷设计费(包括测试费);④问卷印刷、装订费;⑤实地调研费用;⑥数据录入费;⑦数据分析费;⑧调研报告撰写费;⑨资料费、复印费等办公费用;⑩管理费、税金等。

计划应设计得有一定的弹性和余地。

（十二）调研的组织计划

调研的组织计划,是指为确保实施调研的具体工作计划。主要是指调研的组织领导、调研机构的设置、人员的选择和培训、工作步骤及其善后处理等。

（十三）附件部分

小组成员专长和分工情况,相关细节和说明等。

调研方案的格式可以灵活。调研方案的书面报告是非常重要的一项工作,一般来说,调研方案的起草和撰写应由小组负责人来完成。

三、实践操作

调研人员在掌握了定义调研问题,选择市场调研方法的工作过程,熟悉了市场调研方案包括的内容之后,就可以开始设计市场调研方案了,本部分将呈现设计市场调研方案的完整工作过程。设计市场调研方案需要完成以下六个步骤:

（一）选定营销管理问题

选择一家企业，采用分析二手资料和定性调研的方法，调查了解该企业的经营管理现状，寻找企业在经营管理过程中最需要了解和解决的问题，确定选题。

（二）背景的调研与分析

根据选定的企业营销问题进行背景调查，并做背景分析。

（三）确认市场调研问题

根据确定的选题和所做的背景分析，确认市场调研问题。

（四）确定市场调研内容

查找资料，了解影响市场调研目标的因素，确认所需信息。

（五）选择市场调研方法

根据所需信息，选择恰当的市场调研的方法。

（六）撰写市场调研方案

根据定义的市场调研问题，选择市场调研方法，按照市场调研方案包括的内容和格式，设计一份周密的市场调研方案。

四、问题与经验

通过本模块和以前两个模块的学习我们要解决设计市场调研方案的问题。在本项目里，我们需要注意职业道德问题。不然，可能会对有关单位和个人（例如委托方、调研对象）造成伤害，并影响调研业的声誉，使今后的调研更加难以得到调研对象和公众的理解和配合。

（一）调研人员要兼顾委托者和调研公司双方的利益。在定义市场调研问题和选择调研方法时不能照顾委托方决策者和调研人员个人的利益。

（二）在委托方说明各种约束条件的前提下，调研人员必须保证其调研设计将以最低的成本，提供已被确认的市场调研问题所需的信息。

（三）在处理调研人员之间的关系时，应当公平确定调研人员的责任、义务与权利，尊重他人的劳动成果与贡献。

五、参考范例

×市现代化和谐社区群众满意度评估活动方案

一、调查背景和目的

社区是否和谐，与每位成员的日常生活息息相关，更关系着整个和谐社会的构建。过去的几年，×市各地在推进基层政权和社区建设工作中取得很大的成绩,许多工作在全省、全国都产生了很大的影响,但是社区建设到底好不好,社区辖地的群众最有发言权,×市民政局为推进×市的和谐社区建设进程,全面提升和谐社区建设的整体水平,真正让我们的社区形成人人关心、人人参与、人人支持、人人热爱、人人享有的安全、团结、幸福、和谐的大家园,计划在全市范围内对所有自愿报名参评的社区进行群众满意度测评,以此作为"×市现代化和谐社区群众满意度评估活动"的重要依据。

二、调查内容

1. 社区基本服务情况:如困难家庭的帮扶、老年人的服务、医疗卫生服务及满意度等。

2. 社区文体教育活动情况:文体教育、教育培训、青少年成长等活动及场所和设施。

3. 社区安全状况:安全感、治安防范措施、社区警务工作、邻里关系改善等。

4. 社区环境状况:满意度、卫生、绿化、车辆的停放及管理、各种噪音及环境污染管理等。

5. 社区民主自治情况:民主选举的组织、涉及居民公共利益的相关事项处理、居民意见与反馈、邻里关系满意度等。

6. 社区工作者的工作情况:服务态度、办事效率、居住户走访及满意度等。

7. 需求度评价。

8. 综合评价。

三、调研方法

1. 调查的区域范围

×市范围内自愿申报"×市现代化和谐社区群众满意度评估"的城市社区。

2. 具体调查对象以及被访者甄别条件

以社区常住家庭为调查对象,具体甄别条件如下:

①以家庭为调查户,在该社区内居住满半年以上的家庭户。

②家庭户中被调查对象年龄范围为 20 周岁及以上,表达清晰的家庭成员。

3. 调查方法

本次调查由经过统一培训的访问员随机抽样上门与被访者进行一对一的面访。

4. 样本量的确定

按照社区规模大小不同,将相应社区的样本量(该样本量指的是合格的样本量,而登记在《接触记录表》中的抽样样本是指访员可以入户访问的住户样本,如预先登记好的访问样本无法达到合格样本量时,再按照抽样方法继续抽取并实施访问,直到达到规定的合格样本量为止)范围计划如下:

总体样本框	普通居民	特殊群体(老年人、残疾人、低保等)家庭
2000 户及以下	48	12
2001～3000 户	64	16
3001 户及以上	80	20

5. 调查样本的抽取方法

①特殊群体:从社区居委会提供的社区特殊家庭名单资料中,随机抽取特殊群体名单,将抽样结果(即住户地址)记录到《入户访问接触记录表》中。

②普通居民家庭:从社区居委会提供的社区居民住户名单中,事先将其不合格的样本(居住不足半年的)以及老年人、残疾人、低保等家庭挑选出来,不计入抽样总体。然后以社区居民地址门牌最小号为起点,按照从小到大的原则采取"隔十抽一"在抽样总体中进行普通居民家庭户的抽样,将抽样结果记录到《入户访问接触记录表》中。

如果特殊群体的总体样本小于需要调查的样本量,则不足的样本由普通居民家庭样本补充。

四、调查运作管理

为确保整个调查访问工作能够保质保量地顺利完成,全面提高其准确性和代表性,计划设定如下的操作流程及控制办法:

1. 具体的调查内容依据《宁波市现代化和谐社区群众满意度调查问卷》执行。

2. 整个执行过程严格按照《项目执行手册》,对本次调查活动的管理人员、审核人员、调查人员进行统一标准的培训,确保评估结果的代表性和相对准确性。

3. 在进入大规模正式调查之前,先通过小量的试验性访问,及时发现访问中的一些普遍性问题(如问卷理解程度、回答难易程度等),及时通报和商讨解决方案。

4. 所有提交问卷,按照"两审一复一校正"的方法,即一级审核率 100%,二级审核率为 100%,进行 30% 的复核率(复核率是指每个访问员做的每个社区的问卷复核比率要达到 30%),进行 100% 的数据录入校正(主要是针对数据录入的缺省值进行审查及校对），确保进入分析阶段的数据完整性和准确性。其中一审是在访问员交回来问卷时当面进行。复核在二审结束后进行（在访问结束后 48 小时内完成）。

五、评定标准

本次评估内容分为七个部分，即社区基本服务、社区文体教育活动、社区安全状况、社区环境状况、社区民主自治、社区工作者的工作情况以及对社区的整体评价。测评总分为 100 分，其中对社区的整体评价 10 分，其余每个部分各 15 分，然后每部分的每个小问题各占 3.75 分。

某社区最终测评得分＝该社区不同被访者满意度得分之和/该社区总的调查问卷数

资料来源：师生工学结合调研项目整理资料，2008 年 9 月 30 日。

项目三
市场调研问卷与抽样方案设计

【项目概要】

在访问调查中,邮寄调查、留置调查、网络调查都要采用问卷,面谈法、电话调查也可以采用问卷的形式。在一项通过问卷调查收集数据的营销调研中,问卷设计是很重要的一个步骤。问卷调查是描述性调研中获取定量原始数据时最常用的方法,这种方法都要求用统一设计的结构化问卷,按预先安排好的顺序和措辞提问,以便所得到的数据具备内部一致性,并能够对其进行定量分析。同时,在营销调研中,通常要根据对调研总体中一部分成员的观察来推论其代表的总体,因此抽样方案设计是影响调研结论是否有效的非常重要的因素。在这一项目里,包括设计市场调研问卷、确定抽样方案两个模块。为了使同学们具备完成设计市场调研问卷和抽样方案这一工作任务所需要的技能,我们按照市场调研方案的设计步骤,在各个模块里分别设计了相应的工作任务,并提供了参考案例。

【学习目标】

能力目标:能设计市场调研问卷与抽样方案。

知识目标:理解实地市场调研组织的工作过程;熟悉访问员的培训内容与责任,熟悉督导员的职责,掌握访谈准备阶段、访谈主要阶段、结束访谈的技巧和提问的技巧,熟悉对调查人员的监控的手段,了解访谈开始时、访问过程中拒访的原因,了解调查人员所引起的问卷质量问题。

素质目标:培养团队合作精神;培养学生独立发现问题、分析和解决问题的能力。

任务	能力目标	知识目标	素质目标
模块1：设计市场调研问卷	1.能确定问卷的基本结构和格式 2.能确定每个问题的内容 3.能选择问题的语言措词 4.能确定问题的顺序 5.能设计问卷中问题答案 6.能确定问卷的排版 7.能测试问卷	熟悉问卷设计的原则 熟悉问卷的基本结构与格式 理解市场调研问卷设计的工作步骤 掌握问卷的询问技术、问卷答案设计（统计分组）的方法	培养团队合作精神 培养学生独立分析和解决问题的能力
模块2：设计抽样方案	1.能界定调研总体 2.能选择抽样框 3.能选择抽样方法 4.能决定样本大小 5.能设计抽样过程	理解抽样框的概念 掌握制定样本框的方法 掌握概率抽样和非概率抽样方法 掌握样本容量经验估计方法	培养团队合作精神；培养学生独立分析和解决问题的能力

【开篇案例】

道格拉斯公司

在1978年年初，斯坦·皮埃尔斯——道格拉斯公司食品部的市场开发经理就已经想到为方便微波炉使用者而销售瓶装即食汤。瓶装的优点在于汤可以直接放到微波炉中加热而不必更换包装。但瓶装即食汤预计要比一般的罐装浓缩汤每份贵1～2美分。如果道格拉斯想按这个思路干下去，就必须说服一家较大的汤品公司安装玻璃瓶装生产线并试销这种产品。道格拉斯公司在决定是否值得向汤品公司有偿转让这种想法之前，不得不预测瓶装即食汤的市场潜力。

斯坦让肯·鲍尔波负责调查以玻璃瓶作即食汤品包装的可行性。肯是加拿大一所重点商学院的MBA学生。他已在道格拉斯公司工作了一个夏季。

公司背景

道格拉斯公司是加拿大最大的新闻纸和瓦棱容器生产商——联合巴瑟斯特公司的全资子公司，也是加拿大最大的玻璃容器供应商。而联合巴瑟斯特公司又是能源公司的一部分。道格拉斯公司经营着分别位于蒙特利尔、伯若玛利、汉密尔顿、华莱士伯戈、红崖、伯拿白的六个现代化的玻璃容器生产厂。这些厂的产品包括盛装、软饮料、花生油、酒精饮料、色拉调味汁的各种玻璃容器。

道格拉斯公司把他们在这个行业中的领先地位归功于他们优质的产品、

卓越的顾客服务,以及现代化的设施。

微波炉

肯的分析从调查微波炉在加拿大的拥有状况开始。在1972年,仅有2000户加拿大家庭拥有微波炉,但到1978年,就增加到了350000户。电子和电器生产厂商协会已经对主要电器产品的国内销售情况进行了预测,他们对微波炉的销售和拥有情况的预测是:

年份	国内销售量	总拥有量	家庭拥有率(%)
1979	110000	458000	6.1
1980	125000	583000	7.5
1981	150000	733000	9.2
1982	180000	913000	11.2
1983	220000	1133000	13.5
1984	265000	1398000	16.2

之所以预测到微波炉拥有量会出现激增是因为加拿大家庭数量的不断增长(预计至少在1988年会超过人口增长率),以及生活方式的改变。正是生活方式的改变带来了对省力器具的需求。

用微波炉进行烹饪带来一个问题——微波无法透过金属器具,因而不能将金属器具置于微波炉中。甚至于餐具上涂色或上光用的金属颜料都会对微波炉造成破坏。许多微波炉使用者使用微波炉专用用具,但这样就得洗更多的餐具。

道格拉斯公司为了解微波炉烹饪中能否使用碱石灰玻璃器具进行了全面的测试,发现碱石灰玻璃器具可以在微波炉中使用。B.C.海德鲁通过进一步测试发现:"有足够耐热强度的纯净玻璃是最适合微波烹饪的。"

问题

肯设计了一份问卷以估测顾客对于微波炉烹饪中使用玻璃包装的态度。1978年6月,这份问卷寄给了600人,人名都是从返回的立登—默富特牌微波炉保修卡中得到的。

在这20个问题中,第15题和第20题是直接就玻璃瓶装即食汤提出的:

15.如果有一种可以直接放入微波炉中加热、加热完后再倒入碗中的独立包装(大约10盎司)即食汤,你会购买吗?假定每份汤的价格与罐装汤价格一样。(请将答案填在下面的横线上)

——是的,大约每月购买多少份?　　　　　　　　　　　　　份

——不,为什么? 　　　　　　　　　　　　　　　　

20.请再阅读一下第15题至第19题,对于每一个问题,请指出你是否愿

意为问题中所描述的产品每份多付出 1～2 美分。

问题序号	愿意为每份多付 1～2 美分	不愿为每份多付 1～2 美分
15		
16		
17		
18		
19		

此调查一共返回了 312 份问卷。在表 3-1 中总结了对第 15 题的反馈答案以及对第 20 题中与瓶装汤有关的反馈答案。

表 3-1　问题回答摘要

份/月	第 15 题的答案	第 20 题回答愿为每份多付 1～2 美分的人数
0("NO")	103	185
1	8	3
2	12	7
3	5	3
4	26	19
5	9	6
6	2	0
8	16	9
9	2	0
10	11	5
12	17	8
15	2	1
16	21	14
18	9	4
20	26	20
24	8	7
25	2	2
30	1	0
36	6	3
40	11	5
45	3	3
48	8	5
50	3	2
60	1	1

肯的下一个任务是估计这种新产品的年度需求量。

—— 小思考 ——

　　①问卷中的问题的类型。

　　②问卷中的问题答案的类型。

　　③问卷中问题、答案设计与调研后数据整理之间的关系。

　　④肯在进行问卷调查时,其抽样框是如何形成的?

通过本项目的学习,我们不仅可以对上述问题有一个比较满意的解答,而且可以对如何设计市场调研问卷和抽样方案有一个全面的了解。

模块 1　设计市场调研问卷

问卷(questionnaire)是一组事先设计好的用于从调查对象获取信息的问题。它系统地记载了所需调查的具体内容,是了解市场信息资料、实现调查目的和任务的一种重要形式。问卷设计是一门通过经验获得的技巧,好的问卷设计依赖于设计者的经验、智慧和创造力。对初学者来说,要想做好这一工作,必须掌握设计问卷的步骤和规则,包括:确定调研目的和所需要的信息、确定调研资料的收集方法、设计问卷的格式、确定问题的内容、确定问题的类型、决定问题的措辞和顺序、设计问卷的外观和式样、修改和定稿等。以下的任务则呈现完成整个工作的过程。

一、演练项目任务

背景设计

某集团公司下属有 18 家分公司,现在该公司领导为了了解下属分公司的销售计划完成情况、工人数等信息,需要设计市场调研问卷或调查表。根据探索性调研得知:下属分公司销售计划完成最高为 125%,最低为 90%;工人数最多为 1780 人,最少为 80 人。现在该公司调研人员拟采用两种调研设计:

1. 设计调研问卷,其中设计了如下两个问题:

(1)请问您公司完成销售的%是:＿＿＿＿＿＿＿＿＿＿＿＿＿＿＿

(2)请问您公司的工人数是:＿＿＿＿＿＿＿＿＿＿＿＿＿＿＿

2. 设计调查表

请完成以下任务:

(1)请为上述两个问题设计答案。

（2）请为该公司设计调查表。

（3）经过调查，得到该公司的信息如表 3-2，问该表中的信息是采用上述哪种调研设计得到的？

表 3-2　某集团总公司下属单位 2010 年 7 月销售情况

单位		工人数	销售额（万元）	完成销售（%）	单位		工人数	销售额（万元）	完成销售（%）
甲	一公司	320	250	90	丙	一公司	80	70	103
	二公司	470	360	102		二公司	100	90	101
	三公司	580	410	95		三公司	130	100	99
	四公司	760	980	125		四公司	180	130	100
	五公司	840	720	105	丁	一公司	620	650	100
乙	一公司	800	980	106		二公司	910	1000	104
	二公司	820	720	93		三公司	1100	1250	105
	三公司	1450	5420	110		四公司	1300	1500	120
	四公司	1260	1440	115	合计		13500	18060	
	五公司	1780	1990	118					

（4）根据上表资料：

①按计划完成程度分组整理出一个统计表；

②按企业的工人数分组表明企业人数与工人劳动生产率之间的关系。

二、正式工作项目任务

以小组（不超过 5 人）为单位，根据项目二定义的市场调研问题，确定调研内容，选择的调研方法，设计一份比较规范的市场调研问卷。

三、理论知识

所谓问卷设计，它是根据调查目的，将所需调查的问题具体化，使调查者能顺利地获取必要的信息资料，并便于统计分析。由于问卷方式通常是靠被调查者通过问卷间接地向调查者提供资料，所以，作为调查者与被调查者之间中介物的调查问卷，其设计是否科学合理，将直接影响问卷的回收率，影响资料的真实性、实用性。因此，在市场调查中，应对问卷设计给予足够的重视。

问卷中应该包含哪些主要问题取决于所要收集的信息，这要求在问卷设计的过程中，首先要把握调研的目的和要求，同时为了取得被调查者的充分合作，获得准确有效的信息，对目标人群有一个清楚的概念也是很重要的，问卷设计应当充分考虑调查对象的特点。对大学生适合的问题也许不适合家庭主妇;对老用户适合的问题也不一定适合新用户或潜在用户。

四、问卷设计的格式

一般来说,依据问卷的填答方式将问卷分为自填式问卷和访问式问卷。其中,自填式问卷调查,按照问卷传递方式的不同,可分为报刊问卷调查、邮政问卷调查、送发问卷调查和网上访问问卷调查;代填式问卷调查,按照与被调查者交谈方式的不同,可分为访问问卷调查和电话问卷调查。

自填式问卷和访问式问卷在形式、内容和长度方面都有一定的差别。不过,一份完整的调查问卷通常包括标题、开头部分、甄别部分、主体部分、背景部分、编码等内容。

(一)问卷的标题

问卷的标题是概括说明调查研究主题,使被调查者对所要回答什么方面的问题有一个大致的了解。确定标题应简明扼要,易于引起回答者的兴趣。例如"大学生消费状况调查"、"我与广告——公众广告意识调查"等。而不要简单采用"问卷调查"这样的标题,它容易引起回答者因不必要的怀疑而拒答。

(二)开头部分

开头部分一般包括问卷编号、说明信、填表说明等内容。

1. 问卷编号。使用问卷编号的目的是便于对问卷进行分类归档,同时也便于电子计算机处理。需要指出的是,有些内容比较简单的调查问卷可以省略这一部分。

2. 封面信。封面信的主要目的是对调研的主办单位、调研目的、意义及内容进行必要的说明,进而消除被调查者的顾虑,争取他们的积极合作。同时对调研对象和合作表示感谢。

下面是一封虚拟的调研问卷的封面信。

××女士/小姐/先生

您好! 我是××市场调查公司访问员,我们正在进行一项有关公众医疗保险意识方面的调查,目的是想了解人们对医疗保险的看法和意见,以便更好地促进医疗保险事业的发展。您的回答无所谓对错,只要真实地反映了您的情况和看法,就达到了这次调查的目的。希望您能积极参与,我们对您的回答完全是保密的。调查要耽搁您一些时间,请您谅解。

谢谢您的支持与合作!

××市场调查公司(章)

×年×月×日

3. 填表说明。主要目的是对问卷填写和回收的要求进行必要的说明,包括填表须知、交表时间、地点及其他事项说明等。填表说明可以让被调查者知道如何填写问卷。在自填式问卷中一定要有这部分内容。填表说明一定要详细清楚,格式位置要醒目。

开头部分文字须简明易懂,能激发被调查者的兴趣。

(三)甄别部分

在需要确认调研对象是否符合要求时,可以设计一些甄别问题充当开头的问题。甄别问题是先对被调查者进行过滤,筛选掉不需要的部分,然后针对特定的被调查者进行调查。

(四)主体部分

调查的主体部分是调查者所要了解的基本内容,也是调查问卷中最重要的部分,这部分内容设计的好坏直接影响整个调查的价值。在这一部分,调查者依据调查主题设计的调查内容,将所要调查的内容具体化为一个个问题和备选答案,要求被调查者回答。主体内容主要包括以下几方面:①对人们的行为进行调查。包括对被调查者本人行为进行了解或通过被调查者了解他人的行为。②对人们的行为后果进行调查。③对人们的态度、意见、感觉、偏好等进行调查。

[例] "消费者"调查项目的内容主要包括以下几个方面:

第一,被调查者的信息资料。其包括性别、年龄、职业、文化(专业)、收入(个人、家庭、生活费用)。

第二,目标顾客有哪些。其包括喜欢购买(消费)该产品的消费者是谁?有多少?

第三,购买动机。其包括质量保证、价格便宜、安全可靠、服务周到、品牌信誉、新潮时尚、艺术欣赏、陶冶心情、环境舒适等。

第四,购买行为特点。其包括购买什么、购买多少、何时购买、何地购买、采用什么购买方式、购买的频率以及购买什么品牌。

第五,获得购买信息的渠道。其包括产品广告、商业促销、媒体宣传、熟人介绍、个人体验。

(五)背景部分

背景部分,通常放在问卷的最后,可以放入被调查者的个人信息档案,也可再次向被调查者致谢,还可以放入调查者项目。

1. 被调查者的情况。这是指被调查者的一些主要特征,如在消费者调查中,消费者的性别、年龄、民族、家庭人口、婚姻状况、文化程度,职业、单位、收入、所在地区等等。如有必要,还可写上被调查者的姓名、单位或家庭住址、电话等,以便于审核和进一步追踪调查。但对于一些涉及被调查者隐私的问卷,上述内容则不宜列入。又如,对企业调查中的企业名称、地址、所有制性质、主管部门、职工人数、商品销售额(或产品销售量)等情况。通过这些项目,便于对调查资料进行统计分组、分析。在实际调查中,列入哪些项目,列入多少项目,应根据调查目的、调查要求而定,并非多多益善。

2. 调查者项目。包括调查人员的姓名、工作单位、调查日期、时间等。这些项目主要为明确责任和方便查询而设计。

背景部分要简单明了,有的问卷也可以省略。

(六)编码

编码一般应用于大规模的问卷调查中。因为在大规模问卷调查中,调查资料的统计汇总工作十分繁重,借助于编码技术和计算机,则可大大简化这一工作。

编码是将调研问卷中的调查项目以及备选答案给予统一设计的代码。编码既可以在问卷设计的同时就设计好,也可以等调查工作完成以后再进行。前者称为预编码,后者称为后编码。在实际调查中,常采用预编码。

五、问题设计的技术

问题是问卷的核心部分,每个具体问题的答案,提供了研究、理解、描述和预测有关形象、行为或态度所需的资料。在设计问题时,通常要考虑问题的内容、类别、格式、措词和顺序。

(一)问题的内容

调研问卷中的问题一般涉及有关事实、看法、态度和知识等内容。通常依据其内容将问题分为事实性问题和主观问题两大类。

事实性问题主要是为了收集有关调研对象的环境、个人和家庭背景、经历、习惯和行为等客观信息而设。例如:

请问您最近一个月是否有网购的经历?

1	有
2	没有

主观问题主要涉及调研对象的信念、态度、感觉和看法等主观体验。例如:

您认为下面哪种销售手段更能影响您网上购物?

1	免费送货
2	货到付款
3	三包服务
4	商品打折
5	其他

(二)问题的类型

依据其结构和答案的形式,可将问题分为开放式问题、封闭式问题、相倚问题和量表应答式问题四大类。

1. 开放式问题不提供事先设计好的答案供调研对象选择,而是让调研对象用自己的语言自由回答。开放式问题有以下两类:

(1)开放式文字题

开放式文字题使调研对象能够用自己的语言自由地表达任何观点,可以提供对某一现象、行为、态度的丰富认识,因此在探索性调研中非常有用。例如:

您对网上购物有何建议?

它的主要缺点是:填写、编码和录入比较费事;所获答案受调研对象表达能力的影响很大;不适合自填式问卷,因为调研对象往往不愿意花费力气将自己的观点写完整,有时甚至跳过去。

(2)开放式数值题和量表题

这类题目要求被调查者自己填入数值,或者打分。例如:

请问您每年旅行的具体次数?

它的主要优点是:所得数据能够详细地描述数据,便于调研人员根据不同标准对调研对象进行分类,为进一步的研究提供详细的数据支持。

开放式数值题和量表题不需要编码,录入被调查者实际填入的数值即可。但是,在进行市场调研数据整理时,需要首先对被调查者进行统计分组,在统计分组的基础上才能汇总编制统计表。

2. 封闭式问题有一组事先设计好的答案(应包括所有可能的答案)供调研对象选择。这类问题由于答案标准化,不仅回答方便,而且易于进行各种统计处理和分析,尤其适合自填式问卷。但是,封闭式问题所提供的备选答案受设计者的知识水平、思维定式的影响和限制,采用这类问题无法发现鲜为人知或意想不到的看法。设计有效选项的工作量较大,可能需要开展探索性调研来确定适当的答案选项。

(1)封闭式问题的答案设计方法有以下几种:

①单项选择题

单项选择题的答案是唯一的。其优点是答案分类明确,但排斥了其他答案可能存在的原由。例如:

你购买方便面最重要的原因是什么?

□方便 　　□好吃 　　□便宜 　　□营养 　　□无替代品

②多项选择题

多项选择题的答案是多项的。其优点是可以较多地了解被调查者的态度,但统计时比较复杂。例如:

你购买方便面的原因主要有哪些?

□方便 　　□好吃 　　□便宜 　　□营养 　　□无替代品

③是非题

是非题的答案简明清晰,但只适用于不需要反映被调查者态度的问题。例如:

你是否购买过方便面?

是□ 否□

④混合式选择题

混合式选择题,即将封闭式问题与开放式问题结合起来设计提问的一种形式。例如:

请列出贵公司进货时主要考虑的三种因素:_____。

□产品知名度 　　　　□供方服务 　　　　□产品畅销性

□双方关系 　　　　　□批零差价 　　　　□供方促销

□等货时间 　　　　　□供方广告 　　　　□订货时间

□其他(请注明)_____

⑤排序式选择题

排序式选择题,即要求被调查者把列出的各个选项按其重要性或时间性标准的顺序排列出来。例如:

从高中教育的目的出发,您认为应该对学生进行哪些能力方面的培养,请按重要程度选出三项:最重要( );其次( );最后( )。

1.抽象思维能力 　　　2.形象思维能力 　　　3.表达能力

4.综合分析能力 　　　5.记忆能力 　　　　　6.理解能力

7.应用能力 　　　　　8.自学能力 　　　　　9.实验能力

10.社会适应能力

11.其他(请在横线上注明何种能力)_____

⑥区间式选择题

区间式选择题,即各个选项只列出大概的区间范围,由被调查者进行选择。例如:

请问您的年龄?

□20 岁以下 　　　　　□21～30 岁 　　　　　□31～40 岁

□41～50 岁 　　　　　□51～60 岁 　　　　　□61 岁以上

⑦过滤式选择题

过滤式选择题,即通过逐步缩小提问范围,引导被调查者很自然地对所要调研的某一专门主题作出回答的提问形式。这种提问法,不是开门见山、单刀直入,而是采取投石问路、引水归渠的方法,一步一步地深入,最后引出被调查者对某个所要调研问题的真实想法。这种提问形式通常用于被调查者对回答有顾虑或者一时难以直接表达其真实想法的调查。例如,某企业欲了解消费者对购买电视机是否影响孩子学习的意见。若采取一次性提问(非过滤式提问)方式,例如:

您不购买电视机是怕影响孩子的学习吗?

该问句会给被调查者一种很唐突的感觉,是不妥的提问法,因为不购买电视机往往是多种原因引起的,很难直接回答,可用如下过滤式提问:

您对电视机印象如何?

您是否限制孩子看电视?

您认为看电视有什么坏处吗?

有人说看电视对孩子学习有影响,也有人认为不但没有影响反而有好处,您是如何看待这个问题的?

从上面的例句中我们可以看出,通过调查人员的逐步引导,使被调查者有一个逐步考虑问题的过程,从而自然、真实地回答了调查者的提问。

(2)封闭式问题的答案分类(或分组)方法:

对封闭式问题的答案进行分类的过程,实际上就是将被调查者按一定的标准(或标志)进行统计分组的过程。所谓统计分组,就是根据统计研究任务的要求和现象总体的内在特点,把统计总体按照某一标志划分为若干性质不同又有联系的几个部分。按照统计分组时所选择的分组标志的性质不同,分组的方法分为以下两类:

1)品质标志分组法

采用品质标志分组法就是按事物的品质特征进行分组。例如,被调查者按性别分为男女两组;被调查的企业按所有制分为全民、集体、合营和个体等组。

按品质标志分组,在确定其分组界限时,有时比较简单,有时却很复杂。

有些在理论上容易区分,但在实际社会经济生活中却难于辨别。例如,人口按城乡分组,居民一般分为城市和乡村两组,但因目前还存在有些既具备城市形态又具备乡村形态的地区,分组时就需慎重考虑。其他如部门分类、职业分类也都存在同样的问题。因此,在实际工作中,为了便利和统一,联合国及各个国家都制订有适合一般情况的标准分类目录,如我国就有《国民经济行业分类目录》《工业部门分类目录》、《商品目录》等等。

2)数量标志分组法

采用数量标志分组法就是按事物的数量特征进行分组。例如,被调查的企业按工人数、产值、产量等标志进行分组;被调查的居民家庭按子女人数分组,可分为 0 人(无子女)、1 人、2 人、3 人,等等。

按数量标志分组,不仅可以反映事物数量上的差别,有时通过事物的数量差异也可区分事物的性质。例如,人口按年龄分组,男性分为 0～6 岁、7～17 岁、18～59 岁、60 岁以上。女性分为 0～6 岁、7～17 岁、18～54 岁、55 岁以上。这是由于国家对男女职工规定退休年龄的不同而有所差别。因此,正确选择决定事物性质差别的数量界限是按数量标志分组中的一个关键问题。

可变的数量标志又称为变量,变量可分为离散型变量和连续型变量两种。按照变量的性质和变动幅度不同,数量标志分组方式有以下两种:

①单项式分组

离散型变量如果变量值变动幅度比较小,则我们可依次将每一个变量值作为一组,这种分组称为单项式分组。例如:

被调查的城市居民家庭按家庭成员数分为 2 个、3 个、4 个、5 个和 6 个以上各个组。这里,"2 个"、"3 个"……就是单项式分组的组名称,具有离散型数量特征。

②组距式分组

但是,离散型变量如果变量值变动很大,项数又很多,采用单项式分组,势必分组数太高,各组没有几个单位,失去了分组的意义。例如:

将被调查的城市按人口数进行分组,由于各城市人口差别很大,城市人口相同的情况几乎是不存在的,这时应采用组距式分组。实际工作中,大多数的离散型变量采取组距式分组。

组距式分组就是把整个变量值依次划分为几个区间,各个变量值则按其大小确定所归并的区间,区间的距离称为组距。例如:

被调查的企业按工人人数分为以下四个组:200～499 人;500～999 人;1000～1999 人;2000 人以上。

连续型变量由于不能一一列举它的变量值,不能作单项式分组,只能进行组距式分组。例如：

被调查的工人按工资分组，可采用如下组距式分组：300～400 元；400～500 元；500～600 元；600～700 元；700 元以上。

组距式分组包括等距分组和不等距分组。等距分组即标志值在各组保持相等的组距。在标志值变动比较均匀的情况下，可采用等距分组。等距分组有很多好处，它便于各组单位数和标志值的直接比较，也便于计算各项综合指标，例如标志值的平均数。当标志值变动很不均匀，如急剧地增长、下降，变动幅度很大时就应采用不等距分组。

大家知道，大城市的百货商店营业额差别是很大的，比如年营业额从 50 万元至 5 亿元，可采取公比为 10 的不等距分组：50～500 万元；500～5000 万元；5000～50000 万元。若用等距分组，即使组距为 500 万元，也得分出 100 组来。

更多的情况是要根据事物性质变化的数量界限来确定组距。例如，对儿童年龄的分组，必须注意到儿童不同年龄生理变化的特点，分为以下各组：1 岁以下；1～3 岁；4～6 岁；7～15 岁。

进行组距式分组，对于全体变量值应该划分多少组才恰当，这是必须重视的一个问题。同时组数与组距存在反比关系，组距的大小是必须重视的第二个问题。组距太小就不容易说明各组的现象特征，组距太大又会掩盖各组之间的差异。组距两端的数值称为组限。组数、组距、组限的确定应该全面分析资料所反映的社会经济内容、标志值的分散程度等因素，不可以强求一致。

[例] 对某企业 30 个工人完成劳动定额的情况进行调查，其原始资料如下(％)。

```
 98   81   95   84   93   86   91  102  100  103
105  100  104  108  107  108  106  109  112  114
109  117  125  115  120  119  118  116  129  113
```

根据以上数据将被调查的某企业 30 名工人按劳动定额完成程度(％)进行统计分组。

第一步：计算全距

将各变量值由小到大排序如下：

```
 81   84   86   91   93   95   98  100  100  102
103  104  105  106  107  108  108  109  109  112
113  114  115  116  117  118  119  120  125  129
```

变量的最大值是 129％，最小值是 81％，全距＝最大值－最小值＝129％

－81％＝48％。本例变量为连续型，应取变量值变动的一个区间作为一组，采用组距式分组。

第二步：确定组数和组距

组距和组数的确定没有顺序规定，既可以先根据数据的变化特征确定组数，也可以在事先对研究对象的性质比较了解的情况下，先确定组距，然后确定组数，但组数必须是整数。我们可以采用以下两种方法确定组数和组距：

A. 试算法。即先确定组数和组距中的一个，然后根据二者的关系，确定另一个。

在等距分组时，组距与组数的关系是：

$$组数＝\frac{全距}{组距}或：组距＝\frac{全距}{组数}$$

B. 根据美国学者斯特吉斯经验公式：组距 $i＝\dfrac{全距 R}{1＋3.322 \lg N}$。由样本总数 N 确定组距，然后根据组距与组数的反比关系确定组数。为了使用方便，根据斯特吉斯经验公式所确定的组数列表如下（见下表），使用者可根据样本总数 N 直接查表来确定参考组数。

N（总体单位数）	15～24	25～44	45～89	90～179	180～359
n（组数）	5	6	7	8	9

本例中的数据为劳动定额的完成情况，属于工作成绩的评定。根据成绩的数量特征分为：优、良、中、及格和不及格的五档评分习惯，为将工作成绩分布的数量特征反映出来，应该分为五个组。

为了符合习惯和计算方便，组距近似地取 10％。

第三步：确定组限

组限的确定应遵循以下原则：

第一，最小组的下限（起点值）应低于最小变量值，最大组的上限（终点值）应高于最大变量值。

第二，组限的确定应有利于显示总体次数分布的规律性。

第三，为了方便计算，组限应尽可能取整数，最好是 5 或 10 的整倍数，而且应是组距的整倍数。

第四，由于变量有连续型变量和离散型变量两种，其组限的表示方法是不同的。

离散型变量可以用相邻两个变量值作为两个相邻组的上、下限。例如：

被调查的企业按职工人数分组：99 人以下；100～499；500～999；1000 人

以上。

连续型变量不可能一一列举,相邻组的上、下限不可能用两个确定的数值表示,通常用一个数值作为相邻组的上、下限。例如:

被调查的地区按粮食亩产量分组:400 斤以下;400～800;800～1000;1000 斤以上。

本例中,将第一组的下限定为 80,最后一组的上限确定为 130,采用相邻两个组共用一个限的表示方法。

第四步:写出各组

本例中,被调查的某企业 30 名工人按劳动定额完成程度(%)分组如下:80～90;90～100;100～110;110～120;120～130。

有时候组距数列上下两端的组运用开放式的组距,即第一组用"多少以下",最后一组用"多少以上"表示。这两个组的组中值可参照相邻组的组距来决定。

3. 相倚问题是只适用一部分调研对象的问题,某个调研对象是否要回答这个问题,视他对前面某一问题(称为过滤问题)的回答结果而定。

相倚问题的格式有两种,即框格式和说明式。

第一,框格式。它是指用框格将后续性问题框起来并用箭头和连线将其与非后续性问题连接起来的形式。例如:

您的孩子上的是重点高中吗?

您的孩子上的是终点高中吗?
□是 ——
□否

若是,请回答:
是根据成绩录取的吗?
□是
□否 ——

若否,请回答:
交"赞助费"了吗?
□是
□否

第二,说明式。它是指在选项后注明,若该选项被选中,应转向回答哪些问题的格式。例如:

您参加上届人民代表的选举了吗?

☐参加了(请回答第9~13题)

☐没参加(请跳过第9~13题,直接从第14题开始回答)

这种格式没有框格式醒目,但应用较为普遍,特别是在后续问题较多、无法用框格框起来时,更适合使用这种格式。

4. 量表应答式问题则是以量表形式设置的问题。量表是用来对主观的、有时是抽象的态度和概念进行定量化测量的程序,是由一组相关的描述语组成的测量工具。最常用的量表有:

(1)李克特量表

李克特量表是由美国心理学家 R. A. Likert 设计的,通过被调查者在同意和不同意之间选择答案来设计提问的一种量表。例如:

您购物时总是货比三家?

☐非常不同意　☐不同意　☐不一定　☐同意　☐非常同意

(2)语义差异量表

语义差异量表是由一组位于两端的、意义相反的词组成的评价量表,是通过被调查者对事物的属性从优到劣分等选择来设计提问的一种形式。例如,可以用语义差异量表情雇主对某校的毕业生进行评价:

请从以下几方面对××学校毕业生进行评价,在最能表明您的评价的位置上做上标记:

	1	2	3	4	5	6	7	
冒险	•	•	•	•	•	•	•	谨慎
勤奋	•	•	•	•	•	•	•	懒惰
顺从	•	•	•	•	•	•	•	叛逆
勤于动手	•	•	•	•	•	•	•	善于幻想
认真务实	•	•	•	•	•	•	•	好高骛远

语义差异量表是营销调研中应用很广泛的评分量表,广泛用于对品牌、产品和公司形象的比较,广告和促销策略制订以及新产品概念的评价测试。但是,在设计语义差异量表时,找到一组合适的词并不是一件容易的事。

斯塔普尔量表是语义差异量表的一种变通形式,是一个单极的评分量表,有 10 个从 -5 到 $+5$ 的垂直或水平列出的类别,请被调查者选择一个适当的数字对所评对象的评价。某项的数字越大,表述该词汇对所评对象的描述越精确。例如,我们可以用下列斯塔普尔量表对某个花店进行评价:

请评价每项描述对这家花店的符合程度,$+5$ 表示你认为非常符合,-5 表示你认为非常不符合。

+5	+4	+3	+2	+1	便宜	−1	−2X	−3	−4	−5
+5	+4	+3X	+2	+1	选择多	−1	−2	−3	−4	−5
+5	+4	+3	+2	+1X	可靠	−1	−2	−3	−4	−5
+5	+4	+3	+2	+1X	友好	−1	−2	−3	−4	−5
+5	+4	+3X	+2	+1	时髦	−1	−2	−3	−4	−5
+5	+4	+3	+2	+1	方便	−1X	−2	−3	−4	−5

上例表示，被调查者认为这家花店的产品选择多、时髦，访问人员较可靠和友好，但价格较高，购买时不是很方便。

需要注意的是，原则上建议类别的数目应当介于 5～9 之间，并根据待评对象的差异程度和数据分析的需要加以调整。

四、实践操作

设计是由一系列相关的工作过程所构成的。为使问卷具有科学性、规范性和可行性，一般可以参照以下程序进行问卷设计：

(一)确定调研目的和所需要的信息

调研经常是在市场部经理、品牌经理或新产品开发专家做决策时由于感到所需信息不足而发起的。在一些公司中，评价全部二手资料以确认所需信息是否收集齐全通常是经理的责任；而在另外一些公司中，经理将所有的市场调研活动，包括一手资料和二手资料的收集全都交由市场研发部门去做。

尽管可能是由品牌经理发起的市场调研，但受这个项目影响的每个人，如品牌经理助理、产品经理，甚至生产营销经理都应当一起讨论究竟需要些什么数据，调研的目标应当尽可能精确、清楚，如果这一步做得好，下面的步骤会更顺利、更有效。

(二)确定调研资料的收集方法

调研资料的收集可以有多种方法，如面对面访谈、电话调查、邮寄调查、留置调查、互联网调查、观察调查、实验调查等。

不同的调研方法对问卷设计的要求是不同的。例如，在街上进行拦截式的面对面访谈比入户访问有更多的限制，如时间上的限制；邮寄调查和互联网调查则要求问卷设计得非常清楚，而且相对要短一些，因为访问人员不在场，没有解释问题的机会；电话调查要求调查者在尽量短的时间内，用较为清晰的语言表达，使被调查者尽快了解正在调查的问题；在入户和深度访谈中，访问员可以给应答者出示图片以解释或证明某个概念，可以问长的、复杂的问题。例如：

"街头调查"问卷设计应注意以下几点：

(1)问卷长度。以1页A4纸为宜,问题不超过10个,这样才能将调查时间控制在1~2分钟。

(2)印刷的字号。不能小于5号字体,这样方便被调查者在街上阅读。

(3)问题设计注意事项。不能夹带有专业术语,尽量使问题简单易懂、容易回答,切忌使被调查者产生歧义。

(4)问题设计用语。调查问卷中的每一个问题都力求用最通顺、最简洁的话语来陈述。

(三)设计问卷的格式

一份完整的调查问卷通常包括标题、开头部分、甄别部分、主体部分、背景部分、编码等内容。

需要注意的是,不是每一分问卷都包括上述几部分内容,一些显而易见的问题可以在问卷设计时省略掉。例如,在需要确认调研对象是否符合要求时,可以设计一些甄别问题,否则可省略;如果被调查者对调研人员的身份已经确认,开头部分中封面信可以省略调研人员自我介绍的内容。

(四)确定问题的内容

在确定问题的内容时,需要考虑以下三方面情况:

1. 每个问题对所需的信息均应有贡献

除非有特殊的用途,无关紧要的问题应当尽量避免。在某些情况下,为了营造良好的互动氛围或者掩饰调研项目的目的或赞助者情况,可以提出一些填补性问题。例如,为了掩饰调研的委托方,关于宝洁公司洗发水的调研问卷也可以包括有关联合利华和自主品牌的问题。

2. 调研对象是否拥有必要的信息

许多看似简单的问题其实并不容易回答。因为这些问题经常超出调研对象的记忆能力。例如,您昨晚看过哪些手机品牌的电视广告?

这时,适当的提示有助于调研对象对事件的回忆。例如,可以列出有关手机品牌,然后问:"昨晚您是否看过这些手机品牌的电视广告?"但是,在提供提示时,要防止对调研对象的过度诱导。

3. 调研对象是否愿意提供这类信息

调研对象通常不愿意花费力气来提供信息,因此要尽量为调研对象着想,使问题容易回答。

具体有以下几种做法:

(1)对于过于抽象的问题,调研对象可能无法清楚地表述。例如,在回答"您喜欢什么样风格的服装"时,许多调研对象可能无法找到合适的措词。

因此,应当向调研对象提供必要的帮助,比如图片、文字描述等,帮助他们准确地理解问题的含义和清楚地表述其答案。

再如,让调研对象自己列出所喜欢的品牌,不如提供一组品牌让调研对象在上面打钩方便。

(2)对于调研者看来没有合理目的的信息,调研对象可能不愿意提供。例如,用户满意度调研问卷中要求提供年龄、收入、职业等信息。

这时需要做出合理的解释,增加调研对象回答的意愿。

(3)调研涉及敏感信息的问题,调研对象可能会拒绝回答或者提供不真实的答案,这在面对面的人员访谈时尤为重要。

这时可以运用以下技巧:

①将敏感问题放在问卷的最后。这时调研对象已经答完了大多数问题,更愿意做最后的能力题,完成整个问卷。即使调研对象拒绝回答敏感问题,也不会影响他对其他问题的回答。

②用第三人称方法提问。例如,"你觉得班上的同学在考试中会作弊吗?"而不是直接问"你在考试中会作弊吗?"

③将问题隐藏在一组调研对象愿意回答的问题中。

④提供答案的类目而不是直接问具体的数字。例如,请调研对象在适当的年收入档上选择:10000元以下,10000~19999元,20000~29999元,等等。

(五)确定问题的类型

我们已经知道,依据其结构和答案的形式,可将问题分为开放式问题、封闭式问题、相倚问题和量表应答式问题四大类。

应该注意的是,在实际调查中,几种类型的问题往往是结合使用的。问卷设计者可以根据具体情况选择不同的提问方式。

(六)决定问题的措辞

确定问题的措辞是一项非常关键和困难的工作,如果用词不当,调研对象可能拒绝回答或由于对问题的理解错误而给出有严重偏差甚至是误导的结果。因此,要采用六要素明确法来准确定义问题,即何人(who)、何地(where)、何时(when)、做什么(what)、为何做(why)、如何做(how)这六个要素。如果问卷设计者在提问题时考虑了这六个要素,那么问题的明确性就会提高很多。当然,有时缺少个别要素同样能明确定义问题。例如:"在最近三年里,当您打算换工作时,您最喜欢看的是通过哪种媒介发布的招聘广告呢?"比"您找工作时看哪里的招聘广告?"要明确得多。

具体来说,在选择问题的措辞时,要遵循以下原则:

1.使用意义明确的措辞,避免过于模糊、笼统和容易引起歧义的词汇。特别是在描述时间、价格、频率、数量等情形时,对"普通"、"经常"、"一些"、

"美丽"等形容词和副词要拿捏得当。例如:"请问您经常来我们店健身吗?"显然,这里的"经常"一词是很模糊的,回答者不知经常是指一周、一个月、一个季度还是一年,可以改问:"你上月共来我们店健身几次?"再者,对于年龄、家庭人口、经济收入等调查项目,通常会产生歧义的理解。因为年龄有虚岁、实岁之分,家庭人口有常住人口和生活费开支在一起的人口,收入是仅指工资,还是包括奖金、补贴、其他收入、实物发放折款收入在内,如果调查者对此没有很明确的界定,调研结果也很难达到预期要求。

2. 使用通俗易懂的词汇,避免生僻的和过于专业化的词语。例如:"请问您家庭的恩格尔系数是多少?"

3. 问句要具体,避免提一般性的问题。例如:"您对某百货商场的印象如何?"这样的问题很难达到预期效果,可具体提问:"您认为百货商场商品品种是否齐全、营业时间是否恰当、服务态度怎样?"等。再如:"您为何不看电影而看电视?"这个问题包含了"您为何不看电影?""您为何要看电视?"和"什么原因使您改看电视?"

4. 避免引导性或倾向性提问。如果提出的问题不是"执中"的,而是暗示出调查者的观点和见解,力求使回答者跟着这种倾向回答,这种提问就是"引导性提问"。例如:"消费者普遍认为××牌子的冰箱好,你的印象如何?"普遍这个词就给被访者以暗示。这样的问题将容易使被调查者因引导性提问得出肯定性的结论或因反感此种问法简单得出结论,这样不能反映消费者对商品的真实态度和看法,所以产生的结论也缺乏客观性,可信度较低。

5. 避免用具有断定性的问题。例如:"你一天抽多少支烟?"这种问题即为断定性问题,被调查者如果根本不抽烟,就会造成无法回答。正确的处理办法是此问题可加一条"过滤"性问题。即:"你抽烟吗?"如果回答者回答"是",可继续提问,否则就可终止提问。

6. 问句要考虑到时间性。例如:"您去年家庭的生活费支出是多少?其中用于食品、衣服方面的支出分别为多少?"时间过久的问题易使人遗忘,可以改问:"您家上月生活费支出是多少?"

7. 要避免问题与答案不一致。例如:

您经常看哪个栏目的电视?

□经济生活　　□电视红娘　　□电视商场　　□经常看　　□偶尔看
□根本不看

8. 问卷的问句设计要有艺术性,避免对被调查者产生刺激而使其不能很好地合作。如下面两组问句:

A:您至今未买电脑的原因是什么?

□买不起

□没有用

□不懂

□软件少

B：您至今未购买电脑的主要原因是什么？

□价格高

□用途较少

□对性能不了解

□其他

显然，B组问句更有艺术性，能使被调查者愉快地合作；而A组问句较易引起调查对象的反感，使其不愿合作，从而可能导致调查结果不准确。

9. 尽量避免推论和估计，问题应该是特定的而不是泛指的。该类问题在实践中使用较少。其特点在于：一方面具有隐藏性，可以挖掘出被调查者潜意识的动机、态度；另一方面，问题的结构化使答案便于编码和分析。例如：

在北京新闻和新闻联播之间常播放一些短广告，在看到这些广告时，您一般是：

□从头到尾都认真看广告

□只认真看感兴趣的广告

□不留意具体内容，但耐心等待下面的节目

□换频道看其他节目

□开着电视干其他事情

□其他：_____

该题通过对被调查者在播放广告时的行为的调查，推测被调查者对该广告的看法。当然，在推测结果上可能存在一定的偏差，但其结果易于分析，且时间较短。

（七）确定问题的顺序

问题的排序通常遵照以下原则：按照问卷的格式、问题的类型、难易程度、逻辑性及被调查者的思维习惯进行排列。其具体做法是由浅入深、由易而难、从简到繁。

1. 符合问卷的格式要求

问卷的开头对于营造一个良好的气氛、赢得调研对象的信任与合作至关重要，开头的问题应该有趣、简单并且不咄咄逼人。在需要确认调研对象是否符合要求时，可以设计一些甄别问题充当开头的问题。

一般来讲，应该先安排主体部分的问题，即先问与调研问题直接相关的

基本信息,这部分信息最为重要,应该优先获取;

其次是安排背景部分的问题,即用于对调研对象分类的信息和标识信息。

2. 考虑问题的类型和难易程度

客观事实方面的问题应该放在前面,困难、敏感、复杂、枯燥的问题以及主观方面的问题应放在靠后的位置,在调研对象开始认真参与之后,他们对这些问题的抵触较小。应该先封闭式问题,后开放式问题。开放式问题需要被调查者手写,既费时又费力,若安排在最前面,那么被调查者容易放弃。

3. 考虑问题之间的逻辑关系和相互影响

调查者要考虑被调查者的思考习惯和思维逻辑,应将问题按时间顺序、性质或类别来排列。同时,中间的过渡和衔接要连贯和自然。比如,与同一主题相关的所有问题应当放在一起,避免大幅度的跳跃。一般应先总体性问题,后特定性问题。因为如果特定性问题在前,则会影响到后面总体性问题的回答。例如,可以问调研对象选择某款手机的主要原因,然后让其对手机不同属性的重要性进行评价。有时也可能从特定的问题开始,以泛指的问题结束,以便调研对象在考虑各种相关因素后再给出一般性结论。例如,可以问用户对产品及其售后服务各个方面的满意程度,然后再问总体满意度。

(八)设计问卷的外观和式样

问卷的外观设计,对于吸引调研对象的注意和引起其重视有显著影响,这对于自填式问卷(邮寄问卷、电子邮寄问卷和网上调查问卷)尤为重要。一份好的问卷应该层次清楚,有一定的逻辑性,使人看起来舒服。

1. 问卷的布局

问题的格式、间隔和位置、字体、颜色都会对调研结果产生显著的影响,因此需注意以下几个问题:

(1)问卷本身要有序号,这样便于对问卷的现场控制及编码和分析。

应该注意的是,在邮寄问卷调查时,问卷的编号有可能使调研对象对匿名性产生怀疑,拒绝参与或提供不真实的答案。

(2)除了非常简短的问卷,问卷都要按涉及的主题分为几个部分。

(3)每一部分的问题应该编号。

(4)尽量对每个问题的答案进行编码。

(5)注意选项的排列方式。选项的排列方式有三种:

①行式排列

行式排列是指将所有备选项排成一行的排列方式。

②列式排列

列式排列是指将所有备选项排成一列,放在每个问题下边的排列方式。

单个问题的备选答案最好采用列式排列。

③矩阵式排列

当多个问题具有相同的选项时,可将其设计成矩阵格式。例如:

	赞成	中立	反对
1)粮食价格应降低5%	[　]	[　]	[　]
2)粮食价格应保持稳定	[　]	[　]	[　]
3)粮食价格应提高5%以下	[　]	[　]	[　]
4)粮食价格应提高5%～10%	[　]	[　]	[　]

(6)排版应相对宽松,不应显得拥挤。

(7)每一道问题应该在一张单独的页面上,不要将问题和答案选项分开。

(8)单个问题的指示或说明应该放在离问题尽可能近的位置。

(9)颜色应不影响问卷的答复率。

(10)问卷应该以易于阅读和答复的方式复制,字体应该大而且清晰,阅读问卷不应造成过度疲劳。

2. 纸张和印刷质量

问卷应该用质量好的纸张印刷,看起来美观、专业,这样会使被调查者认为这个项目很重要,愿意认真配合。这对于高端消费者和大公司的调查尤为重要。

3. 问卷的式样

较长的问卷应该采用小册子的形式,而不是简单地将多页问卷钉在一起,这样不仅美观,还易于携带、填写、回收和汇总。

(九)获得各方面的认可

问卷设计进行到这一步,问卷的草稿已经完成。草稿的复印件应当分发到直接有权管理这一项目的各部门。实际上,营销经理在设计过程中可能会多次加进新的信息、要求或关注点。不管营销经理什么时候提出新要求,经常的修改都是必需的。即使营销经理在问卷设计过程中已经多次加入各种信息或要求,草稿获得各方面的认可仍然是最重要的。

相关部门经理的认可表明他想通过具体的问题来获得信息。如果问题没有问,数据将收集不到。因此,问卷的认可再次确认了决策所需的信息以及它将如何获得。例如,假设有关新产品的问卷询问了形状、材料以及最终用途和包装,一旦得到认可,意味着新产品开发经理已经知道"什么材料用在产品上"或"这次决定用什么材料"并不重要。

(十)问卷预先测试和修订

当问卷获得管理层的最终认可后,还必须进行预先测试。在进行预先测试前,调查者不应当进行正式的询问调查,应通过访问寻找问卷中存在的错误解释、不连贯的地方等,为封闭式问题寻找额外的选项以及考虑被调查者的一般反应。预先测试也应当以最终调查的相同形式进行,如果调查是入户调查,预先测试也应当采取入户的方式。

在预先测试完成后,任何需要改变的地方都应当切实修改。在进行实地调研前,问卷应当再一次获得各方的认同,如果预先测试导致问卷产生较大的改动,应进行第二次测试。

(十一)问卷定稿和实施

问卷测试完成后,就可以定稿了。接着就可以进行印刷并组织实地调研了。

五、问题与经验

通过本模块的学习,我们要解决两个问题:第一,明确问卷设计在整个问卷调查过程中的重要性;第二,根据项目一确定的市场调研内容设计市场调研问卷。但是在现实的操作过程中却容易出现以下问题,调研人员在设计问卷时一定要认真细致,注意避免或防止这些错误。

(1)问题含糊,容易导致多种理解。例如:"您觉得这种电视机的画面质量怎么样?"

可改为"您认为这种电视机的画面是否清晰?"再如:"您最近一段时间使用什么品牌的化妆品?"可改为"您最近一个月使用什么品牌的化妆品?"

(2)问题有双重含义,导致无法设计问题选项。例如"您觉得这种新款轿车的加速性能和制动性能怎么样?"可改为"您觉得这种新款轿车的加速性能怎么样?"和"您觉得这种新款轿车的制动性能怎么样?"两个问题。

(3)问题有倾向性,导致结果的扭曲。例如:"人们认为长虹牌彩电质量不错,您觉得怎么样?"应改为"您觉得长虹牌彩电的质量怎么样?"。

(4)敏感问题过于直露,导致答案失真或不合作。例如,直接问用户的年龄、收入、住址但没有给出一个恰当的理由。

(5)问卷长而枯燥,容易导致拒答、草率填写和大量不完整问卷产生。

(6)结构、层次和顺序不合理,导致对问卷理解困难、跳跃错误和放弃。

六、参考范例

中国设计师生存状态调研问卷
2009 年度

问卷填写指南

问卷中的选择题请在选项的序号上画圈,示例如下:

S1. 请问您的职业目前属于以下哪种情况？［单选］

①	在设计公司（含设计工作室）工作（不含行政财务等部门）	继续回答
2	在企业内部的设计部门或设计中心工作（不含行政财务等部门）	
3	自由设计师	
4	设计院校的教师学生	
5	以上都不是	

问卷中的填空题请将回答直接填写在横线上，示例如下：

D1. 请问您平均每周工作＿＿＿40＿＿＿个小时？［请填写］

甄别问卷

S1. 请问您现在的职业属于以下哪种情况？［单选］

1	在设计公司（含设计工作室）工作（不含行政财务等部门）	继续回答
2	在企业内部的设计部门或设计中心工作（不含行政财务等部门）	
3	自由设计师	
4	设计院校的教师学生	
5	以上都不是	

主体问卷

A. 团队文化、管理风格

A1. 请问您最希望在具有什么样风格的团队中工作？［可多选，限选三项］

1	锐意进取
2	气氛开放
3	紧密合作
4	各司其职
5	勇于担责
6	积极创新
7	善于学习
8	说不清
	其他（请注明）：＿＿＿＿＿＿＿＿＿＿

A2.请问您最希望直接上级具有哪些管理风格？[可多选,限选两项]

1	民主决策
2	善于激励
3	合理授权
4	指导清晰
5	以身作则
6	说不清
	其他(请注明)：_____

A3.您对公司目前管理风格的满意程度怎么样？[单选]

1	非常满意
2	比较满意
3	基本满意
4	不太满意
5	很不满意
6	说不清

A4.您认为一个成功的设计团队的管理者应该具有以下哪些主要方面的技能？[可多选,限选三项]

1	拥有设计战略的眼光
2	良好的项目管理能力
3	富有领导力
4	对公司文化的了解
5	富有创意
6	拥有成熟的设计技巧
7	拥有市场/营销知识
8	广泛的知识背景
9	良好的沟通技巧
10	说不清
	其他(请注明)：_____

B.专业方向与信息渠道

B1.请问您最拿手的专业方向是什么？_____ 其次呢？_____ 再次呢？_____ [请将选项前的序号填写在相应的横线上]

1	工业产品设计
2	汽车设计
3	数模制作
4	3D 模型制作
5	平面设计
6	包装设计
7	企业 CI 设计
8	品牌
9	设计管理
10	设计研究
11	广告创意
12	影视制作
13	交互设计
	其他(请注明)：_____

B2.您平时主要从以下哪些渠道获取与设计相关的信息？[可多选,具体内容请填写在横线上]

	信息渠道	具体内容
1	杂志	名称：_____、_____、_____
2	网络	名称：_____、_____、_____
3	专业书籍	名称：_____、_____、_____
4	展会	名称：_____、_____、_____
5	定期发布的专业报告	名称：_____、_____、_____
6	各种论坛、讲座、学术交流活动	
7	定制的研究报告	
8	朋友间的互相交流	
9	公司培训	
10	其他(请注明)：_____	

B3.对于与设计相关的信息,您目前对以下哪些方面最感兴趣？[可多选,限选两项]

1	设计总体趋势	
2	新材质的应用	
3	色彩趋势	
4	设计风格	
5	设计研究	
6	项目管理	
7	设计战略	
8	管理知识	
	其他(请注明):	

B4. 请问您在工作中主要使用以下哪种设计软件?[可多选,限选五项]

1	3D Studio Max	17	InDesign
2	3D Viz	18	Lightwave
3	AfterEffects	19	Maya
4	Alias	20	Pagemaker
5	Ashlar-Vellum	21	Painter
6	AutoCAD	22	Photoshop
7	Catia	23	Premier
8	Cinema 4D	24	Pro/E
9	Combustion	25	QuarkExpress
10	CorelDRAW	26	Renderware Studio 1.2
11	Director	27	Rhino
12	Final Cut Pro	28	Shake
13	Fireworks	29	Softimage
14	Flash	30	Solidworks
15	Form Z	31	Dreamwave
16	Illustrator		其他(请注明):

C.设计战略与业务拓展

注:C1 到 C4 题请在企业内部设计部门或设计中心工作的受访者回答

C1. 对于以下语句,请问您的赞同程度如何?[逐行单选]

序号	语句	非常赞同	比较赞同	一般	不太赞同	很不赞同	说不清
1	我所在的公司是把设计作为战略问题来对待的	1	2	3	4	5	6
2	公司制定产品战略前会先征求设计部门的意见	1	2	3	4	5	6
3	我所在的公司非常重视设计团队	1	2	3	4	5	6
4	我所在的公司非常重视设计培训	1	2	3	4	5	6
5	我们非常了解所设计产品的实际消费者	1	2	3	4	5	6
6	目前糟糕的经济形势使公司更看重产品设计	1	2	3	4	5	6

C2.您所在的公司外包项目占总体项目的百分比是多少？[请将答案填写在横线上]

外包项目：	＿＿＿＿＿＿＿＿＿＿＿ ％
自做项目：	＿＿＿＿＿＿＿＿＿＿＿ ％
总体：	100 ％

C3.您所在的公司选择供应商的主要标准是什么？[可多选,限选两项]

1	价格
2	长期合作关系
3	业界声望
4	相关设计/研究经验
5	沟通与陈述技巧
6	能针对项目要求提出专业建议
7	完成项目的时间短
8	离公司较近
9	主动工作
10	说不清
	其他(请注明)：＿＿＿＿＿＿＿＿

C4.你所在的部门与贵公司中下列哪个部门打交道最多？[可多选,限选两项]

1	产品部门
2	市场部门
3	工程部门
4	采购部门
5	生产部门
6	说不清
	其他(请注明):

注:C5～C7题请在设计公司工作或自由设计师的受访者回答

C5.对于以下语句,请问您的赞同程度如何? [逐行单选]

序号	语句	非常赞同	比较赞同	一般	不太赞同	很不赞同	说不清
1	我们的客户是把设计作为战略问题来对待的	1	2	3	4	5	6
2	我们与客户一起制订并讨论他们的产品战略	1	2	3	4	5	6
3	我所在的公司非常重视设计培训	1	2	3	4	5	6
4	我们非常了解所设计产品的实际消费者	1	2	3	4	5	6
5	目前糟糕的经济形势使我们的客户更看重产品设计	1	2	3	4	5	6

C6.您认为贵公司最独特的竞争力是什么? [单选]

1	市场拓展
2	超过同行的设计水平或项目质量
3	价格优势
4	客户服务
5	团队建设
6	组织结构
7	项目递交时间
	其他(请注明):

C7.您觉得采用下列哪种方式进行业务拓展最有效? [单选]

1	朋友推荐
2	公司网站
3	陌生电话拜访
4	论坛或展会
5	直邮
6	电视广告
7	平面广告
8	杂志或报纸广告
9	行业协会
	其它(请注明):_____

注:C8 题针对所有受访者

C8.在当前金融危机的环境下,您所在的公司采用以下哪些措施来应对?[可多选]

1	削减项目预算
2	减少项目人员
3	更积极开拓新客户资源
4	压缩行政开支
5	消减员工福利
	其他(请注明):_____

D. 组织结构与薪资水平

D1.请问您目前在公司的设计团队中属于以下哪个级别? [单选]

1	总经理/总裁等
2	总监/总设计师
3	经理
4	主管/资深设计师
5	初级设计
6	其他(请注明):_____

D2.请问您目前在公司里的职位名称是 _____ [请填写]

D3.请问您的直接汇报对象的职位名称是 _____ [请填写]

D4. 请问您的下属有几人？［单选］

1	我没有下属
2	1～2人
3	3～4人
4	5～6人
5	7～8人
6	9～10人
7	11～20人
8	21人以上

D5. 请问贵公司与您在同一个级别的还有 _____ 人？［请填写］

D6. 请问您平均每周工作 _____ 个小时？［请填写］

D7. 请问您在过去一年内的总收入位于以下哪一个档次？［单选］

1	50 000元及以下
2	50 001～100 000元
3	100 001～150 000元
4	150 001～200 000元
5	200 001～300 000元
6	300 001～400 000元
7	400 001～500 000元
8	500 001～600 000元
9	600 001～800 000元
10	800 001元以上

D8. 请问您过去一年的收入在以下各个方面所占的比例如何？［请填写在相应的横线上］

工资：	_____ ％
津贴：	_____ ％
年终奖金：	_____ ％
其他(请注明)：	_____ ％
总计：	100％

D9. 请问您对自己目前的薪资水平满意程度属于以下哪个级别？［单选］

1	非常满意
2	比较满意
3	基本满意
4	不太满意
5	很不满意
6	说不清

D10.请问相对于2008年,您预计自己的收入水平在2009年会有多大程度的增长?〔单选〕

1	5%以下
2	6%~10%
3	11%~20%
4	21%~30%
5	31%~50%
6	51%以上

D11.请问您希望通过以下哪种方式实现收入的增长?〔单选〕

1	在现公司的目前职位上通过提高工作绩效来实现收入的增长
2	在现公司通过寻求职位的提升来实现收入的增长
3	通过跳槽到其他公司同级别的职位来实现收入的增长
4	通过跳槽到其他公司更高级别的职位来实现收入的增长
	其他(请注明)_____

E.个人发展与团队建设

E1.请问您对目前所在的公司满意程度怎么样?〔单选〕

1	非常满意
2	比较满意
3	基本满意
4	不太满意
5	很不满意
6	说不清

E2.请问您满意的主要原因是什么?〔可多选,限选三项〕

1	能够有很好的学习机会
2	有良好的薪资和福利水平
3	有职位提升的机会
4	领导对我很好
5	团队风格适合自己
6	喜欢目前所从事的工作
7	没有什么可满意的
	其他(请注明):_____

E3. 请问您不满意的主要原因是什么？[可多选,限选三项]

1	学不到新的东西
2	薪资和福利水平太低
3	职业没有发展空间
4	领导对我不好
5	团队风格不适合自己
6	不喜欢目前所从事的工作
7	没有什么不满意的
	其它(请注明):_____

E4. 您目前的工作是通过以下哪种方式找到的？[单选]

	方式	具体内容
1	招聘网站	名称:_____
2	招聘报刊杂志	名称:_____
3	直接与想去的公司联系	
4	朋友推荐	
5	猎头	
	其它(请注明):_____	

E5. 请问您之前一共在几家公司工作过？_____ [请填写]

E6. 请问你们公司主要通过下列哪种方式进行招聘？[单选]

1	招聘网站
2	招聘报刊杂志
3	在自己公司网站或其它宣传渠道上公布招聘信息
4	朋友/内部推荐
5	猎头
	其它(请注明):_____

E7. 请问你们公司招人最看重的技能或特点是什么？［可多选，限选三项］

E8. 请问您认为一个优秀的设计人员应该具有哪些技能？［可多选，限选三项］

E9. 请问您觉得自己最缺少哪些技能？［可多选，限选三项］

问题 / 选项或答案	公司招人最看重的技能(E7)	一个优秀的设计人员应该具有的技能(E8)	自己最缺少的技能(E9)
富有创意			
专业技能熟练			
项目管理能力			
团队合作精神			
能长期出差			
富有策划能力			
富有战略思维			
长期的职业经验			
客户接洽与谈判			
团队管理能力			
良好的沟通能力			
知识广泛			
熟练掌握多个专业软件			
说不清			
其他(请注明)：_____			

背景资料

H1. 请问您的实足年龄是几周岁 _____ ？［请填写］

H2. 请问您的性别？［单选］

1	男
2	女

H3. 请问您在设计行业工作了几年？ _____ ［请填写］

H4. 请问您所在的公司属于以下哪个行业？［单选］

1	汽车制造
2	耐用家用电器
3	小型家用电器(不含厨电)
4	厨房电器
5	卫浴洁具
6	家具
7	家居用品(不含家具)
8	食品/饮料
9	化妆品
10	厨房用品(不含电器)
11	玩具
12	消费类电子产品
13	计算机及相关配件
14	交通工具(不含汽车)
15	通信行业
16	日化用品
17	设计公司
18	广告公司
	其他(请注明):_____

H5. 请问您所在的设计公司或设计部门的员工规模属于以下哪种情况?
[单选]

1	10 人及以下
2	11～20 人
3	21～30 人
4	31～50 人
5	51～100 人
6	101～200 人
7	201～500 人
8	501 人以上

H6. 请问您所在的公司性质属于以下哪一种? [单选]

1	外商独资公司
2	中外合资公司
3	港澳台企业
4	私有企业
5	国有企业
6	股份制企业
	其他(请注明): _____

H7.〔针对公司性质为外商独资、中外合资或港澳台企业的受访者〕请问您所在公司的外方资本来自于哪个国家或地区？ _____〔请填写〕

H8. 请问您的常驻工作地点在哪个城市？ _____〔请填写〕

H9. 请问您的学历属于下列哪一种？〔单选〕

1	高中/中专/技校及以下
2	大学专科
3	大学本科
4	硕士及以上

H10.请问您是否愿意在2009年3月份收到一份免费的《中国设计师生存状态概览》？〔如选"是"，请留下您的详细联系方式〕

1. 是

2. 否

您的姓名： _____

您的公司名： _____

您的联系电话： _____

您的常用电子邮箱： _____(必填。以便日后向您发送免费调研报告)

问卷填写结束,再次感谢您的参与!

模块2　设计抽样方案

在市场营销调研中,通常要根据对调研对象或总体中一部分成员的观察来推论其代表的总体,因此抽样设计是营销调研结论是否有效的一个非常重要的因素。抽样是根据一定的程序和规则，从调研总体中抽取其中的一部分样本的过程。为了保证样本的代表性，抽样必须遵循正确的程序和规则，具体说来，抽样过程包括五个紧密相关的步骤，即：定义目标总体、确定抽样框架、选择抽样方法、确定样本量和抽取样本单位。抽样设计和市场调研与分析过程的其他步骤是密不可分的，因此应该与调研中的其他决策一起统筹考虑。以下的任务则呈现完成整个工作的过程。

一、正式工作项目任务

以小组（不超过 5 人）为单位，根据项目二确定的调研对象，设计一份比较规范的抽样方案。

二、理论知识

抽样设计的质量调研结果的影响很大，盲目地增大样本量往往无法弥补样本设计的缺陷，不能保证提供准确的结果。而抽样方法的改进，则可以大大提高抽样推断的准确性。

传统的抽样调查的组织形式分为两大类：概率抽样与非概率抽样。概率抽样是按随机原则从调研总体中抽取一定数目的样本单位进行调查，以其结果推断总体的一种调研方式。它对调研总体中每一个样本单位都给予平等的抽取机会（即等概率抽取），完全排除了人为的主观因素的选择，描述性调研一般宜用概率抽样方法。非概率抽样是依赖调研人员的个人判断而非随机原则选择样本个体。非概率抽样简便、易行，但其总体不明确，每个样本单位被抽中的概率不详，因此无法运用概率论和统计方法来推断总体，也无法计算抽样误差。这种抽样方法常用于探索性调研和预调查。

常用的概率抽样和非概率抽样方法见表 3-3。

表 3-3　抽样方法的种类

概率抽样	非概率抽样
简单随机抽样	便利抽样
系统抽样	判断抽样
分层抽样	配额抽样
整群抽样	滚雪球抽样
多阶段随机抽样	

（一）概率抽样方法

概率抽样的优点是由于采用随机抽样的方法，排除了主观因素对抽样的干扰,而且可以利用统计学方法用样本估计值推断总体参数、计算置信区间和抽样误差。主要的概率抽样有简单随机抽样、系统抽样、分层抽样、整群抽样和多阶段随机抽样。

1. 简单随机抽样

简单随机抽样也称纯随机抽样,就是在总体单位中不进行任何有目的的选择,完全按随机原则抽取样本单位。纯随机抽样是概率抽样中最简单的一种。实际使用时,可先利用计算机产生随机数,然后依次于总体中抽取样本单位,直到 n 个元素被抽取而构成样本。

简单随机抽样的优点:抽样框架完整时,样本抽取方便,其数据的统计处理和推断也相对简单。

简单随机抽样的局限性:

(1)在很多情况下很难获得一个可以供简单随机抽样用的完整的抽样框架,实际操作起来可能很麻烦。

(2)如果抽样总体的分布很广,简单随机抽样可能产生一个跨越地理区域很广的非常分散的样本,致使数据收集所需的时间和成本高。

(3)简单随机抽样与其他概率抽样方法(例如分层抽样)相比,当样本量相同时,其抽样误差较大。

(4)如果样本量很小,由于抽样误差大,对总体的代表性可能不佳。

由于市场调研的总体范围较广,总体内部各单位之间的差异程度较大,一般不直接使用这种方法抽样,而是与其他抽样方法结合使用。

2. 系统抽样

系统抽样又称等距抽样或机械抽样,是将总体各单位按一定标志顺序排列,然后依固定的顺序和间隔抽取样本单位。如果抽样框架中抽样单位的排列与需要研究的特征无关,则系统抽样将产生于简单随机抽样非常相似的结果;如果需要研究的特征与排列的顺序呈单调或递增的关系,系统抽样能够增加样本的代表性,有点类似分层抽样。

例如,按家庭收入将所有的家庭按升序或降序排列,那么系统抽样将保证高、中、低收入的家庭在样本中的比例与总体一致,而简单随机抽样却不能保证这一点,尤其是当样本量较小的时候。但是,如果个体的排列顺序呈现出一个循环的形式,则系统抽样可能会降低样本的代表性。例如,电风扇的月销售额可能呈现明显的季节性,如果用系统抽样方法从销售的历史数据中抽取样本点,每隔 12 个月抽一个,则抽样误差可能很大,因为抽的数据点有可能全部都是旺季或淡季,而简单随机抽样出现这种情况的可能性很小。

系统抽样的步骤包括：

①将总体单位排列。

②决定抽样区间（总体单位数/样本数）。

③在第一个区间采用简单随机抽样法抽出一个单位作为起始点。

④取得一个元素后，每隔一个抽样间距抽取一个元素，直到样本数足够为止。

[例] 欲自10 000的总体中抽取500个元素，则抽样区间为20（10 000÷500），假设我们以7为第一个元素，则被抽中的单位分别为7,27,47,67,…

3. 分层抽样

分层抽样也称类型抽样或分类抽样，就是将总体单位按一定标准（调研对象的属性、特征等）分组，然后在各个类型组中用纯随机抽样方式或其他抽样方式抽取样本单位，而不是在总体中直接抽取样本单位。

分层抽样的主要目的是提高样本的代表性和降低抽样误差，而能否达到这一目的取决于分层变量是否恰当。当然，分层变量除了要和研究的特征密切相关以外，还要易于测量和应用，从而降低分层过程的成本。在营销调研中，常用的分层变量包括人口统计特征（性别、年龄、教育程度、收入、职业等），顾客的类型（个人、集团等），公司规模或者行业。与市场细分变量的选择一样，可以使用多个分层变量，但是同时应用两个以上的分层变量操作起来就很困难了。

分层抽样的步骤包括：

①确认目标总体。

②决定样本数。

③决定分层标志。

④将总体按照分层标志分成若干类，其中每一类称为一层。

⑤在每一层中随机抽取出足够的样本。

分层抽样的具体做法有以下两种：

其一，等比例分层抽样。这种抽样法就是按照各层中样本单位的数目占总体单位数目的比例分配各层的样本数量。

[例] 某教授对甲大学的学生消费倾向产生了兴趣，想对全校学生做抽样调查，总体有5000人，欲抽样500人，则：

总体		样本	
一年级	2 000人	一年级	200人
二年级	1 500人	二年级	150人
三年级	1 000人	三年级	100人

四年级　　　500 人　　　　　　四年级　　　50 人

其二,不等比例分层抽样,又称分层最佳抽样。这种抽样法不按各层中样本单位数占总体单位数的比例分配各层样本数,而是根据各层的标准差的大小来调整各层样本数目。该方法既考虑了各层在总体中所占比重的大小,又考虑了各层标准差的差异程度,有利于降低抽样误差,以提高样本的可信程度,故也可将不等比例分层抽样称为分层最佳抽样。

在市场营销中,有时会从个体差异大(或总体规模较小)的层中多抽一些样本;有时也会有意识地从比较重要的层(例如重度消费者)或者能够提供更多信息的层(有经验的消费者)多抽一些样本;有时是确保总数较少的个体(例如高收入者)在样本中也有一定的数量,这对于许多需要进行分组描述和比较的营销研究很有帮助。

[例]　某公司要调研某地家用电器产品的潜在用户,这种产品的消费同居民收入水平有关,因此以家庭收入为分层基础。假定该地居民户即总体单位数为 20 000 户,已确定调研样本数为 200 户。家庭收入分高、中、低三层,其中高档收入家庭为 2 000 户,占总体单位数的比重为 10%;中等收入家庭为 6 000 户,占总体单位数的 30%;低等收入家庭为 12 000 户,占总体单位数的 60%。现又假定各层样本标准差为:高档收入家庭是 300 元,中等收入家庭是 200 元,低等收入家庭是 50 元。现要求根据分层抽样法,确定各收入层家庭应抽取的户数各为多少?

为了便于观察,列表 3-4 如下。

表 3-4　调研单位数与样本标准差乘积计算表

家庭收入分层	各层调研单位数(潜在用户数)	各层的样本标准差	乘积	样本单位数
高	2 000	300	600 000	200×600 000÷2 400 000＝50
中	6 000	200	1 200 000	200×1200000÷2400 000＝100
低	12 000	50	600 000	200×600 000÷2 400 000＝50
合计	20 000	—	2 400 000	

如果根据等比例分层抽样的话,那么,高档收入家庭的分层样本数为 20 户(200×10%);中等收入家庭的分层样本数为 60 户(200×30%);低等收入家庭的分层样本数为 120 户(200×60%)。将前后两种方法抽取的各层样本数做个对比,不难看出,相比于等比例分层抽样法,根据分层最佳抽样法抽取

样本,则高档收入家庭的分层样本数增加了 30 户,中等收入家庭的分层样本数增加了 40 户;低等收入家庭的分层样本数则减少了 70 户。由于购买家用电器同家庭收入水平是成正比例变动的,所以,增加高、中档层的样本数,相应减少低档层的样本数,将有利于提高抽样的准确性。

4. 整群抽样

整群抽样又称分群抽样,是指将总体按一定的标准(如地区、单位)分为若干群组,然后以随机方式抽取一定数量的群组作为样本。

分群抽样一般采取两段式抽样法,即先采取纯随机抽样法抽取若干群体,然后对选定的有关群体进行全面调研。

[例]　调查某城市居民户的情况拟抽取 1 000 个样本。假定该市共有 500 个居委会,每一个居委会平均有 100 户居民。这样,就可以居委会为单位,采用纯随机抽样法抽出 10 个居委会,共 1 000 户,然后把这 10 个居委会的 1 000 户视为样本进行普查。

[例]　欲调查宁波大学大四学生升学或就业的意愿,假设大四有 35 个班,从中随机抽取 5 个班,然后就这 5 个班的成员做全部访问,此法即为整群抽样法。

在两种情况下,研究者可能会采取整群抽样:需要更经济、更有效率时,尤其是总体相当大时;抽样框架中,每个单位的资料不是很完整或是不易得到,或使用其他随机抽样法不是那么方便时。

整群抽样是营销研究,尤其是涉及区域广泛的研究时,常用的抽样方法。这主要有两个原因:(1)这种方法在许多情况下比其他概率抽样方法更可行。例如,要想进行一项全国性的消费者调查,通常获得完整的包括全国全部消费者名单的抽样框架几乎是不可能的,但是,获得一个全国全部县市的完整名单却不太难,因此我们可以先抽县市,然后编制抽中县市的下一级抽样框架,这样就大大减少了工作量。(2)即使能够获得一个完整的包括所有最终样本单位的抽样框架,简单随机抽样、系统抽样或分层抽样产生的样本太分散,因而对于个人面访来说,调查员要在全国各地到处奔波,收集数据的单位成本太高。而整群抽样所产生的样本相对集中,只要向抽中地区派遣调查员就可以了,从而大大地节约了成本。

过去由于中国的户籍制度比较完善,人口流动性小,许多调查都是以户籍登记资料作为抽样框架。改革开放使得流动人口增加,常住人口的地址变动也更加频繁,户籍管理已经严重滞后了。因此,以电子地图作为抽样框架正得到逐步普及与发展。

5. 多阶段随机抽样

多阶段随机抽样是指分两个及两个以上的阶段从总体中抽取样本的一种抽样调查方法，即先粗分，再细分，然后再微分。此方法在面对大规模抽样时，常结合分层抽样法实施，首先将总体分层后，按比例抽出初步样本；其次再以类聚式方法将样本归类，然后从归类组中随机抽取样本，就是最后进行调查的样本。

[例] 欲实施全省性的防治犯罪相关问题之民意调查，就可以采取多阶段随机抽样方法进行：

①分层——拟针对的人口为全省居民，按犯罪率程度从各市、县、区依一定比例随机抽出100个单位（各市、县、区均有）。

②粗分——在这100个单位中，以镇、街道为类，在同一单位中抽出3个村（居委会）。

③细分——这一阶段以户为单位，随机抽出5户作为样本，所以最后样本数为1 500（100×3×5）。

（二）非概率抽样方法

非概率抽样是按调研者个人经历、方便性及主观判断设定的某个标准从调研对象总体中抽取样本单位的调研方式。这种抽样方式虽然在样本的抽取方法上带有主观性，无法计算抽样误差，会对总体推断的可靠程度产生影响，但由于它简便易行，可及时取得所需的信息资料，因此，在市场调研中也常被采用。常用的非概率抽样方法有便利抽样、判断抽样和配额抽样和滚雪球抽样。

1. 便利抽样

便利抽样又称就近抽样、偶遇抽样、自然抽样，是指研究者根据现实情况，以自己方便的形式抽取偶然遇到的人作为调查对象，或者仅仅选择那些离得最近的、最容易找到的人作为调查对象。这是一种很常用的抽样方法。例如，学术研究用的学生样本、商场购物者的拦截访问、自愿参与的网上调查等。

[例] 宁波市调研人员想了解宁波市民对于规划的万达商圈的停车位的满意程度，所以去访问在商圈附近逛街的市民。

便利抽样的优点是简便、经济、易于操作，在所有抽样方法中成本最低，耗时最少，最容易操作。其缺点是取得的样本偶然性很大，存在着选择偏差，如调查者的自我选择偏差、抽样的主观性偏差等，因而样本的代表性较差，调查结果的可信度较低。只有当目标总体各单位间差异不大，即个体同质时，采用便利抽样获取的样本才具有较高的代表性。所以这种抽样方法一般不能用来推断总体,即便利样本不适合于描述性研究和因果关系研究,而比较适合于探索性研究。它可以通过调研发现问题,产生想法和假设,对问卷进行测试。实际操作中,便利抽样多用于探索性调查或正式调查前的预调查。

2. 判断抽样

判断抽样也叫目的抽样,是调研者根据调研的目标和自己主观的经验、判断选出能够代表总体的样本。当样本量很小或者对调研对象有很严格的要求时,常用判断抽样方法。例如,专家调查的调查对象选取、试销市场的选择、消费者行为研究中意见领袖的选取、促销试验中商店的选择等。

判断抽样有两种做法:

一种是由专家判断决定所选样本,即选择最能代表普遍情况的群体作为样本,一般选取"多数型"或"平均型"的样本为调研单位。"多数型"的样本是在调研总体占多数的单位中挑选出来的样本;"平均型"的样本是在调研总体中挑选出来的代表平均水平的样本。也就是说,通过构成"平均型"典型样本,可以实现把握目标总体平均水平大体位置的调研目的;通过组成"多数型"(也称众数型)判断样本,可以实现掌握目标总体中多数单位所处现状的调研目的。

　[例]　某企业要调查其自身产品与竞争对手产品的销售情况,根据主观判断选择了一些同时对销售双方产品有影响的、非常有代表性的零售商店作为判定样本。

　[例]　调查中国钢铁行业的管理机制、运营机制及改革等状况,所挑选的样本单位一定得避开鞍钢、宝钢和首钢等几家国有特大型钢铁企业,其原因是尽管它们的钢铁产量占全国钢铁产量的大半,但是它们的管理水平、运营能力等不能代表众多钢铁企业的现状。

另一种是利用统计判断选取样本,即利用调研对象(总体)的全面统计资料,按照主观设定的某一标准选取样本。

　[例]　调查中国钢铁行业的产品和产量现状,只要对鞍钢、宝钢和首钢等几家国有特大型钢铁企业进行调查,就足以大致掌握我国钢铁工业的产品和产量情况了,因为这几家钢铁企业的钢铁产量占全国的大半,把握了它们的生产情况就可以把握总体的生产情况。

特别是当调查目的是了解、探索某一现象及事物产生异常的原因时,便需要选择"极端型"的总体单位,来查找问题的根源所在。

　[例]　在问卷设计阶段,为检验问卷设计得是否得当,调研者会有意地选择一些观点差异悬殊的人作为判断样本,即调研者专找那些偏离总体平均水平者进行调查,以确定问题答案的选项。

可见,我们通常所说的重点调查和典型调查都是判断抽样的特例。

判断抽样的样本代表性如何,完全凭调研者本身的知识、经验和判断能力而定。正是由于判断抽样是"有目的"地主观选取一些可以代表总体的个体组成判定样本,所以使得调研人员对目标总体有关特征的较深入的了解成为应用这种抽样组织形式的前提。

3. 配额抽样

配额抽样又称定额抽样,是按照总体特征予以配置样本的非随机抽样组织形式,是先将总体所有单位按一定的标志分成若干类(组),然后在各个类(组)用便利抽样或判断抽样方法选取样本单位,也即根据总体的结构特征事先确定好配额,抽取一个与总体结构特征大体相似的样本。配额抽样是一种类似分层随机抽样的非随机抽样,通常使用此法来改善样本的代表性。

进行配额抽样时,首先要确定需要控制的重要特征和这些特征在目标总体中的分布。这些需要控制的特征因调研目的而异,一般的消费者调研可以考虑性别、年龄、收入和受教育程度等,用户调研可能考虑产品的使用状况(使用时间、频率或数量)。

配额抽样按分配样本数额时的做法不同分为独立控制和相互控制两种方式(类型)。

①独立控制配额抽样

独立控制配额抽样是根据目标总体的不同特性,对总体各单位分别规定单独分配数额,而不规定必须同时具有两种或两种以上特性的样本单位数额。因此,这种方法在抽样时有较大的机动性。

[例] 某市欲在商业系统进行一项调研,样本的数目定为 50 家,决定采用独立控制配额抽样。现取行业类别、企业规模、企业所在地区三项控制特性作为分类标准,样本数额的分配结果列于表 3-5 中。

表 3-5 独立控制样本配额表

行业类别		企业规模		企业所在地区	
商业	25	大型	5	甲	10
饮食业	15	中型	10	乙	20
服务业	10	小型	35	丙	12
				丁	8
合计	50	合计	50	合计	50

在表 3-5 中,对行业类别、企业规模和企业所在地区三项控制特性分别规定了样本数额,但其相互之间的交叉关系没有在数额上做出限定。如从商业

单位抽取 25 个样本时,在规模和所在地区上没有明确要求;又如,5 个大型单位的样本既可较多或全部从商业中抽选,也可较少或不从商业中抽选,这完全由抽样者机动掌握。当然,最终选定的 50 个样本,应满足表 3-5 中的数额要求。

②相互控制配额抽样

相互控制配额抽样,即在按各类控制特性分配样本数额时,要考虑到各类型之间的交叉关系,采用交叉分配的办法。表 3-6 即以表 3-5 为例,采用相互控制配额抽样方法所得的样本配额情况。从表中不难看出,相互控制配额抽样在分配样本数目时,是将各分类控制特性综合在一起安排的,抽样者必须按照规定从总体中抽取样本。

表 3-6　相互控制样本配额表

行 业 ＼ 规 模 地 区	大 型				中 型				小 型				合计
	甲	乙	丙	丁	甲	乙	丙	丁	甲	乙	丙	丁	
商业	0	1	1	0	2	1	1	1	2	8	5	3	
饮食业	1	0	1	0	0	1	2	0	2	3	2	3	
服务业	0	0	0	1	0	2	0	0	3	4	0	0	50
小计	1	1	2	1	2	4	3	1	7	15	7	6	
合计	5				10				35				

由于配额抽样的成本比概率抽样低,而且易于操作和监控,因此在营销调研中很常用。如果能对访谈人员和访谈程序进行有效的控制以减少选择偏差,配额抽样获得的结果可以接近概率抽样。

4. 滚雪球抽样

滚雪球抽样又称链式抽样、网络抽样、辐射抽样或连带抽样,它是以“滚雪球”的方式,通过少量的样本单位逐步获取更多的样本单位。

滚雪球抽样的基本步骤为:先选取少数符合要求的样本单位,访问这些个体得到所需信息后,再请他们提供另外一些属于所调研目标总体的个体的信息,然后根据所提供的线索,选择此后的样本单位,依此类推,如同滚雪球一样,使样本容量逐步扩大,使调查结果越来越接近总体。

滚雪球抽样主要用于对一些特殊群体的调研,例如同性恋者、吸毒者或者有特殊爱好的群体(音乐发烧友、摄影发烧友等)。由于所调查的个体在一般人群中非常稀少,采用其他抽样方法往往如同大海捞针一样,非常没有效率。而采用滚雪球抽样大大增加了找到具有某种稀有特征的样本的可能性,降低了抽样成本。滚雪球抽样也适用于对总体缺乏了解、没有现成的抽样框架的情形，一般在产业调研中运用较多。因为这样的目标总体一般为具有某一特征的群体，即使单位数目少，要调查的样本也往往不容易取得，若让调查者直接去找这些少量的样本个体，也肯定得花费较大的代价，只能借助先找到的个别调查对象，再由他们去联络其他人。滚雪球抽样的运用前提是总体各单位之间具有一定的联系。

[例] 某调研部门如果想了解某市外来农村务工人员的状况，要获得一份完整的名单是极困难的，调查者只能借助已接受调查的农民工去接触新的农民工，即调查者开始只同几个在该市务工的农民进行面谈，了解情况后再请他们提供所知的其他在该市的农民工名单，逐步扩大到所需的外来农民工数目，以通过对这些农民工的调查研究，来全面掌握该市外来农民工的籍贯、所从事工作的性质、经济收入等状况。

（三）确定样本量的方法

样本量是要抽取的个体的数量。确定样本量的方法可分为两大类，即根据业界常规确定样本大小的经验方法和根据统计公式计算样本量的统计学方法。

1. 统计学方法

采用概率抽样方法时，可用统计公式计算所需样本量。为了科学地确定样本量，首先应该了解影响样本量的因素。

（1）样本量 n 的影响因素

①总体中各单位之间标志变异程度的大小。总体标准差 σ 和总体成数的标准差 $\sqrt{P(1-P)}$ 数值大，需要多抽一些；方差数值小，可以少抽一些（P 的含义见后）。

②允许误差，即 $\triangle$ 的数值。允许误差就是指在作推断时允许有多大范围的误差，它是在调查之前根据调查对象的性质、调查的目的和调查力量的多少来规定的允许误差。允许误差大，可以少抽一些样本单位；允许误差小，则要多抽一些。

③把握程度，即概率度的数值。t 值大，要求把握程度高，则要多抽；t 值小，要求把握程度低，则可少抽。把握程度也是在调查之前根据目的和要求规定的。

④抽样方法。在同样的条件下，重复抽样需要多抽一些，不重复抽样可以少抽一些。

⑤抽样调查的组织方式。不同的抽样组织方式所造成的抽样误差大小不同，对于误差大的抽样组织方式，需要多抽一些；反之，可以少抽一些。

（2）确定样本量的计算公式

确定样本量的计算公式可以由抽样极限误差的计算公式导出。

1）简单随机抽样样本量的确定。

①在重复抽样条件下，估计总体均值所需的必要的样本量的确定：

因 $\Delta_{\bar{x}} = t \mu_{\bar{x}} = t \dfrac{\sigma_x}{\sqrt{n}}$

故：$n = \dfrac{t^2 \sigma_x^2}{\Delta_{\bar{x}}^2}$

式中：t——表示概率度；

σ_x——表示总体平均数的标准差；

$\Delta_{\bar{x}}$——表示平均数抽样极限误差。

［例］ 某村种植的水稻按不同的收获量分成五个地块，现在拟对该村种植水稻的收获量进行抽样调查。已知各地块水稻的收获量见表 3-7，平均每块地的亩产量的方差为 1587.2 斤。

表 3-7 各地块水稻的收获量

地块编号	(1)	(2)	(3)	(4)	(5)
亩产量（斤）	584	600	624	632	700

要求把握程度为 95.45%，允许误差为 50 斤，则需抽的块数为：

$$n = \frac{t^2 \sigma_x^2}{\Delta_{\bar{x}}^2} = \frac{2^2 \times 1587.2^2}{50^2} = 3（块）$$

同理，重复抽样估计成数所需样本量的公式可推断如下：

因 $\Delta_P = t \mu_P = t \sqrt{\dfrac{P(1-P)}{n}}$

故：$n = \dfrac{t^2 P(1-P)}{\Delta_P^2}$

式中：P——表示总体成数；

Δ_P——表示成数抽样极限误差。

［例］ 某玻璃厂生产一批印花玻璃杯，现拟对该批印花玻璃杯的合格品率进行抽样调查。根据过去的资料，合格品率曾有过 99%、98%、97% 三种情况，现在要求允许误差不超过 10%，把握程度为 95%，则需抽查的只数为：

已知：$P(1-P) = 0.97 \times 0.03 = 0.0291$（取最大值）

$\Delta_P = 0.01, t = 1.96$

$$n = \frac{t^2 P(1-P)}{\Delta_P^2} = \frac{1.96^2 \times 0.0291}{0.01^2} = 1118（只）$$

②在不重复抽样条件下,估计总体均值的必要样本量的确定。

因 $\Delta_{\bar{x}}=t\mu_{\bar{x}}=t\dfrac{\sigma_x}{\sqrt{n}}\sqrt{\dfrac{N-n}{N-1}}$

通常总体单位数 N 的数值很大,所以:

$$\Delta_{\bar{x}}=t\dfrac{\sigma_x}{\sqrt{n}}\sqrt{1-\dfrac{n}{N}}$$

故: $n=\dfrac{t^2\sigma_x^2 N}{N\Delta_{\bar{x}}^2+t^2\sigma_x^2}$

同理,不重复抽样估计成数的必要样本量的计算公式如下:

$$n=\dfrac{t^2 P(1-P)N}{N\Delta_P^2+t^2 P(1-P)}$$

在实际使用以上确定样本量 n 的公式中,公式中的 σ_x 和 P 是未知的,可用过去调查所得的资料代替,若过去进行过多次同样的调查,则应采用其中最大的 σ_x 值或最接近与 0.5 的 P 值加以代替;若过去未进行过同样的调查,应组织一次试验性调查,以取得近似的 σ_x 或 P 值;也可用样本 S_x 和 P 代替,即用样本标准差代替总体标准差 σ 和 $\sqrt{P(1-P)}$。概率论的研究从理论上作了证明,样本方差可以相当接近于总体方差。这是实际工作中经常使用的一种方法,但它只能在调查之后才能计算。

此外,在组织抽样调查中,若既要推断总体均值,又要推断总体成数,且二者计算的必要样本量不一致时,应取其中较大的数值。当 N 很大时,若 $\dfrac{n}{N}$ 小于 5%,不重复抽样的 n 就可按重复抽样求 n 的公式计算。

2)分层抽样样本量的确定

分层抽样的样本量的确定方法与简单随机抽样类似,只要把简单随机抽样的确定样本量公式中的方差用分层抽样平均组内方差代替,就可得出相应的分层确定样本量的公式,现分别列出各种情况下的计算公式:

①重复抽样条件下,估计总体均值所需的样本量:

$$n=\dfrac{t^2\overline{\sigma_x^2}}{\Delta_{\bar{x}}^2}$$

估计总体成数所需的样本量:

$$n=\dfrac{t^2\overline{P(1-P)}}{\Delta_P^2}$$

式中:n——表示各类型组样本单位数之和;

$\overline{\sigma_x^2}$——表示各类型组平均数方差的加权算术平均数;

$\overline{\sigma_P^2}$——表示各类型组成数方差的加权算术平均数。

$\overline{\sigma_x^2}$ 和 $\overline{\sigma_P^2}$ 的计算公式如下:

$$\overline{\sigma_x^2} = \frac{\sum \sigma_{x_i}^2 N_i}{N}$$

$$\overline{\sigma_P^2} = \overline{P(1-P)} = \frac{\sum P_i(1-P_i)N_i}{N}$$

式中:N_i—— 各类型组的单位数;

$\quad$ N—— 总体单位数,即 $N = \sum N_i$;

$\quad$ $\sigma_{x_i}^2$——各类型组的平均数方差;

$\quad$ P_i——各类型组的成数。

②不重复抽样条件下,估计总体均值所需的样本量:

$$n = \frac{t^2 \overline{\sigma_x^2} N}{N\Delta_x^2 + t^2 \sigma_x^2}$$

估计总体成数的必要样本量:

$$n = \frac{t^2 \overline{P(1-P)} N}{N\Delta_P^2 + t^2 P(1-P)}$$

由于各类型组的平均数方差 $\sigma_{x_i}^2$ 和各类型组的成数 P_i 未知,计算时可分别用各类型组的样本平均数方差 $S_{x_i}^2$ 和各类型组的样本成数 P_i 代替。

3)系统抽样样本量的确定

通常用简单随机抽样或分层抽样计算样本量的方法来计算机械抽样的必要样本量。

4)整群抽样样本量的确定

整群抽样样本量的确定方法与简单随机抽样类似,只要把简单随机抽样确定样本量公式中的方差用整群抽样的群间方差代替,就可得出相应的整群抽样确定样本量的公式。由于整群抽样一般不采用重复抽样,所以不考虑重复抽样的整群抽样的情况。

①估计总体均值所需的样本量:

$$n = \frac{t^2 \sigma_{\hat{x}}^2 N}{N\Delta_{\hat{x}}^2 + t^2 \sigma_{\hat{x}}^2}$$

②估计总体成数所需的样本量:

$$n = \frac{t^2 \sigma_{\hat{P}}^2 N}{N\Delta_{P^2} + t^2 \sigma_{\hat{P}^2}}$$

式中:N——表示总体的群数;

$\quad$ n——表示抽出的样本群数;

$\quad$ $\sigma_{\hat{x}}^2$——表示平均数的总体群间方差;

$\sigma_{\hat{P^2}}$——表示成数的总体群间方差。

$\sigma_{\hat{x^2}}$ 和 $\sigma_{\hat{P^2}}$ 的计算公式如下:

$$\sigma_{\hat{x^2}} = \frac{\sum(X_i - \overline{X})}{R} \qquad (或者: \sigma_{\hat{x^2}} = \frac{\sum(\overline{x_i} - \overline{x})}{r})$$

$$\sigma_{\hat{P^2}} = \frac{\sum(P_i - P)}{R} \qquad (或者: \sigma_{\hat{P^2}} = \frac{\sum(p_i - p)}{r})$$

式中: R——表示总体的群数;

r——表示抽出的样本群数;

$\overline{X_i}$——表示总体各群的平均数;

$\overline{X}$——表示总体平均数;

$\overline{x_i}$——表示样本各群的平均数;

$\overline{x}$——表示样本总平均数。

P_i——表示总体各群的成数;

P——表示总体成数;

p_i——表示样本各群的成数;

p——表示样本的总成数。

由于平均数的总体群间方差为 $\sigma_{\hat{x^2}}$ 和成数的总体群间方差为 $\sigma_{\hat{P^2}}$ 都是未知的,计算时可分别用平均数的样本群间方差为 $\sigma_{\hat{x^2}}$ 和成数的样本群间方差为 $\sigma_{\hat{P^2}}$ 代替。

2. 经验方法

用非概率抽样方法时,无法用统计学方法确定样本量,因此通常考虑的是定性因素。最简单的方法是根据调研的类型和经验确定大致的样本量,再根据决策的重要性、调研的类型、单位成本、发生率和完成率等因素进行适当的调整。表3-8中列出了不同的市场调研中所使用的样本量的大致范围,作为参考。

表 3-8　市场调研中的经验样本量

调研类型	最小量	典型的范围
专家访谈	3	5~20
深度访谈	10	10~30
专题组座谈	2组	6~12
产品测试	30	50~500
广告测试	30	50~500

调研类型	最小量	典型的范围
试销市场	5家商店	10～20家商店
	2个城市	5～10个城市
消费者行为调研	100	200～2000
市场细分	200	500～10000

一般来讲,对于越重要的决策,所获取的信息就应该越精确,这需要较大的样本。但是,调研的成本与样本量成正比,而抽样误差与样本量的平方根成反比。因此,随着样本的增大,通过增加样本量得到的收益递减。

调研设计的类型也对样本量有影响。定性的探索性调研的样本量通常较小,而描述性调研通常要求有较大的样本。不同的数据分析方法也要求不同的最低样本量。如果要对数据进行详细分组,然后进行分析和比较,则需要的样本量更大。

所需的样本量还要根据调研的发生率和预计完成率做出相应的调整。发生率是指符合条件的调研单位在抽样总体中所占的比例;完成率是指能完成访谈的合格对象所占的比例。

设 n 为最终样本数,为发生率,c 为完成率,则最初需要抽取的样本数为:

$$n' = \frac{n}{i \times c}$$

发生率和完成率越低,为了达到同样的最终有效样本数,最初需要抽取的样本量越大。

三、实践操作

为了使样本数据能够很好地代表总体,好的抽样设计至关重要。抽样设计一般包括以下步骤:

(一)定义目标总体

总体是指具有一些共同特征、构成某项营销调研对象的所有个体的集合。目标总体是指抽样设计者根据调查目的界定的所要推论的所有个体的集合。调查目的和范围对定义目标总体具有关键性的作用。例如,某超市拟进行一项顾客满意度调研,其目标总体定义为:在该超市购过物的所有顾客。

抽样总体是从实际抽取样本的所有个体的集合,通常依据抽样框架来加以定义。如上例中,抽样总体为:一周内在该超市购过物的所有顾客。

抽样单位是抽样过程中的某一阶段可供抽取的基本单位。例如,在进行某市和谐社区满意度调研时,第一、二、三阶段的抽样单位分别是区、小区、户。除了家庭或个人以外,市场调研常见的抽样单位还有机构(厂商、经销商等)、产品、品牌、刊物、栏目、节目等。

在实际中,应该根据内容、范围和时间三重标准定义目标总体。

(二)确定抽样框架

抽样框架是抽样总体的可操作性定义,是构成抽样总体的所有抽样单位名录或具有调研对象资格的抽样单位名录。抽样框架既可以是一份包含所有抽样单位的名单,也可以是一张地图或其他适当的形式,例如,以宁波市医师为抽样单位,则宁波市医师名册便是抽样框架。如果以学校班级为抽样单位,则学校所有班级名册便是抽样框架。市场调研中常用的抽样框架包括:派出所的户籍目录、电话号码本、行业协会出版的公司名录、专业邮寄公司提供的邮寄名单、信用卡公司提供的持卡人名单、公司内部的客户数据库、网站的注册用户数据库、餐厅的菜单等。

抽样框架是组织抽样调查的重要依据,调查者必须对其抱有严谨的态度,认真地收集和编制。因为抽样框架一旦有重复和遗漏,必然会直接影响到样本的选取,从而影响到整个抽样工作的质量。

抽样框架根据其划分标准的不同,可以在不同层面上进行构建,从而使抽样框架呈现不同等级,不同等级的抽样框架可以用于各级抽样。

就目前的市场调研现场执行而言,有三种常用的抽样框架:地图块、居委会块、居民户。

(1)地图块

地图块是指在市场调查所涉及的行政区划范围内,将地图按一定标准划分为若干块,使各块具有相近的居民户数,每一块作为一个基本的抽样单位,各块的总和即为抽样框架。地图块抽样框架构建常用的方法有两种:一种是"行政区划法",即以区、街道(镇)等作为基本抽样单位构建抽样框架;另一种是"道路地块法",即以道路、河流、铁路等明显的线状标志物为界限划定各个抽样单位。这种区划法的优点在于可以较合理地划定地图块的大小,如按该地图块内的人口密度确定地图块面积的大小等等,从而使各地图块内的居民户数达到基本相同,使样本单位之间具有可比性。据统计,在实际中采用道路地块法抽样时,由于拒访、行业限制、拆迁、界限不清等原因,约有 1/3 的居民户不能访问,故在实际确定每地块居民户数时,应考虑以上因素。

(2)居委会块

居委会块是指以居委会所辖地域作为抽样的基本单位,其总体即构成抽样框架。

（3）居民户

居民户是指以某区域住户名单为抽样的基本单位,其总体即构成抽样框架。这里所指的名单不一定是居住户的姓名,而有可能是居住户的门牌号、室号。这一形式的抽样框架往往缺乏现成的资料,需要连续地进行资料积累和完善,并且不断地进行修订。

在实际操作中,应当尽量避免抽样框架和目标总体之间的高度一致性,以减少抽样框架误差。此外,为了确定某一个体是否属于抽样总体,常有必要在调研问卷中使用过滤性问题。

（三）选择抽样方法

为了使样本能充分地反映总体,并便于组织实施,节约人力、物力和时间,在选择调研方法时应考虑以下因素:

1. 调研的目的

如果只是为了获得一些定性的结论,可以使用非概率抽样;当要对总体进行准确的统计推论时要使用概率抽样。例如,探索性调研的主要目的是发现新的想法而不是进行准确的定量描述,因此通常使用便捷抽样或主观抽样;而描述性调研通常是为了根据一个样本的结果对总体进行推论,因此常用概率抽样方法。在实际中,非概率抽样被广泛用于产品测试、广告文案测试、专家调查中等;消费者调查、固定样本组调查、媒体受众调查等通常都常用概率抽样。

2. 调研时间、经费、人力及抽样方法的可操作性

由于概率抽样技术上比较复杂,成本高,操作起来比较困难,因此当时间、经费等有限时,一般都采用比较简单易行的非概率抽样方法。

3. 目标总体内部的同质性

当总体成员之间的差异很小时,无论采用何种抽样方法得到的样本都具有较好的代表性和较低的抽样误差,而当总体成员之间的差异很大时,抽样方法的选择对于提高样本的代表性和降低抽样误差就非常重要,这时应当尽可能使用概率抽样方法。在这种情况下,如果有易于获得且与待测特征密切相关的分层变量,可以据此将总体成员分为相对同质的子群,则可以使用分层抽样;如果总体内部差异很小但群内差异很大时,可以采用整群抽样。

（四）确定样本量

样本量的确定取决于所选择的调研方法。当采用概率抽样方法时,用统计公式计算所需样本量;当采用非概率抽样方法时,用经验方法确定样本量。

四、问题与经验

通过本模块的学习,我们要解决两个问题:第一,明确抽样调查的重要性;第

二,根据项目一确定的市场调研对象设计抽样方案。为了在实际中更好地运用抽样调查的方法,提高抽样设计的质量,我们要注意以下几个方面的问题:

(一)除非特殊情况,大多数的市场调研都需要根据部分样本数据来推断总体

如果对总体中的全部成员进行研究,然后直接计算总体参数,称为普查。对于大多数市场调研而言,普查成本昂贵,耗费时间,特别是对于大多数消费品的调研,由于总体很大也不可行,因此很少采用。但是,对于一些工业品(如大型制造设备)的调研,因总体的规模很小,而且每个客户需求的差异很大,这时采用普查方法是可行的,而且也是必要的。

(二)在编制抽样框架时应当注意遗漏、重复和混杂等问题

遗漏:抽样框架中遗漏部分抽样单位。例如,不完整的客户记录。

重复:同一样本单位重复出现。例如,售后服务记录中,同一个用户的联系电话反复出现。

混杂:抽样框架中包括部分非样本总体成员。例如,抽样总体由个人消费者构成,而电话号码簿中混有单位电话。

五、参考范例

北京市海淀区调查抽样设计

一、调查总体与样本的界定

本次抽样调查总体为北京市海淀区农村、城区中20~65岁的居民。最终抽样单位为单个个体居民。

二、海淀区人口总体情况

本次调查抽样框的编制,以海淀区政府计生办公室掌握的最新的"人口统计资料"为主,并参照了最新的《北京市统计年鉴(1997)》。资料显示,海淀区共有常住人口143万,45.5万户,暂住人口15万。143万常住人口中,128.8万为城区人口,14.2万为农村人口。以户为单位计,非农业户有40.1万,农业户为5.4万。海淀区20~65岁人口的年龄结构及性别比见表1。

表1 海淀区20~65岁人口的年龄结构及性别比

年龄段	人口合计	各段比重(%)	性别比
20~29	268 120	26.3	96.24/100
30~39	289 072	28.4	101.81/100

年龄段	人口合计	各段比重(%)	性别比
40～49	222 230	21.8	92.05/100
50～59	156 629	15.4	87.66/100
60～65	82 990	8.1	102.83/100
合计	1 019 041	1	106.3/100

资料来源:北京市海淀区政府计生办公室未公开发表资料,《海淀区人口年龄结构及发展趋势》。

就行政建制而言,在海淀区辖区内,共有17个街道办事处、1个镇、10个乡,其中17个街道(含1/2镇)下辖888个居委会,10个乡(含1/2镇)下辖82个村民委员会。

三、样本量的确定

考虑到经费因素,计划抽选样本单位为300个(户)。在调查区域上,确定农村抽选100户,城市抽选200户。在每户中随机抽取1名年龄在20～65岁之间的家庭成员为调查样本。

四、抽样方法

本次调查采用PPS(Proportional Probability to Size)抽样[①],该抽样方式在本次调查中分2部4级。第一部为城市部,其每一级的抽样单位PSU(Primary Sampling Unit)分别是:街道(含1/2镇)、居委会、居民户、居民个人;第二部为农村部,其每一级的抽样单位PSU分别是:乡(含1/2镇)、村民委员会、农户、农民个人。计划从17个街道中抽取4个街道、8个居委会,从10个乡中抽取2个乡、4个村民委员会。再从每一个抽中的居委会、村民委员会中各抽取25户居民户、农户,每一户中抽选20～65岁的居民1人,作为访谈对象。

五、具体抽样过程

1. 对城区中街道的抽样

城区中17个街道及约1/2个镇中共有888个居委会,从中抽取4个街道,其抽样过程如下:

首先,计算抽样距离(K)。

根据上述要求,$K=888\div4=222$。

其次,将海淀区17个街道随机排定顺序。

再次,根据随机排定的顺序表,选取起点。我们获得的起始随机点是31。

最后,根据等距抽样原则,描出落点街道。

其结果见表2。

表 2   以街道为 PSU 的抽样过程

PSU 号码名称	PSU 规模	规模累计值	PSU 对应选择范围	选样号码
中关村	26	26	0～26	
北太平庄	109	135	27～135	31
甘家口	73	208	136～208	
青龙桥	31	239	209～239	
紫竹院	76	315	240～315	253
北下关	67	382	316～382	
永定路	13	395	383～395	
清华园	8	403	396～403	
燕园	8	411	404～411	
海淀街	66	477	412～477	475
万寿路街道	90	567	478～567	
学院路	63	630	568～630	
八里庄	46	676	631～676	
羊坊店	92	768	677～768	697
清河	51	819	769～819	
双榆树	38	857	820～857	
香山	17	874	858～874	
温泉、东北旺	14	888	875～888	
合计：	888			

根据上述抽样,我们抽到的 4 个街道是:北太平庄、紫竹院、海淀街道、羊坊店街道。

2. 对以乡为 PSU 的抽样

步骤、过程同对城区中街道的抽样,其中抽样距离 K＝82÷2＝41。从中抽到的 2 个乡——海淀乡和东北旺乡。

3. 抽取居委会、村民委员会

将抽到的 4 个街道——北太平庄、紫竹院、海淀街道、羊坊店街道中所有的居委会随机排列在一起,编制成抽样框。根据步骤 1 中的方法,抽取居委会(为节省篇幅,此处从略)。其结果如下:

(1)学院南路居委会、蓟门里南居委会,属于北太平庄街道。

(2)小南庄居委会、倒座庙居委会,属于海淀街道。

(3)军博路居委会、向东居委会,属于羊坊店街道。

(4)魏公村第三居委会、老营房居委会,属于紫竹院街道。

将抽到的 2 个乡——海淀乡、东北旺乡中所有的村民委员会随机排列在一起,编制成抽样框。根据步骤 1 中的方法,抽取村民委员会。其结果如下:

(1)清河村委会、马坊村委会,属于东北旺乡。

(2)万泉庄村委会、六郎庄村委会,属于海淀乡。

4. 抽取家庭户

在抽到的 8 个居委会、4 个村委会中,各抽取 25 户作为调查对象。另外,根据经验,对调查对象的访问,有可能经过 3 次或多次造访仍然不能遇到,这样的比例在 15% 左右。因此,我们决定从每个居委会、村委会中多抽取 3～5 个家庭户作为备用样本。

家庭户抽样框的制作:

对 8 个居委会、4 个村委会分别制作抽样框。其做法是派学生到每个居委会、村委会去购买住户资料,主要是花名册,但此花名册中的家庭户名单经常会发生变动。许多登记在册的家庭户,由于种种原因,已不在此地居住。因此,拿到花名册以后,需要就地找居委会的负责人、村中的主要干部进行核实。而后,以花名册上的户主姓名为抽样框,以等距抽样的方法抽选户主,即得到我们要访问的家庭户。

实际调查过程中,我们抽选家庭户 340 户。

5. 家庭内的抽样

由于我们最终要访问的是个人,因此抽到家庭户以后,还有一个对其中的家庭成员抽样的问题。我们采用由美国著名抽样专家 Leslie Kish 发明的、一般被称为 Kish 表的方法来满足抽样的要求。访问员入户后,首先记录该户中所有符合调查条件的家庭成员的人数,并按年龄大小进行排序和编号。随后,访问员根据受访户的编号和家庭人口数的交叉点,在表中找到一个数,并以这个数所对应的家庭成员为受访者。这一级抽样,实际上由访问员在每份问卷的调查开始前完成,最终完成本次调查的抽样全过程。

考虑到本次调查样本量较小,我们也对大部分备用样本作了采访,因此实际问卷数是 331 个。

资料来源:北京市海淀区政府:《北京市海淀区调查抽样设计与抽样代表性检验》,www. sachina. edu. cn,2008—04—13。

—— 小思考 ——

①本抽样设计方案中采用了哪些抽样技术？

② 请总结一下抽样的过程。

项目四
实地市场调研的组织

【项目概要】

在完成了市场调研方案设计、问卷设计和抽样设计等设计阶段的工作之后,就可以进行实地调研收集所需的数据了。实地市场调研是市场调研与分析工作过程中的一个重要环节,实地市场调研工作组织与管理的质量对数据收集的速度、质量和成本有着重要的影响。实地市场调研的工作流程,包括制订实地调研计划、前期准备、人员培训、调研执行、复核和总结评估。所以,在这一项目里我们设计了进行实地调研前的准备工作、实施正式调研两个模块。为了使同学们具备完成实地市场调研的组织这一工作任务所需要的技能,我们按照实地市场调研工作组织与管理的步骤在各个模块里分别设计了相应的工作任务,并提供了参考案例。

【学习目标】

能力目标:能设计实地调研方案和进行实地调研。

知识目标:理解实地市场调研组织的工作过程;熟悉访问员的培训内容与责任,熟悉督导员的职责,掌握访谈准备阶段、访谈主要阶段、结束访谈的技巧和提问的技巧,熟悉对调查人员的监控的手段,了解访谈开始时、访问过程中拒访的原因,了解调查人员所引起的问卷质量问题。

素质目标:通过小组作业,学会与人沟通;培养团队合作精神;增强自主学习能力;培养开拓意识、创新思维、分析和解决问题的能力;培养严谨、敬业的职业态度。

任务	能力目标	知识目标	素质目标
模块1:进行实地调研前的准备工作	1. 能实施抽样 2. 能安排实地调研地点 3. 能安排及培训市场调研人员	熟悉访问员的培训内容与责任 熟悉督导员的职责 掌握访谈准备阶段、访谈主要阶段、结束访谈的技巧和提问的技巧	学会与人沟通 培养团队合作精神 培养学生独立分析和解决问题的能力

续 表

任务	能力目标	知识目标	素质目标
模块2:实施正式调研	能控制实地调研工作质量	熟悉对调查人员的监控的手段 了解访谈开始时、访问过程中拒访的原因 了解调查人员所引起的问卷质量问题	培养团队合作精神 培养开拓意识,创新思维 培养严谨、敬业的职业态度

【开篇案例】

神秘顾客研究:某品牌汽车经销商满意度调研

一、项目简介

项目目标:检查×汽车品牌售后服务承诺的执行情况,及时发现服务商存在的共性问题,提升×汽车的品牌形象。

样本量:全国范围108家该品牌的经销商,主要集中在北京、广东、山东、上海、浙江、成都等地区。

调研内容:

售前服务调研:形象调研,包括硬件设施(外部装修与标志;内部设施及环境、宣传资料、展车状况等);服务人员专业性调研,包括销售人员服务态度、专业性;履行服务承诺调研,包括定价是否明确规范、促销活动、初始车况等;其他配套服务履行情况调研,提供试驾、提车方便、提供一条龙服务等。

售后服务调研:服务商形象,服务站服务指示信息,服务质量包括人员态度、专业性、维修费用(店内标价、实际报价);维修时间,维修质量等。

救援服务调研:人员着装、承诺时间与实际到达时间、服务态度及解决问题能力。

热线服务调研:热线服务提供时间、接通率、接听礼仪、解决问题的能力等。

访问方法:神秘顾客访问。

店面检查、售后服务体验、救援服务体验采用实地实景神秘顾客访问。

服务热线质量监测采用电话神秘顾客访问。

执行时间:2个月。

二、项目难点

调研内容涉及售前服务、售后维修服务、救援服务以及热线电话等多个方面,无法采用单一的调研方式,而且调研涉及的内容很多,很容易被服务商察觉,使得调研失真或无法完成。

三、解决方案要点

针对项目特点及难点,ACMR采取了以下方式来保证项目的质量。

在项目中采用了两种神秘顾客调研方式,实地实景神秘顾客访问和电话神秘顾客访问,保证了调研的真实性及全面性。

在项目实际执行时,一家服务商用两组神秘顾客进行调研:

第一组做服务站外出救援调查。

第二组做店内修车、店内调查和服务站电话礼仪调查。

同时启用两组神秘顾客进行调查的目的是在服务站全无察觉的情况下进行调查,使得调查结果客观、真实、可靠。

四、实际执行效果

按时完成了108家服务商调研,客户在陪访过程中,多次称赞ACMR的专业性,对我们项目成员处理现场问题及认真负责的工作态度给以了高度评价。

ACMR的调研结果真实地评价了×品牌的服务满意度以及在服务过程中存在的问题,为×品牌提升品牌形象和客户满意度做出了贡献。

—— 小思考 ——

① 该市场调研项目在实际的调研执行前考虑了哪些问题?

② 项目实地调研执行过程中有哪些人员参加?

那么,在一个市场调研项目实地执行时应该考虑哪些问题呢?通过本项目的学习,我们可以对如何组织一个具体调研项目的实地调研有一个全面的了解。

模块1 进行实地调研前的准备工作

只有通过严谨、规范、高效的现场执行,才能保证按调研项目的要求获得及时、准确和有用的数据,保证达到预期的调研目的。如果现场工作出了问题,调研设计工作做得再好,也不能得到有价值的调研结果。为此,必须首先做好实地调研前的准备工作,掌握其工作过程,包括:制订实地调研计划、前期准备、人员培训。以下的任务则呈现完成整个工作的过程。

一、正式工作项目任务

以小组(不超过 8 人)为单位,根据项目二确定的市场调研方案,项目三设计的市场调研问卷和抽样方案,进行实地调研前的准备工作。

二、理论知识

无论调研项目大小,在实地调研工作开始之前都有一个明确、具体、可操作的书面实地调研计划和做一些必要的前期准备工作。

(一)实地调研计划

实地调研计划是指在调研项目执行之前,所制定的控制和保证项目有效进行的工作文件,通常由项目负责人制定,并与客户确认具体时间安排。

实地调研计划视项目的规模、类型和复杂程度可长可短,一般包括以下几方面的内容:

1. 项目目的和要求。要尽可能明确、具体,使有关人员能够准确理解并按计划的要求开展各项工作。

2. 人员安排和分工。要根据项目的规模、类型和复杂程度,安排合适的项目负责人、督导和调查员,人员分工界定必须清晰和明确,分工合理。例如,一项比较复杂的大型入户调查,应该配备有一定入户调查经验的现场督导和调查员,同时还需要专门的抽样督导和抽样员。

在人员安排上主要考虑以下几个因素:

(1)项目规模:根据样本量大小的不同确定参加项目的人员数量。

(2)项目类型:根据类型的不同安排具有相关经验的督导和访问。

(3)项目复杂程度:项目难度越大要求的督导和访问员级别越高。

3. 进度安排。进度安排要切实可行。

4. 项目预算。预算必须合理。项目预算一般包括以下内容:

(1)访问员劳务费:可以涉及试访费用/访问费用/兼职费用/餐费补助/车费补助/优秀奖金等。

(2)抽样费用:可以涉及抽样员劳务费及有关补助、抽样复核费用、抽样工具费用等。

(3)复核费用:可以涉及复核员劳务费及有关补助、复核工具费用等。

(4)督导费用:可以涉及督导加班的餐费和车费补助等。

(5)礼品费用:根据项目要求预计礼品的费用。

(二)前期准备

实地调研前做好前期准备工作十分重要,一般情况下准备包括三方面的工作:文件的准备、物品的准备以及场地的准备。

1. 文件准备

通常指需要事先打印或印刷好的文件,主要包括以下几种:

(1)问卷。在问卷印刷前需要重新确认问卷准确性,包括字体的清晰度、页码顺序等。一般情况下,问卷的大小通常采用 A4 纸双面印刷,并且印刷问卷的数量要比实际的样本量多出 10%～20%,以作扩大样本及备用。为方便访问员的使用,条件允许时可以用不同颜色的纸张区别问卷的不同部分。

(2)督导/访问员指南。任何一个督导或访问员都不可能记住培训会上的所有内容,所以提供一个访问指南会对整个实施操作过程起到提醒和指导的作用。

通常可以根据使用对象分为督导指南和访问员指南。

①督导指南主要内容包括:调查背景、调查方法、样本量及范围、运作时间、抽样方法及要求、运作流程、质量控制要求、相关表格、问卷培训纲要、注意事项。

②访问员指南主要内容包括:调查背景、抽样方法、问卷结构、每道问题的详细解释、相关表格的填写、交递问卷时间。

(3)地址表/抽样图。地址表和抽样图是抽样的具体体现,需按地块/居委会分别装订齐备。

(4)相关表格。运用表格详细记录实施的各环节的相关指标,不但可以随时了解和控制质量,还能在事后作为参考进行查阅。

可以根据不同的项目设计不同的表格,如:培训出席情况表、项目安排表、问卷收发表、项目进度表、陪访记录、复核记录表、复核报告表等。

(5)证件/介绍信等证明文件。身份证、访问员证及介绍信是访问员在访问过程中必不可少的证明材料,它可以帮助访问员向被访者证明身份,树立访问员信心。

一般访问员证上面应有公司调研人员的电话,以方便被调查者打电话确认。介绍信的设计,版面应大方严肃、说明简洁并加盖公章及标明有效期限等。

2. 物品准备

物品准备指的是准备好现场执行用的各种物品。包括:

(1)礼品。礼品通常是在访问结束后,为表示对被访者的感谢而准备的。一般会根据访问时间的长短或复杂程度不同,准备不同价值的礼品。同时,也要注意根据访问对象或访问内容的不同准备不同种类的产品,如访问对象是男士就要准备男士喜欢的礼品。总之,礼品应是实用并且是消费者普遍乐于接受的。另外，为方便访问员的携带，切忌购买易碎或体积相对较大的礼品。

(2)相关测试用品。有些研究项目如概念测试、包装测试、口味测试和产品留置等需要用到相关的测试用品，在项目开始前要提前做好这些用品的准备工作。

特别注意的是为避免用错产品，要与客户及时核对产品名称、型号以及数量；进行食物测试时，更要请客户提供关于此产品的卫生检疫证明及有效的食用日期，以避免出现问题。

(3)访问员使用工具。为方便访问员的访问，在项目开始之前督导要提醒访问员自己准备好如下用品：笔（记录用）、访问夹（方便记录）、手表（记录时间）、大手提袋（装问卷及礼品）、电筒（防楼道无灯或天黑）、零钱等。

3. 场地准备及安排

在实施操作过程中，经常用到的场地是培训场地。另外，场地准备对于拦截访问的定点实施以及专题组座谈尤为重要。

(1)培训场地。培训场地主要是用来进行访问员的基础培训以及项目培训。场地大小以至少能容20人为宜，场地布置应简洁、明快并保证安静不受干扰。

通常场内布置可包括：白板和白板笔、圆桌或长桌及配套椅子、投影机及配套胶片、需用到的问卷/示卡或相关资料、签到表及领用资料登记表。

(2)定点实施访问场地

主要针对定点街访。街访场地既要靠近热闹街道以保证拦截量，又要有独立不受干扰的场所来进行实施访问。一般会选择闹市中的街道、饭店、商场、写字楼等，在安排场地时要注意充分利用场地，进行合理布置，使工作有条有序。

定点拦截访问的场地安排布置分三个块：

拦截点：是拦截被访者的街区范围，应在多个方位设置，并要求拦截员服饰整洁、佩戴证件、手拿示卡和甄别问卷及笔。

控制台：是完成甄别质量控制、配额控制、问卷审核的场所，应配备足够的桌子椅子并准备好配额表、甄别问卷及笔。

访问室：是访问员进行实施访问的地点，也是街访布置的重点。

由于拦截访问要求每位被访者在接受访问的过程中不受干扰（听不到其他访问的声音，看不到其他访问进行），因此在场地布置时应保证每个访问区应有足够的空间可以阻隔其他访问组的声音。

（3）专题组座谈会场地

为保证主持人可以自如、连贯地主持专题组座谈会，座谈会场地要环境安静、用途独立、不受外界干扰。并且室内要通风良好，布置干净舒适，物品摆放整齐、有序、统一，营造类似朋友聊天场合的氛围。

专题组座谈会场地的布置及安排方法主要从四处入手：

会议室：配置可供 10 人使用的圆桌、椅子、小食品、姓名台签，及白板、白板笔、白板擦、白纸、笔；要求会议室必须保持安静不受干扰，做到无闲杂人等进出，无嘈杂声；另外，会场中除项目要求外，不摆放与项目有关的产品，不用项目相关产品作接待物品。

监控室：配置单面镜、同步录音和录像设备；供 6～10 人使用的茶几、沙发、食品、白纸及笔；监控室的同步录音和录像设备必须事先调制、运行好。

接待处：用于为到场的被访者提供会前等候和休息以及督导做现场甄别的场所。配置可供 15～20 人使用的茶几、椅子、茶水、报刊；为方便被访者能准确到达接待处，需要有足够的指路牌，有接待人员及时安排被访者就座休息并进行再甄别。接待处要注意气氛轻松、活跃，井然有序。

工作室：工作室主要用于督导对内部事宜的处理和准备工作，并存放座谈会所需的资料和物品等。一般需配置供督导使用的桌椅和电话等；如无专门的工作室，可与接待处合并，但需注意保管好备用物品及资料。

以上是针对规范的专题组座谈会场地的布置，如外租场地，会议室可选择在三四星级酒店，要求有两个相邻的房间或套间，最好分别有独立洗手间。

（三）人员培训

首先要根据项目的要求招募合适的访问员。访问员的背景、理解能力、对各种的期望和态度都会影响调研质量。对访问员的要求包括良好的个人素质，包括诚实、有责任心、吃苦耐劳、耐心细致等。此外，还要具备胜任特定工作必须具备的能力。例如，专题组座谈的主持人除了上述要求外，必须具备很强的表达能力、组织协调能力，还要比较风趣幽默，能够调节座谈的氛围，避免冷场和个别人主导座谈；电话调查的访问员必须吐字非常清楚，声音悦耳，反应快。

然后是人员培训。培训阶段是一个项目实施的重要阶段，它关系到访问员是否能按照正确的要求及理解去收集该项目的资料。通常此阶段包括项目培训、试访和陪访及再培训三个方面的工作。

1. 项目培训

项目培训的目的在于让访问员了解项目的有关要求和正确的访问操作方式，使所有访问员都能按规范的要求和程序进行访问，保证访问结果的准确性和一致性。项目培训的内容包括：

（1）相关行业和产品的背景知识

由于市场调研可以涉及各行各业，每个行业都有各自不同的专业知识，如日用品、汽车、医药等，而访问员对它们未必全部都有基本的了解，所以，适当地介绍一些相关的行业背景知识，有助于访问员正确理解每一个问题的含义，同时也可以使访问员更加有效地与被访者沟通，理解被访者的回答。对于普通人不太熟悉的行业与产品，如生物制药、高科技产品、汽车等行业尤为重要。

（2）调研方法方面的知识

为了能够胜任所承担的访问工作，问卷调查的访问员必备的专业知识包括：

①如何与被访者接触，以便得到被访者的合作。

以入户调查为例，为获取被调查者的合作，应注意以下方面问题：

1）持介绍信或证明取得居委会或物业管理有关人员的支持或帮助。

2）敲门。敲门得到允许后才能进入受访者的家。要注意敲门的声音和节奏，敲门声要适中，敲门声太小，受访者可能听不到。

3）访问员要注意仪表端正、穿着整洁、用语得体、口齿伶俐、态度谦和，给人以亲切感。

4）自我介绍。适当的称呼会使对方感到亲切，另一方面要考虑访问对象的民族习惯和生活习惯。争取得到受访者的信任和合作。

5）示意礼品。示意礼品但切不可过分渲染礼品，使人觉得有占小便宜的感觉。

6）活跃气氛。成功的访问需要在一种轻松、愉快、友好的气氛中进行，访问员必须努力营造这种气氛。可以就受访者的优点、特长、爱好等方面，找一些双方熟悉的话题，如某场体育比赛，使受访者感到与你有共同语言，以此来活跃气氛。

②如何提问和追问，避免误导被访者和拒答。

以入户调查为例，提问时应注意以下几个问题：

1）提问用词。调查问卷上的提问用词往往都是经过仔细推敲的，因此，访员对于每个问题都要严格按照调查问卷上的用词进行提问，如果提问或用词有误，就可能影响调查结果。

2）问题顺序。在调查问卷设计过程中，由于问题的先后次序会对问卷整体的准确性及能否顺利进行访问有重要影响，因此，调查问卷中每个问题的顺序都是经过精心编排的，访员在提问时，要严格按照问卷上的问题顺序提问,不要随意改变问题的顺序。

3)严格按要求询问。当被调查者不理解题意时,访员可重复提问,但不能自作解释或加上自己的意见而影响被调查者的独立思考。

4)调查问卷上的每个问题都应问到。访员在访问中要注意不可因为访问次数多、同样的问题重复遍数多或认为某些提问不重要而自作主张放弃应该询问的问题。

5)某些问卷有一些划横线的关键词,在提问时应加重语气或重复。

6)提问时的音量应控制在被调查者能清晰听清为宜,语速应不快不慢。

7)提问过程应随时根据被调查者的情绪来加以调节和控制。

可以通过一些做法来追问:

1)重复读出问题。用同样的措词重复问题能够有效地引出回答。

2)重复受访者的回答。通过逐字地重复受访者的回答,可以刺激受访者给出进一步的信息,这可以在访问员做记录的时候进行。

3)使用短暂停顿或沉默式追问。沉默式追问,或者期待性的停顿或眼光,都可以暗示受访者提供更完整的回答。但是,注意沉默不要变成尴尬的局面。

4)鼓励或打消受访者的疑虑。如果受访者表现出犹豫,访问员就应该打消受访者的疑虑,可以说"答案不分对错,我们只是想了解您的看法"等。

5)引导受访者做出说明。访问员可以通过提问提高受访者配合和给出完整答案的积极性,比如说"我不是很理解您的意思,您能不能说得详细一些"。

6)使用中性追问用语。可参考以下用语:还有其他想法吗? 还有另外的原因吗? 你的意思是什么? 哪一种更接近你的感觉? 为什么你会这样认为呢? 你能告诉我你的想法吗? 等等。

③如何准确地记录答案,避免问卷填写错误。

1)对封闭式问题记录答案的规则可能根据具体问卷而有所不同,但通常都需要在代表受访者答案的方框上画叉。

2)对开放式问题记录答案的一般规则如下:

A.在访谈过程中记录答案。

B.使用受访者自己的语言记录。

C.不要概括或解释受访者的回答。

D.记录所有与提问目的有关的内容。

E.记录所有的追问和评论。

F.记录答案时重复一遍。

④如何结束访谈。

以入户调查为例,结束访谈时应注意以下几个问题:

1)让受访者有良好的感觉。访问员要感谢受访者抽出时间给予合作,并使受访者感受出自己对这项调查研究做出了贡献。

2)迅速检查问卷。看有没有遗漏,问题的答案有没有空缺;问题的答案是否有前后不一致的地方;是否有需要受访者澄清的含糊答案;单选题是否有多选的情况等。

3)再征求意见,询问受访者的想法、要求,并告诉他如有可能,还要进行一次回访,希望也给予合作。

4)离开现场时,要表现得彬彬有礼,与受访者及家人说再见,为受访者关好门。

(3)项目要求

访问员需要清楚地了解项目和问卷填写的一般要求,包括样本量、抽样方法、被访者条件、问卷执行方法、回访要求以及进度要求等;同时还必须了解和接受访问员应当遵守的有关纪律,例如不得在调查期间进行产品的宣传推销活动,替委托方保密,尊重调查对象隐私等。

(4)问卷内容的讲解

向访问员解释每一个问题的含义以及问题之间的逻辑关系,使所有访问员按照统一和正确的理解进行访问。

问卷内容讲解部分非常重要,是项目培训的关键所在,可以从以下几个方面入手:

①问卷整体结构。概括每部分的内容,使访问员有一个大致的了解。

②题目的讲解。重点讲解那些容易引起不同理解的问题,澄清可能存在的歧义,统一某些关键特例的处理办法。

③逻辑关系。对前后相关联的问题,讲清其逻辑关系,并介绍现场逻辑检验方法。

④项目工具的使用。对于需要用卡片和实物的调查,要向访问员介绍这些调查工具的使用方法,例如简单介绍示卡、照片等访问工具的构成。

⑤及时总结。问卷的每个部分结束后,明确本部分的逻辑关系和操作难点,并解答疑问;整份问卷完成后,对问卷的要点、难点、歧义点进行总结和归纳。

2. 试访和陪访

试访和陪访是检验项目培训结果的重要手段。

(1)试访

试访是访问员在项目正式开始前的热身,也可以说是为访问员提供一次"犯错误"的机会,其目的是让督导可以有针对地帮助访问员克服访问中存在的问题,并总结出正确的操作方法,使访问员按统一的标准进行访问。

试访可分为模拟访问和实地试访。

①模拟访问。模拟访问是检验访问员是否正确理解了每个问题并能按统一的要求完成问卷的测试方法。通过模拟访问可以预先锻炼访问员处理各种在访问时可能出现局面的应变能力。模拟效果的好坏取决于模拟情景是否逼真,扮作被访者的人是否能逼真地模仿出调查中可能遇见的各种情况和善于积极引导。

模拟与问卷培训不同,模拟更强调操作原则的实际运用,更突出实际操作的应变手法。

模拟的操作方式如下:

访问员人数多、问卷相对简单时,模拟可以分小组进行。由一个有经验的督导或访问员充当被访者,每个小组成员方便负责一部分问题,相互观摩学习。对于负责的问卷,可以考虑一对一模拟。模拟结束后,结合模拟过程有重点地做整份问卷的总结。

②实地试访。实地试访是指让访问员在真实的访问环境中进行访问。通常是在公司附近寻找一块区域,在这块区域内给每位进行试访的访问员圈定一个范围,让他们在此范围内完成试访问卷。在选择试访区域时,还必须考虑如下两个问题:

· 试访区域不再列入该项目抽样范围;

· 试访区通常在人口密度较大的居民区。

模拟访问与实地试访二者各有优缺点及适用场合。模拟访问相对来说节约时间和费用,但是它的真实性比较低,暴露问题少,而实地试访恰好相反。另外,实地试访可以练习访问员实地抽样技能和接触被访者技能。通常情况下,如果项目难度不大或问卷不复杂,一般采用模拟访问,相反则采用实地试访。

(2)陪访

陪访即通过督导跟陪同访问员进行访问,来实地检查访问员的访问态度、操作规范、访问技巧以及对问卷的理解程度。并针对问题进行一对一的辅导,以帮助访问员端正心态和掌握访问技术;同时,促进督导与访问员之间的沟通,提高访问员解决问题的主动性。

陪访的比例要根据项目要求来确定。通常情况下对新访问员要做到

100％的陪访,老的访问员可按比例进行陪访。为保证项目的质量,在资源充沛的条件下最好做到对每位参与项目的访问员进行100％的陪访;如是一些长期项目,还应根据情况安排多次陪访,防止访问员的技术出现习惯性钝化。

3. 再培训

再培训是指召集所有参与项目的访问员,对试访和陪访过程中出现的问题进行集中总结。这样不但可以避免其他的访问员出现同样的错误,同时也可以相互交流访问的经验。

三、实践操作

实地调研前的准备工作一般包括制订实地调研计划、前期准备、人员培训几大步骤,但实际工作步骤视不同的数据收集方法有所不同。例如,人员培训对于访问调查非常重要,而对于邮寄问卷调查和电子邮件调查就不那么重要。为了使实地调研工作有条不紊地进行,一般可以参照以下程序进行实地调研前的准备工作:

（一）制订实地调研计划

实地调研计划主要涉及项目目的和要求、人员安排和分工、进度安排、项目预算等内容。

（二）做好实地调研的前期准备工作

一般情况下,实地调研的前期准备工作包括文件的准备、物品的准备以及场地的准备三方面的工作。

（三）组织好人员培训

通常人员培训包括项目培训、试访和陪访及再培训三个方面的工作。

四、问题与经验

目前,由于激烈的价格竞争导致的预算不足、不合理的进度要求、不足的人员培训和激励,导致实地调研质量普遍欠佳,成了国内市场调研行业的最薄弱环节。为了保证数据质量,实地市场调研需要遵循以下原则:

（一）科学性原则

通过实地调研收集的数据应该是真实有效的,否则对于营销决策将没有价值,甚至可能误导决策者。

（二）统筹性原则

数据收集是一项复杂的系统工程,涉及调研各方人员实地调研工作的各个环节,工作进度和质量受许多因素影响。因此,必须统筹计划和组织实地调研工作。

（三）经济性原则

实地市场调研环节在整个市场调研与分析支出中占相当的比例，因此要想方设法以尽可能低的成本获得需要的数据。同时，要在控制成本和保证数据质量之间保持一个适当的平衡。不可片面地强调一方，忽视另一方。

（四）时效性原则

在激烈的市场竞争中，企业必须根据不断变化的市场迅速做出营销决策，因此要求实地市场调研迅速及时，保证数据的时效性。

五、参考范例

××项目执行手册
——实地调研前的准备

一、调查背景和目的

社区是否和谐，与每位成员的日常生活息息相关，更关系着整个和谐社会的构建。过去的几年，×市各地在推进基层政权和社区建设工作中取得很大的成绩，许多工作在全省、全国都产生了很大的影响，但是社区建设到底好不好，社区辖地的群众最有发言权，×市民政局为推进×市的和谐社区建设进程，全面提升和谐社区建设的整体水平，真正让我们的社区形成人人关心、人人参与、人人支持、人人热爱、人人享有的安全、团结、幸福、和谐的大家园，计划在全市范围内对所有自愿报名参评的社区进行群众满意度测评，以此作为"×市现代化和谐社区群众满意度评估活动"的重要依据。

二、调查的区域范围

×市范围内自愿申报"×市现代化和谐社区群众满意度评估"的城市社区。

三、抽样方案

（一）样本量及分布

总体样本框	普通居民	特殊群体（老年人、残疾人、低保等）家庭
2000 户及以下	48	12
2001～3000 户	64	16
3001 户及以上	80	20

（二）样本抽样

1. 特殊群体：从社区居委会提供的社区特殊家庭名单资料中，随机抽取特殊群体名单。

2. 普通居民家庭:从社区居委会提供的社区居民住户名单资料中,事先将其不合格的样本(居住不足半年的)以及老年人、残疾人、低保等家庭挑选出来,不计入抽样总体。然后以社区居民地址门牌最小号为起点,按照从小到大的原则采取"隔十抽一"在抽样总体中进行普通居民家庭户的抽样。

(三)样本替换原则

1. 抽样时多抽取 60% 的备份样本地址;

2. 特殊群体的总体样本小于需要抽取的样本量,则不足的样本由普通居民家庭样本补充。

(四)抽样执行和提交

要求执行机构把抽样员和访问员分开,即抽样员与访问员不是同一个人。抽样员将抽样结果记录到《入户访问接触记录表》中,便于访问员实地调查时按照地址上门入户。

四、调查前的准备工作

(一)人员组织

每个区/县组成一个调查执行小组,设小组负责人 1 名,执行督导 2 名,访问员 10~12 名、复核员 2~3 名、审核督导 1 名,复核督导 1 名,共 20 人左右。

1. 调查执行小组负责人

负责本区/县调查的全面执行及管理协调工作。包括:

A. 组建本地的调查执行小组成员,挑选经验丰富的访问员,并任命现场督导、审核督导、复核督导等;

B. 准备调查入户所需的所有资料等;

C. 指导完成本地样本户的抽样工作;

D. 负责对督导和访问员进行项目培训;

E. 检查、督促本地调查工作进度,及时汇报工作进度,确保调查进度;

F. 按照本执行手册的指控要求进行调查质量的总体控制,确保调查质量;

G. 帮助解决调查过程中的实际问题和各种突发性问题。

2. 执行督导

负责现场实施控制,包括与其他各环节有关的协调。具体职责如下:

A. 负责本次访员的现场组织、工作分配、质量监控。

B. 调查工作实施前,按照抽样方案抽取家庭户样本,并按照调查抽样要求提供填写好地址的《入户访问接触记录表》。入户访问前,需将《入户访问接触记录表》中记录的样本户按访问员数量进行平均分配,并将分配的样本户名单发放给访问员,此项需要在社区居委会的配合下完成,但注意样本抽取的过程和结果保密,避免调查时产生人为误差。

C. 负责将每个社区的问卷进行编号,编号的规则是五位数,前两位是社区编号,后三位是问卷数编号。

D. 执行过程中,掌握现场调查工作进度,并就访问员在访问过程中遇到的各种非预见性问题及时上报小组负责人求得解决方法并及时反馈给访员。保证调查工作按时、按量、按质完成。

E. 监督访问员认真、正确填写《入户访问接触记录表》,回收整理入户登记表。

F. 对访问员完成的问卷进行现场(当面)审核(一审),发现问题,责成访问员及时修正。

G. 在现场回收的问卷中,抽取10％的无电话号码问卷进行实地复核。

H. 每天向小组负责人汇报工作进程、存在问题及解决方法。

I. 调查工作结束后,将调查问卷、各类统计表等进行归类整理,提交给小组负责人。

3. 审核督导

主要承担问卷回收后的二审工作。审核发现问题需要填写《审核问卷错误记录表》,并及时反馈给现场督导员。经过反复确认后,做出处理意见,并上报给小组负责人。

4. 复核督导

复核督导主要工作任务是对本地所有问卷逐一进行再审核;并从中随机抽取30％的问卷,进行电话复核。复核的内容包括"是否接受过访问、访问时长等基本背景信息,以及问卷中的基础客观题",具体见复核问卷。复核结果填写在《复核问卷错误记录表》,并上报给小组负责人。

5. 访问员

入户调查的具体执行人员。访问员参与调查工作前,须经过调查工作培训,熟悉工作背景和问卷。访问时,手持调查问卷对被访者进行面对面的访问。访问员须服从现场督导员的安排。具体工作如下:

A. 访问开始前,向现场督导员领取《入户访问接触记录表》,并按其中登记的家庭户进行入户访问;

B. 向被访者解释本次调查的目的和意义;

C. 认真、准确地填写《入户访问接触记录表》,记录调查完成情况;

D. 按要求对调查对象进行访问,并圈填调查问卷;

E. 访问过程中,回答被访者对问卷提出的各种疑问;

F. 访问完毕后,及时进行现场自审,保证每份问卷质量;

G. 如实向现场督导员反映访问过程当中出现的各种问题。

访问员所应具备的基本素质：

A. 有良好的语言表达能力、吐字清楚、能够听懂地方方言；

B. 诚实可靠、能吃苦耐劳、踏实肯干；

C. 有高度的工作责任感、耐心细致；

D. 有健康的身体和良好的心理素质；

E. 有良好的社会工作经验，熟悉宁波的人文风俗等；

F. 有充裕可承担访问工作的时间。

（二）人员培训

1. 培训方式

各区县的调查小组负责人必须接受宁波民政局委派的专业市调机构进行集中培训。各区县小组负责人在组织的各项培训中，应由一家专业市调机构现场对培训进行进一步统一标准和规范，小组负责人对调查执行小组的各级人员进行项目培训，并组织模拟访问，总结访问中出现的问题并及时纠正，调查执行小组对执行方法和问卷的准确理解。

2. 培训资料

（1）提高入户访问效果的技巧

①提前了解调查点的基本情况

在入户调查前，事先通过本市地图等渠道事先了解调查点的基本情况，包括交通路线、楼房分布、样本户分布等，避免调查当天花费过多时间寻找调查点和样本户。

②佩戴胸卡（工作证）

每个访问员都应该佩戴胸卡（工作证），入户时出示给被访者，以获得被访者的信任和支持，降低拒访率。

③入户时间的选择

通常访问员入户时间会在中午或者晚上的时间。以下为参考时间：

周一至周五：16：00—20：30

（若被访者中午回家吃饭休息，可考虑 11：30—13：30）

周六、周日：9：00—12：00，14：00—20：30

④敲门原则

在入户访问时，有可能指定的被访家庭没有人。如遇此种情况，访问员须按照"三次敲门原则"进行访问。即：两小时内不能敲第二次门；在一天内敲同一户不能超过 2 次；第二天敲门时，应错开第一天敲门时间。若三次敲门家里仍无人，则放弃该样本户。

⑤遭遇拒访

当访问员向被访者说明来意后，被访者不理解，以没有时间或其他理由拒绝访问时，访问员不要马上放弃访问，应向被访者解释一下访问的目的以及本次调查工作的访问不涉及被访者的隐私，回答无所谓对错等，并且表示只是征求一下被访者的意见，不会耽误太多时间。经过解释后，如被访者仍然拒绝访问，则放弃此被访者或被访户。

⑥克服心理障碍

认识访问工作的重要性：入户访问就是由访问员采用登门拜访的形式当面询问问题，因此入户访问实际上是两个人之间的会谈，访问员与被访者处于平等的关系，因为访问实际上是给被访者提供了一个表达其需求或不满的机会。

应树立信心，能够熟练应答，做好拒访的思想准备，拒访后调整心态，随时与上级联系。

⑦访问时的态度、语言和形体语言

访问时要保证态度、语言、形体语言中立，注意把握节奏，不要过于急迫；不要对被访者情况进行假定或诱导被访者，不替被访者确认答案，让被访者充分思考。每一位访问员都应当努力去争取访问的成功。

⑧解答被访者疑问

疑问一：为什么一定要找我们家？隔壁家也可以。

回答：我们是通过随机抽样的方法抽到您的家，您的意见就代表了我们这个社区一定范围的一群人意见，谢谢您接受我们的访问。

疑问二：我现在没空，你不要烦我。

回答：我们只是做一个简单的访问，您现在没空，那么我们预约个时间，您大概什么时间有空？

疑问三：我没有什么文化，答错了不太好。

回答：我们只是想听取您的一些想法，没有对错之分。

(2)问卷填写说明

①访问员问卷填写方法

1)填写问卷一律使用钢笔（蓝色）或圆珠笔（黑色或蓝色），严禁使用铅笔；字迹要工整、清晰。特别是阿拉伯数字要规范，不能潦草，如1和7，5和8等。

2)被访者的住址和电话是调研工作质量控制中的重要评价指标，信息必须真实、完整。如本人没有联系电话，应填写转叫的电话号码，不能空项。按与被访者开始谈话和谈话结束的实际时间，填写访问时间。如2008年3月

21 日 9 时 28 分至 9 时 50 分。

3)填写单项选择题时,访问员在被访者选中答案的序号上划圈。如果圈填错了,则在圈填错了的序号上划一单斜线,同时在正确的答案序号上划圈。如想再改回到原选答案,则在原选答案的序号左侧平行划√来确认,同时将认定错误答案的序号上划单斜线。示例:Q1 题共有 5 个备选答案,如第一次选择序号为"1"的备选答案,则应在序号"1"上划圈,即①;如认为第一次选择不对或被访者改口,并选择序号为"2"的备选答案作为正确答案,则应首先在①上向左下方划一斜线,即⊘,然后在备选答案的序号"2"上划圈,即②;如仍需改回序号为"1"的备选答案,则应先在②上划一斜线,即⊘,然后在⊘左侧平行划√,即√⊘,表明回选。

②问卷内容及解释

【封面及甄别问卷】

封面:

1)问卷编号:由督导在分发问卷之前事先编号的,不得更改。

2)"联系电话"应是一个宅电,一个公司电话(公司电话注意如果是总机的,留下分机)。

3)KISH 表:随机表内"关系称谓"需填写开门人称谓,但访问员注意对于抽取出来的被访者还是需要问他/她的姓名。针对"家里人"的界定,所说的"居住 5 天及以上"的居住地为访员敲门访问的那个住宅,不包括该住宅以外的任何一所居住地

《入户访问接触记录表》中该样本户对应的序列号的个位数

地址编号的末位数			1	2	3	4	5	6	7	8	9	0
家庭成员编号	与本人关系	年龄										
1			1	1	1	1	1	1	1	1	1	1
2			2	1	2	1	2	1	2	1	1	2
3			3	2	1	2	1	3	2	1	3	2
4			1	3	2	4	3	2	4	1	2	3

家庭成员编号

KISH 表的使用：

A. 首先查看该样本户在《入户访问接触记录表》中对应的序列号个位数是几，然后将 KISH 表的第一行地址编号栏对应的相同数字圈上，并以该数字所在列画一个纵坐标；

B. 然后在 KISH 表中第二列空格处按照年龄从大到小依次记录满足条件的家人，如果年份相同的则按照月份大小区别；

C. 满足条件的家人填好后，以最小年龄人所处的这行画一个横坐标；

D. 横坐标和纵坐标交叉的这个数字代表的家庭成员编号就是确定出来的目标访问对象，即本次的被访者。

甄别题：

1）督导在培训中注意解释甄别题的意义——选择 1 表示不符合本次调研的基本要求，保留甄别问卷，不计入成功样本；选择 2 的属于合格被访者。

2）符合老幼病残标准的住户无需问甄别题，直接进入主体问卷进行访问。

主体问卷：

【第一部分：社区基本服务】

Q1 题：社区对一些困难家庭的帮扶工作，督导在培训中注意说明，如对低保家庭、残疾人的帮助等。

Q2 题：社区对一些老年人的服务，如居家养老的义工服务。

【第二部分：社区文体教育活动】

Q7 题：督导在培训时注意解释：教育培训活动主要包括针对育婴指导、健康保健、劳动技能以及其他培训等。

【第五部分：社区民主自治情况】

Q18 题：督导在培训时注意解释：对涉及居民公共利益的相关事项，社区居委会在处理的方式方法如召开听证会、召集居民代表讨论商议等。

【第六部分：社区工作者的工作情况】

社区工作者的界定：是在社区居委会里工作的成员，不包括物业管理及其他非居委会工作人员。

【第七部分：需求度评价】

Q25 题：此题为排序题，督导在培训时注意强调此题的填答要求，可以把问卷给被访者看完后将顺序填写在空格里，但必须保证全部进行排序，遗漏无效，如果出现重要度相同的则所给数字相同，其他依次排序。1 代表最重要的，2 代表其次重要，3 代表再次重要……依次排序。

【第八部分：综合评价】

Q27 题：督导在培训时注意此题的提问方式，访问员在问及此题时一定要强调一个假设的前提条件:撇开其他如购买房产等因素,单从在本社区居住的和谐程度来说,对社区进行综合评价。

Q28 题:是一道开放题,要多追问"还有吗?",以保证被访者说出全部答案。要注意开放题的答题方式,对于开放题的记录方法:"——"每个内容开始前用此符号;"已"用于经过恰当追问后的答案,如:"不知道(已)";深度追问的答案记录在原答案后的括号里。即先广度,后深度。

3. 考核方式

通过模拟访问了解督导和访问员对项目和问卷的理解情况,对于理解不准确之处,可及时纠正。确保每个项目执行成员对项目和问卷理解准确无误之后再进入正式访问。

资料来源:师生工学结合调研项目整理资料,2008 年 9 月 30 日。

模块 2　实施正式调研

做好了实地调研前的准备工作之后,就可以实施正式调研了。其工作过程主要包括:现场执行、复核和总结评估。以下的任务则呈现完成整个工作的过程。

一、正式工作项目任务

以小组(不超过 8 人)为单位,根据项目二确定的市场调研方案,项目三设计的市场调研问卷和抽样方案,在本项目模块一所做的实地调研前的准备工作的基础上,分工协作、保质保量地完成实地调研收集数据的任务。

二、理论知识

(一)现场执行

现场执行阶段要重点做好三方面工作:现场督导、问卷管理和进度控制。

1. 现场督导

安排现场督导的目的是为了确保访问员严格按照项目的要求保质保量地完成工作。聘用有责任心、经验丰富的督导员并有效地调动其积极性,是现场督导工作能否有效的关键。现场督导工作一般可以从抽样控制、实地监控和作弊行为控制三方面入手。

(1)抽样控制。其目的是确保访问员严格按照抽样计划进行调查,而不是随便选取样本。访问员通常倾向避免那些难以接触到的住所或抽样单位,如果抽到的被访者本人不在家,访问员可能随意找一个替代样本,而不是进行回访。为了控制这些问题,督导应该定期检查抽样名单、抽中样本的访问情况和完成情况。对于进度过慢和过快的访问员,要给予格外的关注,及时发现原因并给予必要的帮助和指导。

(2)实地监控。督导需要定期检查现场调查过程是否按规范的要求进行,及时发现问题并加以解决。为了及时掌握现场工作情况和了解访问员可能面临的困难,应该通过对入户项目的陪访及定点街头访问项目的巡视、店铺观察等多种方式,让督导参与到现场的访问过程之中,从而积累项目管理控制的经验,寻找更加合理的控制项目的方法。

(3)作弊行为控制。是通过明确的奖惩措施、现场督导和复核,及时发现、纠正作弊行为。最常见的作弊行为是篡改或伪造答案,使不完整或不合格问卷成为合格问卷,或者未按项目的要求抽样或选择补充样本,或者用不合格的调查对象冒充合格对象甚至虚构整个问卷。

2. 问卷管理

有效的问卷管理对于控制现场执行的进度、及时发现和解决执行中的问题、保证数据质量具有重要作用。问卷管理工作主要包括:

(1)问卷的发放与回收

为保证问卷的质量,在问卷发放和回收时,需要掌握好问卷完成时间和发放问卷数量的尺度,既要保证正常的进度,又要防止因要求过高、工作量过大而影响问卷质量。

①时间控制

在安排问卷时,要有明确时间要求,即需在哪个时间段应完成问卷以及具体的交卷、发卷时间。如果项目有样本在时间分配上的要求,也要向访问员明确说明。

另外,督导安排问卷发放、回收的时间应固定在某一时间段,这样有利于培养访问员准时交卷的习惯,也便于对问卷进行及时的审核。

对于时间短、任务急的项目,可以安排每天问卷进行发放、回收,这样有利于督导及时掌握进度和配额。

②数量控制

数量控制需兼顾两方面要求,一是访问员实际能力及其在有效工作时间内能否完成发放的数量,超负荷要求极易导致作弊;二是每一访问员的完成量应尽量平均,减少因某个访问员访问数量太多,其操作习惯会影响到数据的客观性。

对一个访问员而言,问卷发放的数量控制基本应遵循"少、多、少"的比例,即项目初期应分配较少的问卷;中期可分配较多的问卷;后期由于涉及一些查漏补缺的工作,应相应减少问卷。

（2）问卷审核

问卷的审核主要是检查收回的问卷是否符合项目的要求。主要内容包括字迹是否清楚、被访者是否符合要求、有无漏问和逻辑错误、答案是否合理、追问是否完全等。

审核的方法:

①访问员的自审

访问员完成访问后,首先要当场审阅整份问卷,检查有无漏问,必要时应及时补问。回家后要细审、整理问卷,在填写清楚无问题后方可交给公司。

②督导审核

第一,督导一审。访问员交问卷时,督导应当场审核问卷。主要是针对甄别条件、问卷是否填写完整以及题目间的逻辑关系和地址的使用情况等。

第二,督导二审。问卷回收后,再把每个访问员的问卷集中进行全面细审,细审问卷中每道题回答的情况以及问题之间的逻辑关系。

第三,督导交叉互审。督导互相交换已审好的问卷,进行互审。

审核技巧:

①在当场一审时,可通过个别、部分模拟等形式随机抽查访问员的访问规范,以了解其对问卷的实际掌握程度。

②将同一访问员完成的问卷放在一起审核,应着重于注意六个方面:

● 地址:实际访问地址是否与要求地址相吻合(入户访问);

● 笔迹:所有问卷的笔迹是否不同,检查是否有代答现象;

● 内容:不同问卷对同一道题的填写内容是否相近,以判断访问员是否有自填的可能;

● 时间:检查问卷的访问时间分布和跨度是否合理;

● 数量:每日完成的问卷数量是否合理;

● 逻辑:访问逻辑是否合理。

③问卷答案是否与项目相关的市场信息变化有关。

④可以依据长期的审卷经验,设计项目的审卷大纲,一方面提高准确审卷的效率,一方面可以在前期培训中强调重点。

（3）审核结果处理

对出现问题的问卷可以采用如下的方法进行处理:

①问题属于可以补救的,如漏问、答案不全等,退给访问员重新补问;

②问题属于无法补救的,如问题有前后顺序的要求、配额错等,整个问卷作废。

3. 进度控制

现场执行的进度要做到有计划地、平稳地进行，一方面要遵循访问员熟悉访问需要一个渐进的过程规律；另一方面也要保证收集的数据可以反映每个时段的市场信息。具体体现在要进行时段及时间上的控制。

（1）总体时段控制

一般而言，在一个项目的实施周期中，进度的控制应遵循慢、快、慢的节奏。通常可以分为三个时间段：

第一时间段：项目开展初期，访问员需要熟悉问卷、掌握访问技巧，所以进度可适量放慢，一般完成样本量的 30%；

第二时间段：项目开展中期，访问员已熟悉问卷，进度可以适当加快，通常可以布置 40%～50% 的样本量；

第三时间段：项目开展后期，可能会涉及调整配额、补做问卷、统计数字等工作，应安排较少的样本量，大约 20%～30%。

（2）具体时点控制

例如，在入户调查中，通常对一户人家来讲，不同的时间段留在家中的人群分布是不同的，如白天，大人、小孩少，老人多；工作日在家的人少，周末在家的人多，所以选择不同的时间段进行访问，得到的结果会有所不同，这样很容易造成样本的偏差。最佳的访问时间是所有家庭成员都在家时，这样可以使每个成员得到被访问的机率是相等的。因此，为保证成功样本的随机分布，在安排访问时，应合理安排访问在工作日和节假日的密度，并需留意个别住宅区季节性人员流动的差异。

有的调研公司，把平时与周末的进度比例定为：周一～五周 40%、周六～周日 60%，可以借鉴。

（二）复核

为了保证数据质量，需要抽取一部分完成的问卷进行复核。复核比例视项目的要求和预算而定，通常在 10%～30%，但对每位参与项目的访问员都要进行复核。为了保证复核的客观性，负责问卷复核的复核督导和复核员，要有丰富的现场调查经验，熟悉各种弄虚作假的方法，且大规模调查的复核督导和复核员应由未参加现场访问工作的人员担任。

复核的内容包括：

1. 访问完成情况复核。询问受访者是否确实接受过访问、访问的时间和长度、受访者对访问员的反映以及基本的人口统计信息。目的是核实访问员是否按要求完成了访问，以及受访者是否合格。

2. 重点问题复核。按问卷的措词抽取重点问题重新询问，检查答案是否一致,判断完成问卷的可信度。

可以采取电话复核和实地复核相结合的方法,具体比例视项目的实际情况而定。注意进行复核时,要让受访者感到是为了确保资料的准确而不是考核访问员的工作;要注意询问技巧,旁敲侧击,有针对性;要保留复核的原始记录。

(三)总结与评估

现场工作完成之后,要及时进行总结和评估,为执行过程保留完整的记录,也为今后工作的改进打下良好的基础。要注意养成及时完成书面执行总结的良好习惯。评估内容包括工作流程、访问员表现和执行质量三大方面。

1. 工作流程评估。主要包括工作流程是否合理、人员配备是否恰当、分工和要求是否明确、现场督导是否到位、复核是否充分有效。要注意分析问题并提出改进建议。

2. 访问员评估。评估标准通常包括工作态度、工作效率和调查质量。

3. 执行质量评估。评估标准主要包括访问员的工作效率和调查质量。

(1)访问员的工作效率。包括访问成功率和每天完成的问卷数量。

(2)调查质量。调查质量的评估除了直接观察调查过程,考察访问员是否按规范的要求进行访问外,主要依赖问卷复核的结果。

三、实践操作

正式调研工作过程主要包括:现场执行、复核和总结评估。但实际工作步骤视不同的数据收集方法有所不同。例如,入户调研,现场执行中可能没有现场督导,这时一定要有复核。

而对于拦截访问调研,可能无法进行问卷的复核工作,这时现场执行过程中的督导的责任将非常重大,需要不同类型的督导各司其职,共同努力来控制调研的质量。一般设有现场督导来巡视拦截区域及访问区域的情况,对不正确的操作或出现的问题进行及时纠正;设甄别督导对被访者进行甄别;设审卷督导对问卷进行审核;设质量控制督导以陪访和检查质量。对于传统的电话调研,既需要现场督导现场监督访问员的访问,又需要访问后期的电话复核。为了高效、优质地完成正式调研工作,一般可以参照以下程序实施正式调研工作:

(一)组织好现场执行工作

从事现场执行工作的有督导和访问员两类人员,他们的工作流程分述如下:

1. 督导的工作内容与流程

①安排问卷发放和回收;

②现场巡视和陪访；

③现场审核访问员提交的问卷。

2.访问员的工作内容与流程

访问员须服从现场督导员的安排。访问时，手持调查问卷对被访者进行面对面的访问。具体工作流程如下：

①按照抽样计划要求进行抽样；

②向被访者解释本次调查的目的和意义；

③按要求对调查对象进行访问，并圈填调查问卷；

④访问过程中，回答被访者对问卷提出的各种疑问；

⑤访问完毕后，及时进行现场自审，保证每份问卷质量；

⑥如实向现场督导员反映访问过程当中出现的各种问题。

（二）做好问卷的审核和处理工作

这一阶段的工作主要是督导来完成。其工作流程如下：

①检查抽样计划完成情况；

②对回收到公司的问卷进行审核；

③及时处理发现问题的问卷。

（三）重视问卷的复核工作

这一阶段的工作主要是由复核督导和复核员来完成。其工作内容是抽取一部分问卷进行复核（复核比例通常在 $10\%\sim30\%$）。

复核的办法是：

在访问员提交的问卷中对有电话号码的进行电话复核，无电话号码的问卷进行实地复核。

电话复核操作步骤：

①拨通被访者电话，询问被访者是否在家，如在家可继续访问；如不在家则预约时间访问。

②介绍自己是某个市场研究公司开展××调查的访问员，告诉被访者你要对前一段时间开展的调查活动进行一次回访，占用他（她）一两分钟的时间，然后致谢。

③若被访者拒绝访问时，你要诚恳地向他（她）解释你回访的目的，希望得到他（她）的帮助，并告诉被访者他（她）的帮助对我们的工作有非常重要的作用。

④复核内容：

1）问其是否接受过访问，在哪里接受的访问，访问时间持续多长。

2）询问问卷中一些基本的客观问题。

⑤当复核过程中被访者不耐烦、不理解时,复核员可向被访者解释"您的回答首先是对我们的工作起了非常重要的作用;二是确保统计数据不会有偏差;为了得到您更准确的想法,所以我们再重新核实一下问卷上所填写的答案是否是您的真实想法"。

⑥当复核结果与问卷内容不一致时,复核员应耐心地询问被访者接受访问时所回答内容的原因,并用原话记录。

⑦复核结果与问卷内容完全一致的,就是复核合格问卷;复核结果与问卷内容大部分或完全不一致的问卷,为伪卷。

⑧向被访者致谢,告辞。

(四)及时进行总结和评估

这一阶段的工作主要以督导报告来体现。

四、问题与经验

为了保证实地调研的质量,确保及时取得准确、可靠的数据资料,在正式调研中,应该特别注意市场调研道德。

1. 调查员在现场执行过程中应该遵守起码的职业道德。应该尽量使调研对象感到舒适,并在自愿的基础上参与调查;要尊重调研对象拒绝回答敏感问题甚至终止调查的权利,不要过分地勉为其难;要尊重调研对象的隐私和感受,给调研对象留下良好的印象,以方便以后调研活动的开展;在任何情况下不得以调查的名义进行推销活动。

2. 对委托方负责。现场工作的执行方应按照规范的程序操作,并向委托方如实报告执行情况;要采取有效措施预防和制止调查中的作弊行为;要严格遵守与委托方达成的保密协议。

五、参考范例

××项目执行手册
——正式调查实施:入户访问

本案例是本项目模块1参考案例的继续。

一、流程步骤

第一步:访问前的准备工作

为了顺利地完成本次访问工作,访问员必须在访问前做好如下准备工作:

1. 熟练掌握问卷结构及内容。访问员在访问之前必须熟练掌握问卷。为了达到熟练问卷的目的,访问员可自行寻找一些模拟被访者进行试访,如

熟悉问卷并带齐所有访问工具

↓

按《入户访问接触记录表》中的地址找到被访户

↓

向被访户作自我介绍，请被访户同意接受访问

↓

根据随机数表找到合适的被访者

↓

填写《入户访问接触记录表》，记录样本户访问状态

↓

对被访者进行问卷访问

↓

访问结束后，访问员自审

↓

访问结束感谢被访者

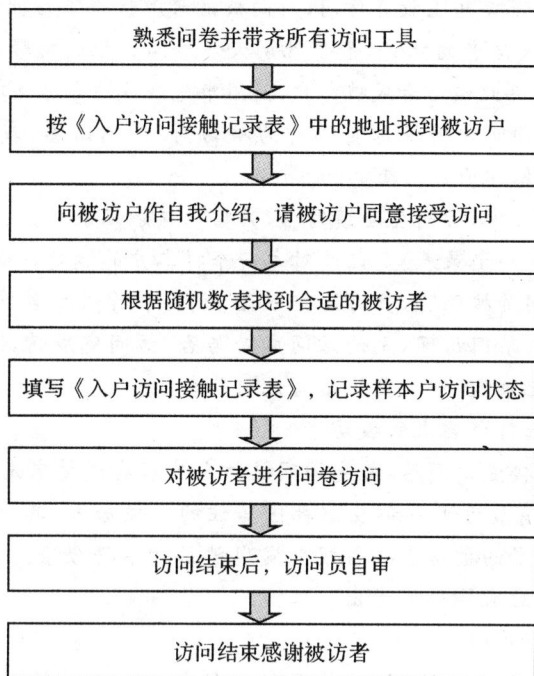

发现问题，及时向现场督导员询问，以避免正式访问时受阻。

2. 准备好访问所用的一切材料。包括：调查问卷（有民政部门盖章或介绍信）、自己的有效身份证件、工作证件、《入户访问接触记录表》（样本户及备份样本户名单，向现场督导员索取）、记录用的笔等。注意检查问卷是否缺页。

3. 做好必要的心理准备。访问员的工作是十分辛苦的，在访问过程中会遇到形形色色的人和各种各样的问题。例如：被访者拒访、访问中途受阻等。这需要访问员具有充分的心理准备和良好的心理素质。

第二步：找到被访户

访问员在正式访问时，由现场督导员带领到达被访地点。访问员根据《入户访问接触记录表》找到被访户。

访问员找到被访户后，就要进行访问。访问员在访问时应佩戴工作证。进行访问时首先要向被访者介绍清楚自己的来意并出示自己的工作证件：我是×××调研公司的访问员，我们受××委托，正在进行社区满意度测评方面的调查工作，你家是随机抽样抽中的代表，希望耽误您和您的家人一些时间进行访问，谢谢您的合作！访问员注意，这部分内容在访问进行之前要熟记。达到在访问时脱口而出的效果。表达时应注意简明扼要，减少啰嗦用语。

当访问员向被访者说明来意后，被访者不理解，以没有时间或其他理由拒

绝访问时,访问员不要马上放弃访问,应向被访者解释一下访问的目的,并且表示只是征求一下被访者的意见,不会耽误太多时间。经过解释后,如被访者仍然拒绝访问,则放弃此被访者或被访户,使用事先准备的备份样本进行访问。

如果被访者询问为何挑选自己作为被访对象,则回答:我们是通过科学的抽样方法找到您作为被访者的。

在此访问过程中,访问员要填写《入户访问接触记录表》。

《入户访问接触记录表》是记录对每一个样本户的调查完成情况的表格。

访问前,访问员按照《入户访问接触记录表》中所列的名单找到被访户家庭,然后依顺序去敲门访问,无论访问成功与否,访问完成情况均相应记录到《入户访问接触记录表》中。具体填写说明见表2。

第三步:挑选符合要求的被访者

被访户同意接受访问后,首先询问被访人其家庭成员中是否有年龄在20～70岁之间的,有最近半年都在该社区居住的常住居民;其次利用KISH表挑选符合访问要求的被访者。当甄别发现被访者不符合条件终止访问时,访问员经必要解释后有礼貌地退出。

第四步:进行访问

当被访者接受访问时,访问员开始进行访问。在访问时应该注意以下几点:

(1)访问员要严格按照问卷的提问顺序向被访者提问,不要颠三倒四、前后颠倒地乱提问。

(2)访问员向被访者提问时要注意口齿清晰,把问题朗读清楚,不要篡改问题的原意。

(3)访问员在访问过程中要始终保持态度中立,不能以自己的思维引导、诱导或影响被访者回答问题。

(4)访问时要保证让被访者自己回答完整的问卷。如果访问现场有第三者想帮助或代替被访者回答问题,访问员应礼貌地向他(她)解释:访问要由被访者独立回答,若想参与回答,可等访问结束后再征求他(她)的意见。

(5)访问员要注意控制访问速度,每个问题都要让被访者做出充分的回答。有些被访者在谈话中容易脱离主题,此时,访问员要学会引导被访者走入正题,以免造成不必要的时间浪费。

(6)如果访问中途被访者不想再接受访问了,访问员要注意稳定被访者的情绪,告诉他(她)很快就要完成整个访问了,希望能够配合把访问完成。如果被访者仍拒绝继续访问,则将此份问卷作为废卷处理。

(7)如果被访者比较配合访问,但在访问中途由于某些原因(如:家中来

入户访问接触记录表

居委名称：＿＿＿＿＿　区＿＿＿＿＿　街道＿＿＿＿＿　居委会＿＿＿＿＿　访问员姓名：＿＿＿＿＿　抽样员姓名：＿＿＿＿＿

（批注）记录样本户及备份样本户详细地址

（批注）在表中用"√"记录相应的样本接触过程及结果

序号	样本地址	敲门次数 1 日期／时间	敲门次数 2 日期／时间	敲门次数 3 预约 日期／时间	完成原因（住户拒访／三次到户未能接触）无适合年龄	拆迁	不是居民	空置	其他注明	接受访问者（拒访／三次到户未能接触）终止访问原因	男	女	其他注明	访问成功 问卷编号	被访者姓名	记录
		日期—　时间—	日期—　时间	约　时间												

注释：1. 敲门次数1、2：在敲门次数里注明敲门时间

2. 敲门方法：A.两小时不能敲第二次门
B.在一天内敲同一户不能超过2次
C.第二天敲门时，应错开第一天的敲门时间

客人、需要马上出门办事等)不能继续接受访问,此时需要访问员与被访者预约一个空闲时间,再次进行入户访问,将剩余的问卷完成。

(8)访问员要学会将被访者回答的答案有理有据地归类。即不能将被访者的答案随便归入问卷提供的答案。

(9)访问员在访问始终都要使用礼貌用语。不要直呼其名,要以"您"相称。对于青、中年被访者要用"先生"、"女士"等称呼;对于老年被访者要用"大爷"、"大妈"、"爷爷"、"奶奶"等尊称。

(10)访问年龄较大的老人时,要把问题表述清楚,避免引导回答,要比访问普通被访者更加耐心和细心。

(11)注意保持卷面干净整洁。

第五步:访问结束,访问员自审

访问结束当场,访问员应该及时进行问卷自审,以确保问题答案填写准确无误,确认问卷中无漏项,如发现问题马上补救。确认已正确填写的被访户家庭地址及有效的联系方式(电话、手机、小灵通等),以便复核问卷时使用。当被访者不愿提供联系电话时,需要向被访者解释:留下您的电话是为了方便监督我们的工作,要根据您留下的电话核实我是否对您进行过访问。如果被访者仍然拒绝留下电话,则在被访者联系方式一栏上填写"拒答"。

访问员注意:每个访问员所访的问卷中只允许有 20% 以下的问卷出现拒绝留电话的问卷,超出 20% 的部分,将不予接收。

最后,再次强调,不论是被访者拒访还是访问成功,访问员都要随时填写《入户访问接触记录表》,记录整个访问情况,以方便有条理、有次序地进行下面的访问。

第六步:整理问卷

访问员在交回问卷之前,还应再次检查一遍问卷,确保无漏问、漏填,确保正确地圈出答案,若发现答案前后不一致,应写下解释,还需审查是否有需要向被访者澄清的答案,若有的话,向被访者及时确认,在问卷中的相关部分做书面的注释。

如发现问卷有错误,则应该回到被访者家中进行补问,或通过被访者留下的联系电话进行补问。不得私自代替被访者补填问卷。除此之外,访问员还要将问卷按要求分类整理等。在交回问卷时,应将《入户访问接触记录表》、废卷、空白问卷一同交回。

第七步:现场督导员一审

访问员在交回问卷时,现场督导员将交回的问卷当场全部进行一审。如果问卷存在质量问题,要求访问员电话回访或入户回访,并登记没有问题的问卷,由访问员签字,现场督导员签收。

现场督导员注意:每一个访问点访问结束后,要统计样本完成情况。

要特别强调的注意事项

(1)对于入户访问,访问员必须在被访者家中进行访问。绝不允许访问员在街边或居住小区空地进行访问。如发现访问员不按此规定进行访问者,均视为伪卷。如果被访者只允许在户外进行访问,则放弃对此户的访问。

(2)访问员在访问过程中遇到技术问题都要及时与现场督导员联系询问解决方案,不得私自解决。

二、质量控制流程和标准

1. 质量控制流程

(1)培训到位

实施培训,均是面对面的集中培训,培训后都有模拟访问、模拟指控等,确保项目参与者对项目和问卷准确理解,并准确掌握工作流程及方法。尤其重要的是必须统一培训方式、培训内容、培训标准、培训考核等。的确需要在不同地点进行同一内容的培训时,必须是由标准制订者现场指导培训。

(2)抽样员与访问员分离

抽样员与访问员不能是同一个人。抽样员必须严格按照抽样方案的规定进行抽样,并记录样本户及备份样本户的地址及具体的地理位置。入户访问时,访问员必须按照抽样员记录的样本户地址进行入户访问,并在《入户访问接触记录表》上如实记录样本接触情况。

(3)执行督导现场监督

在访问现场,必须有执行督导进行指导监控。确保访问员按照访问要求进行访问,并及时地对问卷进行审核,发现问题,及时在现场解决。

(4)多重审核

各级问卷审核均为100%审核,通过问卷审核,检查问卷填写的完整性、规范性,确保问卷没有漏填、错填、逻辑错误等情况的出现。

- 访问员自审:访问员在访问现场对问卷进行审核。
- 现场督导审核:现场督导对访问员提交的问卷在现场进行及时审核。
- 审核督导审核:各区/县的审核督导对回收到公司的问卷进行审核,审核过程中发现的问题,记录在《审核问卷错误记录表》中,将记录表上报给项目经理。《审核问卷错误记录表》具体填写方法见下表:

审核问卷错误记录表

项目名称:社区满意度调查　　　项目编号:

区、县:　　　　　　　　　　　审核时间:

编号	出错问卷编号	出错题号	出错情况	访问员姓名	被访者电话	审核员姓名

(5)多重复核

复核质量控制的一个重要环节,通过回访核实访问员所完成的问卷的真实性,确保每一份问卷的真实性,消灭伪卷。

● 执行督导实地复核:执行督导在访问员提交的问卷中对无电话号码问卷进行实地复核。

● 复核督导电话复核:各区/县对回收的问卷抽取30%进行电话复核。

● 电话复核操作步骤:

A. 拨通被访者电话,询问被访者是否在家,如在家可继续访问;如不在家则预约时间访问。

B. 介绍自己是某个市场研究公司开展社区满意度调查的访问员,告诉被访者你要对前一段时间开展的调查活动进行一次回访,占用他(她)一两分钟的时间,然后致谢。

C. 若被访者拒绝访问时,你要诚恳地向他(她)解释你回访的目的,希望得到他(她)的帮助,并告诉被访者他(她)的帮助对我们的工作有非常重要的作用。

D. 复核内容:

a)问其是否接受过访问,在哪里接受的访问,访问时间持续多长。

b)询问问卷中一些基本的客观问题。

E. 当复核过程中被访者不耐烦、不理解时;复核员可向被访者解释"您的回答首先是对我们的工作起了非常重要的作用;二是确保统计数据不会有偏差;为了得到您更准确的想法,所以我们再重新核实一下问卷上所填写的答案是否是您的真实想法"。

F. 当复核结果与问卷内容不一致时,复核员应耐心地询问被访者接受访问时所回答内容的原因,并用原话记录。

G. 复核结果与问卷内容完全一致的,就是复核合格问卷。复核结果与问卷内容大部分或完全不一致的问卷,为伪卷。

H. 向被访者致谢,告辞。

2. 质量控制标准

(1)问卷审核标准

① 问卷分为四个部分,每个部分具体审核标准如下:

第一部分:封面包括问卷编号等各种代码、被访户详细地址;访问员、现场督导员、审核员、复核员姓名等内容。检查以上问卷各项填写是否清楚、完整。

第二部分:KISH 表及甄别部分,检查 KISH 表是否正确,甄别是否正确。

第三部分:问卷正文是问卷中最重要的部分,也是最容易出错的部分。由于它包括的内容很多,涉及问题不同,审核员在审核过程中应本着认真负责的态度,对每个不同类型的问题都要进行逐一检查。

具体操作如下:

A. 按照问卷题目顺序检查是否漏填或逻辑错误等;

B. 根据不同的题目、要求进行审核;

C. 检查圈填答案是否符合该题的题型要求。

② 审核员在完成常规审核之外,还要注意数据填写是否符合常理,对出现异常数据的问卷及时向审核督导汇报。

(2)问卷复核比例

实地复核没有被访者联系电话问卷,100%;电话复核,30% 。

(3)问题问卷、废卷、伪卷的界定及处理

① 问题问卷的界定及处理

A. 问题问卷的界定

问卷中出现下列情况之一,视为问题问卷:

↘ 问卷封面上的编号有修改;

↘ 被访家庭地址不清;

↘ 问卷有圈填不清之处;

↘ 有未圈填答案的题目;

↘ 基本情况资料不齐全;

↘ 所选答案之间前后矛盾(注意互斥选项)。

B. 问题问卷的处理

在审、复核的过程中发现问题问卷应及时电话回访,无法在电话中补救,则作为废卷处理,所缺样本需要在同一调查点中补。

② 废卷的界定及处理

A. 废卷的界定

问卷中出现下列情况之一者,视为废卷:

↘ 被访户地址或电话填写不清、不全、不具可追溯性；

↘ 题目漏答、错答超过 5 项。

B. 废卷的处理

若由于废卷而导致最终有效问卷数量不足，则补齐。

③ 伪卷的界定及处理

A. 伪卷的界定

问卷中出现下列情况之一，视为伪卷：

↘ 未进行访问而填写的问卷；

↘ 问卷中一部分问题未经过访问而私自填写的问卷；

↘ 不在抽样的样本户或者备份样本户内访问的问卷；

↘ 选择的访问对象错误，或未按选中的对象进行访问。

B. 伪卷的处理

经复核确认为伪卷的，该访问员的全部问卷作废，该抽样区/县应重新组织调查，补齐因该访问员所作废的样本量。

三、附表

附表 1　审核问卷错误记录表

日期：

编号	出错问卷编号	出错题号	出错情况	访问员姓名	被访者电话	审核员姓名
1						
2						

附表 2　复核问卷错误记录表

日期：

编号	出错问卷编号	出错题号	复核发现的问题	访问员姓名	被访者电话	复核员姓名
1						
2						

四、项目运作督导报告

×××区（县）项目运作督导报告

（一）项目执行内容

本次针对×市×区 62 个社区辖区的居民采取入户访问的方式进行调查，

共计有效问卷4076份。

(二)项目执行时间

2008年7月27日—2008年9月7日。

(三)项目运作总结陈述

本次调查的目的是测评居民对所居住的社区各方面的满意程度,从而为×市现代化和谐社区的评比提供支撑材料。本次调查安排项目运作主管1名,项目督导15名,另组织项目管理人员4名,访问员由接受过FZERO专业培训的大学生担任。

2008年7月25日下午,组织访问员培训。为了防止不同认识或意识导致的不同理解,严格按照《项目实施规范手册》,对访问员和审核人员进行标准化和规范化的培训。培训内容主要包括访问调查的基础知识、实地抽样、问卷指标和内容的讲解等,还分小组进行现场模拟练习。7月26日上午,对访问员再次进行培训,培训内容主要是如何正确处理在访问过程中可能发生的问题和一些突发事件。按10%的比例做了预调查,并对所做的预调查进行总结。

7月27日上午调查正式开始,整个访问于9月7日结束,历时一个月零12天。各访问员每天(除双休日外)于下午4:30左右到达指定的访问地点,在督导人员的带领下开始进行访问。在访问中,访问员将完成的问卷及时交督导一审,发现有问题立刻在现场解决。调查方案规定,样本中必须保证被访户同意接受访问后,首先询问被访人其家庭成员中是否有年龄在20~70岁之间的,有最近半年都在该社区居住的常住居民;其次利用KISH表挑选符合访问要求的被访。当甄别发现被访者不符合条件终止访问时,访问员经必要解释后有礼貌地退出。可是根据社区居委会所提供的资料,有许多样本户无法联系上,原因有许多,有的年龄不符合,有的搬家,有的是出租户而非本人,有的电话无法接通或不存在,这给调查带来了相当的难度。

在访问过程中,有的区域拒访率很高,很多群众都不配合调查,有些社区保安及工作人员态度不好,一些比较老的社区和比较高档的社区表现尤为明显,这也给调查增加了一定的困难,有的社区甚至还出现抢问卷事件,如车站社区、秀水社区、青林弯社区等,后来民政局出现协商才算解决,但是值得欣慰的是有许多群众还是很支持这个调查访问的,都会积极配合。由于个别访问员对问卷存在理解上的差异,于第二天对其所做的问卷作了补救措施。

督导在审核中,对于不符调查对象的问卷和漏答的问卷予以作废或由原访问员重新访问。对于回答高度相似的或有逻辑性错误的问卷,督导要求访问员追问原因或重新访问。最后未发现原则性错误,问卷质量良好。下表是问卷的访问情况和复核情况。

问卷访问情况表

到访户数			10412		
成功访问户数			4080	成功率	39.2%
未成功访问户数			6332	未成功率	60.1%
不成功的原因	被访户不成功原因	空关	996		
		拒访	2165		
	被访户不成功原因	三次未遇	583		
		拒访	2419		
		条件不符	169		
此次项目拒访率			72.4%		

问卷复核情况表

成功访问户数	4080	总复核份数	1560	复核率	38.2%
复核出错户数	45	复核出错率	2.9%	废卷数	4
访问员总人数	150	被复核访问员人数	150	访问员被复核率	100%
访问员出错人数	19	访问员出错率	12.7%	其他	

×市×市场调研咨询有限公司

2008 年 9 月 25 日

资料来源:师生工学结合调研项目整理资料,2008 年 9 月 30 日。

项目五
市场调研数据的整理

【项目概要】

　　数据的获得不仅仅是数据收集过程的结束,更是分析研究的开始。而在数据收集到数据分析之间,不可或缺的便是数据整理这一环。市场调研数据的整理是一个循序渐进的过程。同时,在每个阶段数据整理又有不同的侧重。一般说来,数据整理包括以下几块内容:在数据整理的初始,主要内容是对原始数据资料的检查、接收和校对;在数据整理的中期,主要内容是数据资料按照一定的编码原则进行编码,并将经过编码的数据输入计算机的存储设备(软盘、硬盘或闪存)中,这样便可供计算机统计分析了;在数据整理的后期,需要对数据做进一步的净化和统计预处理。所以,在这一项目里包括审核调研得到的原始数据、利用 SPSS 编码、录入数据、利用 SPSS 编制统计表(图),显示数据三个模块。为了使同学们具备完成整理市场调研数据这一工作任务所需要的技能,我们按照市场调研数据整理的工作步骤,在各个模块里分别设计了相应的工作任务,并提供了参考案例。

【学习目标】

　　能力目标:能整理市场调研数据。

　　知识目标:了解市场调研数据整理的目的;掌握数据的审核方法;掌握数据的编码和录入技术;掌握频数分布表(图)的制作方法;熟悉统计表的结构和编制原则;掌握不同类型数据的整理方法;掌握利用 SPSS 软件制作频数分布表(图)的方法。

　　素质目标:培养团队合作精神;培养严谨、敬业的职业态度;培养学生独立分析问题的能力;培养学生 SPSS 软件操作的能力;培养学生书面文字表达能力。

任务	能力目标	知识目标	素质目标
模块 1：审核调研得到的原始数据	能审核调研得到的原始数据或二手资料，并采取补救措施	熟悉原始数据审核的内容 掌握审核原始数据的程序和方法	培养团队合作精神 培养严谨、敬业的职业态度
模块 2：利用 SPSS 编码、录入数据	1. 能正确编码调研数据 2. 能正确录入调研数据	掌握编码技术 掌握数据录入技术	培养团队合作精神 培养学生 SPSS 软件操作的能力 培养严谨、敬业的职业态度
模块 3：利用 SPSS 编制统计表（图），显示数据	能归并、汇总市场调研数据，发现数据分布的规律性	熟悉次数分布、频数、频率等相关概念 掌握利用 SPSS 归并、汇总原始数据的方法 掌握频数分布表（图）的编制规则 掌握利用 SPSS 编制频数分布表（图）的方法 熟悉解释数据分布规律的常用表达方法	培养学生独立分析问题的能力 培养学生 SPSS 软件操作的能力 培养学生书面文字表达能力

【开篇案例】

问卷调查数据的编码

在啤酒调查问卷中，有一开放式问题：为什么你喜欢 A 品牌的啤酒？被调查者回答的答案汇总后列于表 5-1，现在将这 17 种答案进行合并分类和编码后列于表 5-2。

表 5-1　回答答案统计表

1	因为它口味较好	10	我已经喝了 20 多年了
2	它具有最好的味道	11	它是大多数同事喝的品牌
3	我喜欢它的口味	12	我的所有朋友都喝它
4	我不喜欢其他啤酒太重的口味	13	这是我妻子在食品店里常买的品牌
5	它最便宜	14	这是我妻子/丈夫最喜欢的品牌
6	我买任何打折的啤酒，它大部分时间都在打折	15	我没有想过
7	它不像其他牌子的啤酒那样使我的胃不舒服	16	不知道
8	其他牌子使我头痛，但这种不会	17	没有特殊的原因
9	我总是选择这个品牌		

表5-2 回答答案的合并分类和编码

回答类别描述	表5-1的回答	分配的数字编码
口味好/喜欢味道/比其他味道好	1,2,3,4	1
低/较低的价格	5,6	2
不会引起头痛/胃不适	7,8	3
长时间喝/习惯	9,10	4
朋友喝/受朋友影响	11,12	5
妻子/丈夫喜欢喝/买	13,14	6
不知道	15,16,17	7

—— 小思考 ——

① 本案例中的开放式问题是怎么编码的？

② 请列出开放式问题的编码步骤。

那么,封闭式问题又是怎么编码的呢？封闭式问题中的单选题和多选题的编码有什么区别？通过本项目的学习,我们不仅可以掌握数据编码的方法,知道编码的作用,而且可以对如何整理市场调研数据有一个全面的了解。

模块 1 审核调研得到的原始数据

原始数据的加工整理首先要重视对收回的问卷或调查表进行审核,以确认有无问题,并采取补救措施。要想做好这一工作,必须掌握审核市场调研数据的工作过程,包括:检查调研得到的原始数据,规范地接收原始数据,校对调研得到的原始数据等。以下的任务则呈现完成整个工作的过程。

一、正式工作项目任务

以小组(不超过8人)为单位,对项目四实地问卷调研得到的原始数据进行审核。

二、理论知识

在市场调查实践中,原始数据的审核一般指的是对完成的问卷资料的审核。问卷审核是检查问卷填写的完整性和质量,发现和纠正问卷填写中的错误。这项工作应该在实地市场调研过程中就开始了。

（一）原始数据审核的内容

1. 齐备性。检查收回的问卷的份数是否齐全，是否达到了调研方案设计的样本量的要求。

2. 完整性。检查问卷填答的项目是否完整。不完整的答卷一般可分为三种情形：第一种情形是大面积的无回答，或者相当多的问题无回答，对此应作废卷处理；第二种情形是个别问题无回答，应视为有效调查问卷，所留空白待后续工作采取补救措施，或将它直接归入"暂未决定"或"其他答案"中；第三种情形是有相当多的调查问卷对同一问题无回答，仍作为有效调查问卷，对此项提问可作删除处理。调研者对此可作如下思考：这个问题是否用词不清而让被调查者无法理解，是否太具敏感性或威胁性，而使被调查者不愿意回答，或者根本就无法给此问题找到现成的答案。

3. 准确性。检查问卷中的项目是否存在填答错误。一般也有三种情形：一是逻辑性错误，表现为某些答案明显不符合事实，或者前后不一致。对这类错误能够用电话核实的可进行更正，无法核实的按"不详值"对待；二是答非所问的错误，这种错误到了审核阶段一般很少存在，一旦发现应通过电话询问进行纠正，或者按"不详值"对待；三是乏兴回答的错误，这类错误一般是被调查者对回答的问题不感兴趣，如问卷中所有的问题答案都选择某一固定编号的答案，或者以笔带过若干个问题。如果这种乏兴回答仅属个别调查问卷应彻底抛弃，如果乏兴回答的答卷有一定的数目，且集中出现在同一类问题群上，应把这些问卷作为一个独立的子样本看待，在资料分析时给予适当的注意。

4. 时效性。检查调查访问时间和数据的时效性。一般来说，访问员应在规定的访问期限内完成所有样本单位的访问，如果因某种原因延误了访问，则应作出不同情况的处理，若延误访问对调查结果没有数目影响，则问卷仍然是合格的；若延误访问影响到数据的时间属性不一致时，则应废弃此问卷。

5. 真伪性。检验问卷的真实性，评价访问员是否存在伪造问卷的行为。一般采用抽样复检的办法，核实访问员是否到访，以及访问的时间、地点等。若发现访问员伪造问卷，则应作废弃处理，并重新派员重访。

（二）审核的作业方式

实行一卷或一表从头审到尾，有利于贯彻审核的一致性原则和明确审核员的责任，而分段作业和分段审核，容易产生责任不清的问题。

三、实践操作

调研人员熟悉了原始数据审核的内容之后，就可以开始审核调研得到的

原始数据了,本部分将呈现审核原始数据的过程。审核调研得到的原始数据需要完成以下三个步骤:

(一)原始数据的检查

数据资料的检查主要是对回收问卷的完整性和访问质量的检查,目的是确定哪些问卷可以接收,哪些不能接收,对不能接受的问卷还要决定是要采取作废处理还是采取别的方法进行补救处理。

经过市场研究实践总结,以下情况的问卷是不能接收的:

1. 所收问卷明显是填写不完整或缺失,例如缺页。

2. 调研对象的回答表明他没有弄清楚问题的含义或没有阅读说明,例如有些不必回答的问题却回答了,该跳答的没有跳,该多选的单选,该单选的多选,开放题没有作答或答案不符合题意。出现了许多不合理的或有明显逻辑错误的答案,例如问卷中前后问题的答案不一致等。

3. 调研对象没有如实回答问题,例如报告的收入普遍偏低,分布不合理等。

4. 调研对象的回答差异性不大,例如有的调研对象填写 7 级量表时总是选择 4。

5. 受访对象不符合调研要求,例如样本构成不符合配额的要求,受访者不合问卷甄别要求。

6. 问卷回收超过了时限。

(二)原始数据资料的接收

完成的问卷就是获取数据的原始文件,对原始文件的接收管理是数据整理的重点所在。接收问卷时应详细记录接收时间、上送人(访员或者督导),并在问卷的首页规定框或者醒目的位置上为该问卷进行编号。对于有多个接收者的,还须有详细的接收者签名。这些要求和规范一方面是为日后的数据整理乃至数据分析建立唯一的查询路径,同时也是要每位项目参与者明白自己身上的责任。

(三)原始数据的校对

原始数据的校对是指在数据的初检、接收完成后进行的进一步检查,主要侧重点是对接收到的问卷中不合要求项的校对,便于后面的编码、录入和整理。如果发现不正确的答案,通常采取以下四种方法处理:

1. 给出估计值。当发现答案不正确或缺失时,可以想办法根据已有的信息,给出一个合理的估计值。例如,当问卷显示受访者曾经购买某一品牌,但回答知道或听说过哪些品牌时却没有在该品牌上画钩,这时可以假设该受访者应该知道或听说过该品牌。在没有更可靠的办法时,也可以采用样本均值或中位数作为估计值,或与其他相关变量进行回归,求出估计值。

2. 设为缺失值。如果无法给出一个合理的估计值,可以考虑设为缺失。这种方法适用于含缺失值的问卷较少或者有缺失值的变量不是关键变量的情况。

3. 放弃整份问卷。如果总体样本量很大,不合要求问卷比例很小,且每份不合要求的问卷中,不合要求的答案比例很大或者关键变量值缺失,但又无法退回给调查员返工时,可以考虑放弃整份问卷。

4. 返回调研现场重新调查。当总体样本量很小,不合要求问卷比例较高时(超过10%),需要将不合格问卷退还给调查员返工,同时加强对调查员的现场监督,确保重新访问的质量和成功率。

四、问题与经验

通过本模块的学习,我们要解决审核市场调研数据的问题。在本模块里,我们需要注意以下几个问题:

(一)数据审核的工作,应该在实地市场调研工作仍在进行、第一批问卷返回时就着手进行。此时如果发现问题,可以及时调整现场工作,以便获得更满意的数据。

(二)原始数据即问卷检查通常应该在实地调研工作实施过程中进行。如果实地调研工作是交给数据收集公司进行的,则调研人员应该在其结束之后再进行独立的检查。

五、参考范例

百货商店项目的数据准备

在百货商店项目中,数据收集采用入户人员访谈的方式。访问员上交问卷后,由督导员进行编辑,首先检查问卷填写是否完整、一致,答案是否清晰。不合格问卷将返回调查现场,由访问员再次联系访问对象以获得必要信息。删除了9份不合格部分比例过大的问卷,因此最终的样本规模为271。

为问卷编码编制了编码字典。因为问卷中没有开放式问题,本例中编码工作相对比较简单。数据经过键盘输入电脑形成了SPSS数据库,对其中大约25%的数据进行了输入错误的检查。通过确认超出正常范围和逻辑上不合理的答案,对数据进行了清理。大部分排序性数据是通过6级量表得到的,所以0、7、8被视为超出了正常范围,用9代表缺失值。

含有缺失值的问卷被整例删除,因此有缺失值的访问对象都未包含在分析中。选择整例删除的方法是因为含有缺失值的样本量很小,同时样本规模足够大。在对数据进行统计整理时,将定类变量转化成了虚拟变量,并根据原始变量生成了一些新变量。例如,把对 10 家百货商店熟悉程度排序的数据加总,生成了熟悉度指数。最后,调研人员制定了数据分析策略。

资料来源:(美)纳雷希·K.马尔霍特拉著,涂平译:《市场营销研究:应用导向》,北京:电子工业出版社,2006 年 9 月。

模块 2 利用 SPSS 编码、录入数据

调研得到的原始数据经过审核,变成了合格的数据之后,调研人员就可以利用统计整理的方法将其变为有序、系统、条理、满足数据分析要求的数据了。但是,数据的统计整理需要借助于分析软件(本书主要利用 SPSS 作为分析软件)来进行,因此必须将调研得到的原始数据首先转化为计算机可以识别的语言并录入电脑,才可以开始数据有序化整理的过程。这个环节就是将数据利用 SPSS 编码、定义、录入计算机转化为 SPSS 数据库的过程。以下的任务则呈现完成整个工作的过程。

一、正式工作项目任务

以小组(不超过 8 人)为单位,将经过本项目模块 1 审核之后的原始数据,利用 SPSS 软件编码和录入电脑,形成数据库。

二、理论知识

数据编码就是将调研数据转化为分析软件可以识别的代号或数字的过程,它是根据问卷中所含信息及预先设计好的编码规则,将每一个观察变量赋予相应的数值或符号的过程。现在,人们一般都习惯用数字而不是字母,这样便于录入、整理和分析。

(一)编码规则

进行编码时,必须遵循以下规则:

1. 不重叠。即每个答案对应的编码应当是唯一的,不能有重叠的情况。例如,如果将购买次数的编码设为:1=少于每月 1 次,2=每月 1~4 次,3=每周 1 次或更多,则编码 2 和 3 之间有部分的重叠。

2. 不遗漏。即编码方案涵盖所有可能的情况,不应当有任何遗漏。无法列出所有可能情况时,可以设"其他",但该组在样本中的比例不应过高(原则上不超过 10%)。

3. 一致性。即每个编码的含义对所有的问卷都是一致的。例如,不能在一部分问卷中用1代表男性,而在另一部分问卷中用1代表女性。

4. 符合常识。即编码应符合一般常识,这样不容易导致误解。例如,对于受教育水平、购买频次、品牌忠诚度等,应当用大的数字表示受教育水平高、购买次数多和忠诚度高的组别,而不是倒过来。

5. 粗细适宜。应当根据调研的需要确定编码的详细程度。过细不便于汇总和分析,而过粗又导致大量信息丢失,无法满足整理和分析的需要。

(二)数据编码和录入方法

问卷中问题的类型大致可以分为单选、多选、排序、开放题四种类型,其变量的编码各有不同。而数据录入一般是由数据录入员根据编码的规则(或编码明细单)将数据从调查问卷上直接录入到计算机数据录入软件系统中,系统会自动进行记录和存储。

根据编码进行的先后顺序,编码分为:

1. 预编码:在问卷设计的同时就设计好的编码。大多数问卷中的大多数问题是封闭式的,全部封闭式问题都是预先编码。

封闭式问题中单选题常见的编码方法:以答案序号作为编码号。

[例] 您的职业是什么?

A. 工人   1

B. 农民   2

C. 教师   3

D. 干部   4

E. 其他   5

录入方法:录入选项对应值,如选C则录入3。

封闭式问题中编码的难题是对多选题如何编码。它的方法是将每一回答指定为次级变量,用"1"表示受访者选择了该答案,用"0"表示未选择。

录入方法:被调查者选了的选项录入1,没选录入0,如被调查者选AC,则三个变量分别录入为1、0、1。

封闭式问题中排序题(即对选项重要性进行排序)的编码方法:

[例] 您选购空调的主要条件是(请将所给答案按重要顺序1,2,3,…填写在□中)

价格便宜□   外型美观□   维修方便□   牌子有名□   经久耐用□

编码:定义五个变量,分别可以代表第一位、第二位、第三位、第四位、第五位,每个变量的 Value 都做如下定义:"1"价格便宜,"2"外型美观,"3"维修方便,"4"牌子有名,"5"经久耐用。

录入方法:录入的数字1、2、3、4、5分别代表5个选项,如被调查者把维修方便排在第一位则在代表第一位的变量下输入"3"。

封闭式问题中选择排序题的编码方法:

[例] 您认为开展保持党员先进性教育活动最重要的目标是哪三项,并按重要性从高到低排序:

1( ) 2( ) 3( )

A. 提高党员素质　　　B. 加强基层组织　　　C. 坚持发扬民主

D. 激发创业热情　　　E. 服务人民群众　　　F. 促进各项工作

编码:以ABCDEF6个选项分别对应定义6个变量,每个变量的Value都做同样的如下定义:"1"未选,"2"排第一,"3"排第二,"4"排第三。

录入方法:以变量的Value值录入。比如3个括号里分别选的是ECF,则该题的6个变量的值应该分别录入:1(代表A选项未选)、1、3(代表C选项排在第二)、1、2、4。

注:该方法是对多选题和排序题的方法结合的一种方法,对一般排序题(上例)也同样适用,只是两者用的分析方法不同(上例用频数分析、本例用描述分析),输出结果从不同的侧面反映问题的重要性(前一种方法从位次、变量的频数看排序,后一种方法从变量出发看排序)。

2. 后编码:在调查工作完成以后再设计的编码。开放式问题与封闭式问题不同。它只能在资料收集好之后,再根据受访者的答复内容来决定类别的指定编码,亦即只适宜利用后编码。

开放式数值题和量表题(这类题目要求被调查者自己填入数值,或者打分)的编码方法:

[例] 你的年龄(实岁):_____

编码:一个变量,不定义Value值。

录入方法:即录入被调查者实际填入的数值。

开放式文字题的编码方法:

对于开放式文字题的事后编码,它所依据的不应该仅是答案的文字,更重要的是这些文字所能反映出来的被调查者的思想认识。这项工作可以按以下步骤进行:

(1)列出答案。每一开放式问题的所有答案都一一列出。

(2)将所有有意义的答案列成频数分布表。

(3)确定可以接受的分组数。此时主要是从调研目的出发,考虑分组的标准是否能紧密结合调研目的。

(4)根据拟定的分组数,对第二步整理出来的频数分布表中的答案进行挑选归并。在符合调研目的的前提下,保留次数多的答案,然后把次数较少的答案尽可能归并成含义相近的几组。对那些含义相距甚远,或者虽然含义相近但合起来次数仍不够多的,最后一并以"其他"来概括,作为一组。

(5)为所确定的分组选择正式的描述词汇。

(6)根据分组结果制订编码规则。

(7)对全部回收问卷中的开放式问题答案进行编码。

注意:如果开放式文字题答案内容较为丰富、不容易归类,应对这类问题直接做定性分析。

[例] 对开放式问题"您为什么选择这个品牌的空调?"答案的合并分类和编码过程如下:

①研究者翻阅所有受访者的答复,并将所有答案列出。

问题:您为什么选择这个品牌的空调?

列出答案如下(设只有14个样本):

1. 节能环保　　　2. 外形美观　　　3. 价格公道　　　4. 噪音低

5. 空调效果好　　6. 经久耐用　　　7. 高科技　　　　8. 体积小

9. 是名牌　　10. 邻居都买这个牌子　　11. 经常在广告中见到

12. 我没想过　　13. 我不知道　　14. 没有什么特别的原因

②将上述答案归并成6类,并指定号码(数字编码)。

(1)节能环保	1,5,7	(2)外形美观	2,8
(3)价格公道	3,6	(4)噪音低	4
(5)名牌	9,10,11	(6)不知道	12,13,14

(三)数据录入结果的检查

为了保证数据录入的准确性,有必要对录入的结果进行核查,核查的方式主要有双机录入或三机录入。所谓双机录入的方式,是将同一份问卷分别由两个录入员进行两次录入,将两次的结果进行逐个比较,相同的部分是被认为没有错误的,如果出现不同的部分,检查问卷,及时修正。所谓三机录入,即将同一份问卷由不同的录入员录入3次,将3次的结果通过计算机进行比较,采用"2排1"的选择,如果两个结果是相同的,排除那个不同的答案。三机录入的方式可以减少翻阅问卷的人工。

无论是双机录入还是三机录入,都会增加调查的时间和费用成本,而且是成倍地增加。但是为求得数据的收集录入各个环节的准确性,越来越多的企业和市场调查公司要求数据的正确录入的操作。

如果在录入过程中,没有实行双机录入(三机录入)的措施,在录入完成之后,有必要对数据进行全面的整理检查。数据整理检查主要是尽可能的处理错误或不合理的信息以及进行一致性的检查。虽然经过回收问卷、编码过程以及录入的重重检查,但是数据的整理检查过程如果是使用计算机进行的,对数据的矫正将更为彻底。

数据整理检查可使用 SPSS 统计软件进行,可以很方便地寻找出超出选项范围、极端值或逻辑上不一样的数据。通常的做法是首先对所有变量进行频数的计算,对连续性的变量进行均值、标准差、最小值、最大值等统计分析,超出范围的数据和极端的数值很容易检查出来。根据对应的问卷编号,变量编码找出问卷,进行核实。

数据整理检查是对数据进行的最后一道检查程序,这一步完成后,数据应该是"整齐、干净的",可以进入数据的统计整理环节了。

三、实践操作

调研人员在审核了调研得到的原始数据之后,就可以利用 SPSS 编码、录入数据。本部分将呈现利用 SPSS 编码、录入数据的过程。

(一)利用 SPSS 编码、定义变量和录入数据

问卷中问题的类型大致可以分为单选、多选、排序、开放题四种类型,其变量的编码、定义和录入方法各有不同。应根据问题的类型选择合适的编码录入方法。

(二)检查数据录入结果

数据录入结果的检查可以采取以下两种方式进行:

1. 在数据录入过程中采用双机录入或三机录入的方式检查。

2. 在数据录入过程完成后,对数据进行全面的整理检查。

四、问题与经验

通过本模块的学习,我们要解决市场调研数据的编码与录入问题。在本模块里,我们需要注意以下几个问题:

(1)定类数据中,有时可能需要设一类"其他"或"不属于以上各类",编码时要注意这个类别的调研对象不能超过 10%,大部分调研对象应该属于有意义的类别。

(2)数据编码应尽可能详细地描述数据。例如,如果通过问卷获得了商务旅行者每年旅行的具体次数,则编码就应该原封不动地体现次数,而不能把调研对象再分为"频繁旅行"和"不频繁旅行"两类。记录具体旅行次数使调研人员能够根据不同标准对调研对象进行分类,而如果事先分类的话,进

一步的研究可能受到限制。

(3)数据编码结束后，调研人员应该选择适当的统计分析方法，最终选择的数据分析方法可能与预先计划的有所不同。

五、参考范例

高职高专院校人才培养工作问卷调查(教师问卷)的编码与录入

①问卷编码(在问卷内容中)

尊敬的老师，您好！

非常感谢您参与这份问卷调查。调查的目的在于从整体上了解当前高职教育的现状，同时也征询您对学校教学工作的意见。您所提供的信息，主要用于教育研究以及客观分析学校的人才培养工作。因此，我们诚恳希望得到您真实的回答。您的回答是绝对匿名的，不会有人去甄别您的答案，请不要有顾虑。

问卷分为两部分，填答时间约需要20～25分钟，问题的答案无所谓对错，请在您认为最恰当的选项上打"√"(多选答案在题目后有注释)，并不要漏填。

您热忱的参与、关注对于我们是至关重要的。

第一部分　态度量表

一、满意度调查

【5】非常满意
【4】满意
【3】不确定
【2】不满意
【1】很不满意

请勾选最切当的一个数字

1. 学校领导对教学工作的重视情况　　　　　　【1】【2】【3】【4】【5】

2. 教学管理的制度建设、执行情况　　　　　　【1】【2】【3】【4】【5】

3. 产学研合作教育的措施、效果　　　　　　　【1】【2】【3】【4】【5】

4. 学校近三年提高教师教学水平的措施、效果　【1】【2】【3】【4】【5】

5. 实验实训条件满足人才培养需要的情况　　　【1】【2】【3】【4】【5】

6. 对于学校教师的教风，您认为　　　　　　　【1】【2】【3】【4】【5】

7. 您对学校教学质量的信息收集与反馈效果　　【1】【2】【3】【4】【5】

8. 学校近三年的教学改革效果　　　　　　　　【1】【2】【3】【4】【5】

9. 学生职业能力的社会适应性　　　　　　【1】【2】【3】【4】【5】

10. 学校在我省同类院校中的竞争力　　　　【1】【2】【3】【4】【5】

二、态度调查

请对以下学校办学特点做出判断,在您认为合适的分值下打"√",勾选"0"表示不知道。例如,在办学定位方面,如果您认为定位非常准确,请选"1",次之选"2",再次之选"3",最不准确(即模糊)选"7",而如果"不知道"则选"0"。在校园校舍面积方面,如果您认为非常局促,请选"1",次之选"2",再次之选"3",最充足选"7",而如果"不知道"则选"0"。

1	2	3	4	5	6	7	0(不知道)

1. 办学定位准确　　•　•　•　•　•　定位模糊　　　　【0】

2. 校园校舍局促　　•　•　•　•　•　充足　　　　　　【0】

3. 教学设施先进　　•　•　•　•　•　设施落后　　　　【0】

4. 教学经费充足　　•　•　•　•　•　严重不足　　　　【0】

5. 专业设置适应性强　•　•　•　•　•　不适应需求　　【0】

6. 培养目标明确　　•　•　•　•　•　笼统、不清晰　　【0】

7. 课程教育资源丰富　•　•　•　•　•　不够　　　　　【0】

8. 师资结构合理　　•　•　•　•　•　结构单一　　　　【0】

9. 改革效果明显　　•　•　•　•　•　没有变化　　　　【0】

10. 师资短缺　　　•　•　•　•　•　充足　　　　　　　【0】

11. 有优质教材　　•　•　•　•　•　内容陈旧　　　　　【0】

12. 质量监控体系科学　•　•　•　•　•　不合理　　　　【0】

13. 浓厚校园精神　　•　•　•　•　•　感觉不到　　　　【0】

14. 毕业生就业难　　•　•　•　•　•　容易　　　　　　【0】

15. 办学有特色　　•　•　•　•　•　特色不明显　　　　【0】

第二部分　事实调查

1. 您认为本校教学工作中哪一方面最值得肯定?

【1】办学定位　　【2】师资队伍建设　【3】教学改革

【4】教学基础设施建设　【5】教学管理水平

【6】校园风气(教风、学风)　【7】其他,请说明:_____

2. 您认为本校教学工作中哪些方面最需要改进?(限选2项)

【1】办学指导思想　　【2】师资水平　【3】教学改革

【4】教学基础设施建设　【5】教学管理水平

【6】校园风气(教风、学风)　【7】其他,请说明:_____

3. 您觉得制约学校发展的瓶颈主要是(限选2项)

【1】经费　【2】师资　【3】校园面积　【4】教学基础设施

【5】教学管理水平　【6】体制与办学规模

【7】生源质量　【8】教学中心地位不突出

【9】其他,请说明:＿＿＿＿＿＿＿＿＿＿＿＿＿＿＿

4. 教师之间经常开展教学观摩、教学研讨活动吗?

【1】经常有　【2】不常有　【3】几乎没有　【4】不知道

5. 您个人认为学校现有的专业适应社会需求吗?

【1】适应　【2】一般　【3】不适应

> 如选此项,那您个人认为主要原因是:
>
> 【1】脱离市场需求【2】因人设专业【3】师资质量
>
> 【4】投入不足【5】管理水平低【6】专业数量不足

6. 本学期您的主要工作精力是:

【1】校内教学　【2】校外教学　【3】科研

【4】社会兼职　【5】其他,请说明:＿＿＿＿＿

7. 您认为产学研合作模式最大的障碍在于:

【1】行业兴趣不高　【2】学校重视不够　【3】合作项目开发困难

【4】资金不足　【5】没有长期合作的利益共同点

【6】地域环境不好　【7】师资水平不适应

【8】科研条件差　【9】其他

8. 您认为您校学生最具有那种品质:

【1】冒险精神　【2】创造性　【3】求知欲　【4】合作精神

【5】社会适应性　【6】其他

9. 以下几种能力,您认为您校学生最欠缺哪些:(限选2项)

【1】职业技术能力　【2】经营管理能力　【3】人际协调能力

【4】产品创新能力　【5】知识的学习吸收能力

【6】挫折适应能力　【7】调查研究能力　【8】其他

10. 您最想给学校的建议:＿＿＿＿＿＿＿＿＿＿＿＿＿

＿＿＿＿＿＿＿＿＿＿＿＿＿＿＿＿＿＿＿＿＿＿＿＿＿＿

＿＿＿＿＿＿＿＿＿＿＿＿＿＿＿＿＿＿＿＿＿＿＿＿＿＿

个人信息:

您的性别:【1】男　【2】女

您的最后学历:【1】专科　【2】本科　【3】硕士研究生

【4】博士研究生　【5】其他

您的专业技术职务:【1】初职　【2】中职　【3】副高职　【4】正高职

【5】其他

您的校龄:【1】3 年以下　【2】4～10 年　【3】11～20 年　【4】21 年以上

您所在学校:_____

②问卷实地调研资料录入计算机。(见下图)

资料来源:全国高职高专人才培养工作水平评估资料,《高职高专院校人才培养工作问卷调查(教师问卷)》,2006 年 12 月 11 日。

模块 3　利用 SPSS 编制统计表(图),显示数据

数据准备好之后,通常首先进行的是频数分布表(图)的制作。频数分布表和频数分布图是系统、条理地展示调研数据的两种表现形式。在市场调研中,常用频数对有关变量进行描述,回答一些营销经理感兴趣的问题。例如,某一品牌购买者中忠诚用户所占的比例有多大?对某一品牌不满意的顾客在全体顾客中的比例是多少?对某一新产品不同熟悉程度的消费者各有多少?不同产品购买者的地区和收入分布情况如何?对变量的频数分布进行分析会产生频数、百分比、有效百分比和累计百分比等系列数据。频数分布表(图)的制作过程包括三个步骤:数据的分组处理、按组归并汇总、数据陈示即编制统计表(图)。以下的任务将呈现编制频数分布表(图)的完整工作过程。

一、正式工作项目任务

以小组（不超过 8 人）为单位，根据本项目模块 2 形成的 SPSS 调研数据库，进行分类处理、归并、汇总，编制成频数分布表。

二、理论知识

（一）频数分布（即分配数列）的概念

频数分布是在统计分组的基础上，把总体的所有单位按组归并、排列，形成总体中各个单位在各组间的分布状况。

频数分布又称分布数列，有两个组成要素：一是分组；另一个是频数或比率。

1. 频数：总体各单位按组归并和汇总后，分布在各个组的单位数叫频数，又称为次数。

2. 频率：各组单位数占总体单位数的百分比。

频率分布不受总体单位总数大小的影响，能够正确地反映变量在总体的分布特征、结构状况，是分析总体特征及其变动规律的重要手段。

（二）累计频数和累计频率

为了更详细地认识变量的分布特征，还可以计算累计频数和累计频率，编制累计频数和累计频率数列。

累计次数——截至某一组累积起来的总次数。分为以下累计和以上累计。

以下累计（向上累计）数是：小于该组上限的各组的频数或频率之和；以上累计（向下累计）数是：大于及等于该组下限的各组的频数或频率之和。

[例] 变量"您对康师傅绿茶饮料味道的评价"的频数分布表如下：

表 5-3　您对康师傅绿茶饮料味道的评价

	频率	百分比	有效百分比	累积百分比
非常满意	4	2.0	2.0	2.0
满意	65	32.5	32.5	34.5
一般	114	57.0	57.0	91.5
不满意	14	7.0	7.0	98.5
非常不满意	3	1.5	1.5	100.0
合计	200	100.0	100.0	

表 5-3 列出了消费者对康师傅绿茶味道总体满意度的频数分布,其中第 1 列是满意度的各个分组(或类别),第 2 列是分到每个组的消费者人数,第 3 列显示分到每个组的消费者比例,第 4 列显示剔除缺失值后分到每个组的消费者比例,最后一列为有效的累计百分比,即有效样本中等于或低于某一类别的消费者所占的比例。

从满意度的频数分布可以看出,相当多的消费者(57%)对康师傅绿茶味道的满意度一般;非常满意和非常不满意的消费者很少,分别为 2% 和 1.5%;总的来说,对康师傅绿茶味道的满意度不是很高,认为满意和非常满意的只有 34.5%(2%+32.5%)。

此外,考察有关变量的频数分布有助于了解变量分布的基本特征、项目缺失和无效值的情况,为评估数据质量和在进一步的分析中选择合适的统计方法提供依据。例如,本例中的满意度采用的是 5 分制,有效的取值范围是 1~5,任何小于 1 或大于 5 的值都是无效值。

变量的频数分布还可以用频数分布图来表示,这样可以对其分布的形状有一个更加直观的了解,并判断所观察到的分布与假设的分布形状是否一致。

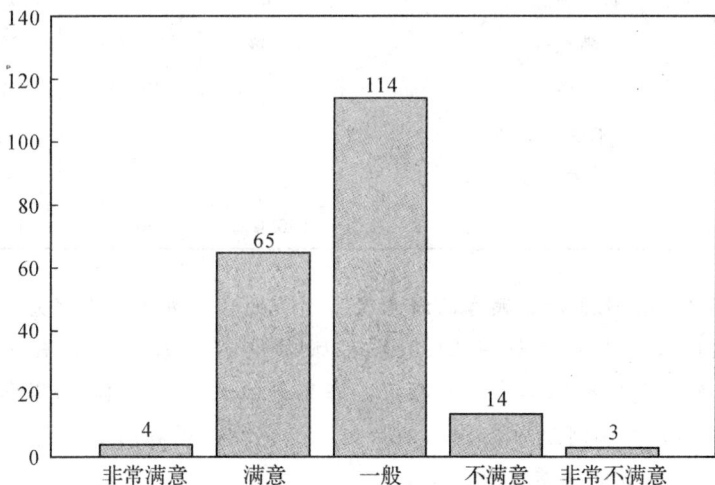

图 5-1 您对康师傅绿茶饮料的味道的评价

(三)列联表

前面讨论的是单个变量的频数分布,但在营销调研中常常需要同时考虑两个甚至多个变量的分布情况,进一步研究变量之间的关系,回答诸如此类的问题。如:品牌忠诚度与消费者性别和收入是什么关系?对新产品的态度与年龄、文化程度之间有何关系?家庭规模和收入与汽车的种类、档次之间有何关系?不同类型的顾客对产品和服务的期望与要求有何不同?

列联表是用来描述两个或两个以上变量的联合分布的统计表,常用于描述一个变量与另一个变量之间的关系,其中在营销调研中最常用的是双变量列联表。

[例] 上例中讨论了顾客对康师傅绿茶味道满意度的频数分布,现在我们希望进一步了解顾客对康师傅绿茶味道的满意度是否与性别有关,这时我们可以将顾客按性别标志分组,然后列出不同组别顾客满意度的频数分布,产生双变量列联表。由于男女顾客人数不同,满意度的频数分布不便于直接比较,因此最好比较其百分比(称相对频数),即男、女顾客中不同满意水平顾客在各自样本中所占的比例。本例中产生的双变量列联表即为相对频数表,见表5-4。

表5-4 您对康师傅茶饮料的味道的评价 您的性别交叉制表

您的性别中的%

您对康师傅绿茶饮料的味道的评价	您的性别		合计
	男	女	
非常满意	2.0%	2.0%	2.0%
满意	42.0%	29.3%	32.5%
一般	46.0%	60.7%	57.0%
不满意	4.0%	8.0%	7.0%
非常不满意	6.0%		1.5%
合计	100.0%	100.0%	100.0%

表5-4清楚地显示男顾客的满意度高于女顾客。男顾客中满意和非常满意的有44%,而女顾客仅有31.3%;男顾客中不满意和非常不满意的有10%,而女顾客有8%,二者比较接近。在不分性别的总样本中,满意以上和不满意以下顾客比例分别是34.5%和8.5%,满意的顾客高于不满意的顾客;其余57%的顾客的满意度属于一般。

注意,表5-4的相对频数分是按列计算的。在这个例子中可以把满意度作为因变量,性别作为自变量。制作相对频数表时,一般是按自变量(本例为性别)分组,然后计算因变量(本例为满意度)在每组中的相对频数分布。

三、实践操作

调研人员在审核了调研得到的原始数据,并将其经过编码、录入电脑变成可供整理与分析的数据库之后,就可以开始编制频数分布表(图),显示数

据的工作了。编制频数分布表(图)需要完成以下三个步骤的工作:

(一)原始数据的分组处理

需要注意的是,封闭式问题数据的分组在设计问卷时已经完成。对于开放式问题、用数量回答的问题以及利用调查表收集的数据,在数据整理阶段需要进行分组处理。

原始数据的分组处理分为简单分组处理、平行分组处理和交叉分组处理三种:

1. 简单分组处理

是指对总体各单位或样本各单位只按一个标志或标准进行分组处理。分组的标志或标准一般可以区分为品质属性、数量属性、时间属性、空间属性四类。

(1)品质属性分布数列

是以被调查者的职业、所属行业、性别、文化程度等品质属性作为分组标志而形成的简单品质数列。

[例] 某大学在校学生按性别标志分组,可编成品质数列。如表 5-5 所示。

表 5-5 某大学在校学生的性别分布

性别	人数(人)	比重(%)
男性	1270	54.3
女性	1070	45.7
合计	2340	100.0

(2)数量属性分布数列

是以被调查者的年龄、收入、消费支出、家庭人口、就业人口等数量属性作为分组标志形成的变量数列。有如下两种形式:

①单项式变量数列。适应于离散型变量(如家庭人口、就业人口、耐用品拥有量、需求量等)的分组处理,即直接以变量的不同取值作组别而编制的变量数列。

[例] 某市居民家庭按空调拥有台数标志分组,可编成单项式变量数列。如表 5-6 所示。

表 5-6　某市居民家庭空调拥有台数分布

拥有量(台)	0	1	2	3	4	5 台及以上	合计
家庭数(户)	300	708	646	274	52	20	2000
比重(%)	15.0	35.4	32.3	13.7	2.6	1.0	100.0

②组距式变量数列。适应于连续变量(如年龄、收入、消费支出等)的分组处理,即以变量的不同取值区间作为分组的组别而编制的变量数列。

[例]　某市居民家庭按家庭人均年收入标志分组,可编成组距式变量数列。如表 5-7 所示。

表 5-7　某市居民家庭人均年收入分布

组别(万元)	样本户数(户)	比重(%)
0.5 万元以下	180	9.0
0.5~1	220	11.0
1~2	320	16.0
2~3	500	25.0
3~4	360	18.0
4~5	260	13.0
5 万元以上	160	8.0
合计	2000	100.0

(3)时间属性分布数列

是对调查问卷中的一些时间属性的调查项目(如购买时间、需求时间),以被调查者的时间选项作为组别而形成的时间数列。

[例]　某市居民家庭按现有空调购买时间标志分组,可编成时间属性分布数列。如表 5-8 所示。

表 5-8　某市居民家庭现有空调购买时间分布

购买年数(年)	1	2	3	4	5	6	6 年以上	合计
空调数(台)	652	592	551	513	479	310	53	3150
比重(%)	20.7	18.1	17.5	16.3	15.2	9.8	1.7	100.0

(4)空间属性分布数列

是对调查问卷中的某些具有空间属性的调查项目(如被调查者的居住区域、购买产品的场所等),以被调查者的空间选项作为组别而形成的空间数列。

[例]　某市居民家庭按现有空调购买场所标志分组,可编成空间属性分

布数列。如表 5-9 所示。

表 5-9　某市居民家庭现有空调购买场所分布

购买场所	百货、超市	空调专卖店	电器城	厂家直销	旧货市场	合计
家庭数（户）	547	554	534	48	17	1700
比重（%）	32.2	32.6	31.4	2.8	1.0	100.0

2. 平行分组处理

是将两个或两个以上有联系的调查项目按相同选项分组的结果并列在一起而编制的平行分组数列。常用于产品或服务满意度测评、被调查者态度测量等原始数据的加工开发。

[例]　某市居民家庭按空调各测评项目满意度分组，可编成平行分组数列。如表 5-10 所示。

表 5-10　某市居民家庭空调满意度测评汇总表

测评项目	很满意	满意	较满意	不满意	很不满意	频数合计
1. 制冷效果	261	328	686	340	85	1700
2. 制热效果	272	330	514	386	198	1700
3. 节电效果	272	330	514	386	198	1700
4. 噪声大小	115	230	680	365	310	1700
5. 外观设计	202	324	860	230	84	1700
6. 产品价格	212	396	726	285	81	1700
7. 配件质量	98	283	606	390	323	1700
8. 送货安装	120	286	698	324	272	1700
9. 维修服务	120	286	695	326	273	1700

3. 交叉分组处理

交叉分组处理是对总体各单位或样本各单位采用两个或两个以上的标志或调查项目进行交叉分组，所编制的数列一般表现为相关分组数列或复合分组数列。

(1)背景项目之间的交叉分组处理。它是利用反映被调查者基本情况的基本调查项目之间的关联性进行交叉分组处理。

[例]　被调查者按性别和文化程度两个标志进行交叉分组，可编成交叉分布数列。如表 5-11 所示。

表 5-11　被调查者性别与文化程度分布　　　　　单位：人

文化程度＼性别	男	女	合计
小学以下	6	4	10
初中	210	176	386
高中高职	297	321	618
专科	248	265	513
大学本科	226	177	403
硕士博士	48	22	70
合计	1035	965	2000

（2）背景项目与主体项目之间的交叉分组处理。它是利用问卷中的背景项目与主体项目之间的关联性进行交叉分组处理，用以揭示不同性别、不同年龄、不同行业、不同职业、不同文化程度、不同居住区域、不同家庭人口的被调查者对研究的主体项目选项回答的差异性、相关性等深层次问题。

①两变量交叉列表

［例］　某市居民按人均年收入与品牌需求两个标志进行交叉分组，可编成两变量交叉分布数列。如表 5-12 所示。

表 5-12　某市居民人均年收入与品牌需求交叉分组列表

人均年收入（万元）＼品牌需求	A	B	C	D	E	F	G	合计
0.5 万元以下	—	10	15	8	10	24	18	85
0.5～1	4	32	28	18	14	20	16	132
1～2	6	60	56	28	18	16	8	192
2～3	14	48	43	30	26	4	5	170
3～4	26	36	30	25	16	2	3	138
4～5	28	4	6	16	14	1	2	71
5 万元以上	25	2	5	15	12	1	—	60
合计	103	192	183	140	110	68	52	848

②三变量交叉列表

［例］　被调查者按性别、文化程度与空调维修服务满意度三个标志进行交叉分组，可编成三变量交叉分布数列。如表 5-13 所示。

表 5-13　被调查者对空调维修服务满意度测评汇总表

态度测评选项	男			女			合计
	大学以下	大学以上	小计	大学以下	大学以上	小计	
很满意	135	116	251	124	40	164	415
较满意	126	48	174	141	95	236	410
一般	124	52	176	136	46	182	358
不满意	196	46	242	170	13	183	425
很不满意	180	12	192	195	5	200	392
合计	761	274	1035	766	199	965	2000

（二）原始数据的汇总制表（图）

主要采用计算机汇总技术，即利用设定的计算机汇总与制表程序，自动生成各种分组表（图）。

1. 利用 SPSS 的单变量单选题频数分布表（图）的制作方法：

Analyze →Descriptive Statistics →Frequencies →Charts（选图表类型）→continue→ok

2. 利用 SPSS 的单变量多选题频数分布表的制作方法：

Analyze → Multiple Response→Define Sets（选 Dichotomies，counted value：1，输入变量名和标签）→Add→Close→Analyze →Multiple Response→Frequencies→ok

3. 利用 SPSS 的多变量平行分组频数分布表的制作方法：

Analyze →Tables →Tables of Frequencies →Statistics（Percents 处打勾）→continue→ok

4. 利用 SPSS 的双变量交叉分组频数分布表的制作方法：

Analyze→Descriptive Statistics→Crosstabs（分别导出行变量和列变量）→ok

5. 利用 SPSS 的双变量交叉分组频数分布图的制作方法：

Graphs→Bar→Clustered→Define（将变量分别导入"类别轴"和"定义聚类"）→ok

6. 利用 SPSS 的多选题交叉频数分布表的制作方法：

Analyze → Multiple Response→Define Sets（选 Dichotomies，counted value：1，输入变量名和标签）→Add→Close→Analyze →Multiple Response→Crosstabs（分别导出行变量和列变量）→ok

（三）规范地编制频数分布表（图）

1. 统计表（频数分布表是统计表的一种）的编制规则

统计表是表达统计分析结果中数据和统计指标的表格形式。统计表应遵循科学、实用、简练、美观的原则进行设计。例如表5-14。

表5-14 某地区2009年工业总产值

项目	工业总产值		总栏标题
	产值（亿元）	比重（%）	
横行标题 轻工业	3059.7	68.84	指标数值
重工业	3105.7	51.16	
合计	6264.4	100.00	
主词	宾词		

其编制规则如下：

①统计表通常应设计成由纵横交叉线组成的长方形表格，长宽之间应保持适当的比例。

②统计表的总标题要用概括、简练的文字说明表的内容，并在总标题内或在其下注明资料所属的时间、地区和单位。一般位于表的上方中央位置并编号，便于说明。纵横各栏的排列要注意表述资料的逻辑系统，反映现象的内在联系。

③统计表的主词各行和宾词各栏（主词是统计表所说明的总体，总体的各组或各组的名称。宾词是用于说明主词的各种指标），一般应按先局部后整体的原则排列，即先列各项目，再列总计。如果没有必要列出所有项目时，可以先列总计，而后再列其中一部分重要的项目。

④统计表的格式一般是开口式，即表的左右两端不画纵线，上下用粗线或双线封口。在有些需要明显分隔的部分也应用粗线或双线，其他则用细线。在横行和合计栏、横行与纵栏标题间要划线。

⑤统计表中的指标有一定的计算关系，还可以用算式表示。对于栏数较多的统计表，通常加以编号。一般主词的计量单位栏用（甲）、（乙）、（丙）等次序编号，宾词各栏用(1)、(2)、(3)等次序编号。

⑥统计表中的数字要注明计量单位。如果表中的数字属同一计量单位，可将计量单位标在表的右上方；如果宾词的计量单位不同，可直接标注在纵栏标题的旁边或下方；如果主词的计量单位不同，可在横行标题后设计计量单位专栏。

⑦统计表中数字应填写整齐,对准位数。一般是右对齐,对于小数应按小数点对齐,且小数点的位数应统一。当数字为0或遇数小可略而不计时,要写上0,不得留空;当缺少某项数字时,用"……"表示;不应有数字时用符号"—"表示;遇有相同数字应照写,不得用"同上"、"同左"或"……"等符号。

⑧必要时,应在统计表的下端加注说明或注解、资料来源等。

2. 统计图(频数分布图是统计图的一种)的编制规则

统计图是用点、线、面等各种几何图形来形象化表达统计数据。

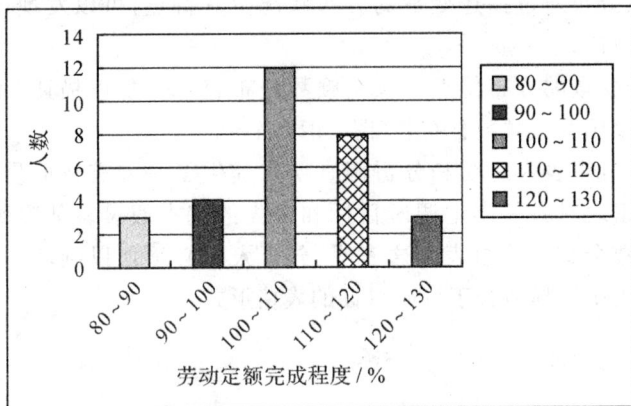

图5-2　工人劳动定额完成情况次数分布图

其编制规则如下:

①必须根据数据的性质、分析目的选用适当的统计图,由于统计图不能精确地显示数据的大小,所以经常需要与统计表一起使用。

②一个图一般只表达一个中心内容,表达一个主题,即一个变量或一个统计指标。

③绘制图形应注意准确、美观,图线粗细应用适当,定点准确,不同事物用不同线条(实线、虚线、点线)或颜色表示,给人以清晰的印象。

④统计图的标题应简明扼要地说明数据的内容、时间和地点,一般位于图的下方中央位置并编号,便于说明。

⑤统计图的标目分为纵标目和横标目,表示纵轴和横轴数据刻度的意义,一般有度量衡单位。

⑥图例是对图中不同颜色或图案代表的指标注释,图例通常放在横标目与标题之间,如果图域部分有较大空间,也可以放在图域中。

四、问题与经验

通过本模块和以前两个模块的学习,我们要解决整理市场调研数据的问题。在本项目里,我们需要注意频数分布在实际中的应用问题,以便做到学以致用。

(1)利用频数分布可以使调研者了解主要变量的分布特征,对数据的质量有个初步的判断,为进一步的分析打下基础。

(2)频数分布通过描述变量的分布状况及其特点,可以发现可能存在的缺失值和无效值。

(3)某个变量的分布特点可以用频数分布表(图)加以描述,多个变量的联合分布可以用交叉频数分布表(图)加以描述。

(4)交叉分组表为总结和分析调查结果提供了一种有效而易懂的方法。设计交叉分组表时必须牢记调研目标和事先的基本假设。某项调查的结果可能产生无数个交叉分组表。这表明,分析人员必须加以判断,从所有可能的交叉分组表中选择适合于调研目标的表格形式。

五、参考范例

×市雅戈尔品牌认知调查问卷整理报告

在×市范围内雅戈尔品牌被广大市民所熟知,但是问及雅戈尔品牌究竟是属于高档产品还是中低端产品时,一些消费者的回答便是各不相同,甚至在一些消费者眼里并不能分清楚是哪一类产品,这大大影响了该×品牌在消费者心目中的市场形象,因此我们试图通过此次调研来明确×品牌究竟在消费者眼中属于哪一类产品。

本次调查地点主要以鄞州、海曙、江东、江北等区域为主;调查时间从11月20日起至11月28日。我们采用抽样调查的方式对到雅戈尔专卖店和专柜购物的消费者进行拦截式问卷调查,与消费者进行正面交流访问。调查过程中虽然遇到了很多困难,但是通过努力,我们圆满完成了收集原始调查数据的任务,获得了雅戈尔品牌认知调查有效问卷500份。现在我们已经将问卷的数据经过编码、录入电脑,形成了SPSS数据库,但是我们心中仍有疑问,如何利用这些数据为雅戈尔品牌定位提供决策依据。于是我们将调查结果整理如下:

一、样本基本信息

1. 年龄样本结构分析

表1　请问您现在多少周岁？

	频率	百分比	有效百分比	累积百分比
36周岁以下	50	10.0	10.0	10.0
36—55周岁	377	75.4	75.4	85.4
55周岁以上	73	14.6	14.6	100.0
合　计	500	100.0	100.0	

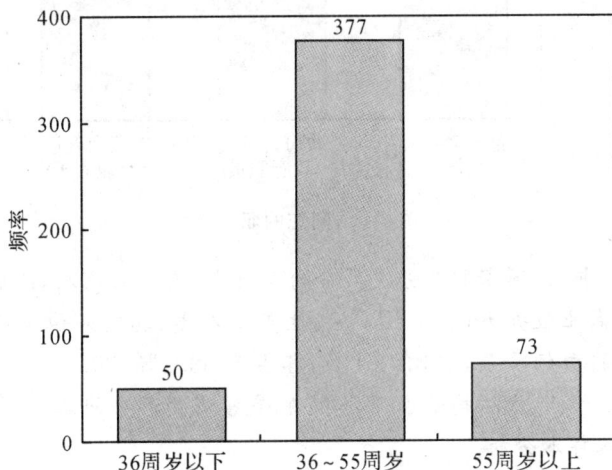

图1　请问您现在多少周岁

如图1所示，不同的年龄层次的人群，对于雅戈尔品牌认知也不尽相同。本次调查中，年龄在36周岁以下的占10.0％；接下来就是36～55周岁的人群占85.4％；年龄在56周岁以上的人群仅占到14.6％，所占比例也比较少。年龄结构是否划分准确，直接影响调查问卷的结果。

2. 职业样本分析

表2　请问您的职业？

	频率	百分比	有效百分比	累积百分比
企业家商人（个体户、高管）	166	33.2	33.2	33.2
政府公务员（政府职员、教育者）	149	29.8	29.8	63.0
工薪白领层（专业人士、中管、一般白领）	185	37.0	37.0	100.0
合计	500	100.0	100.0	

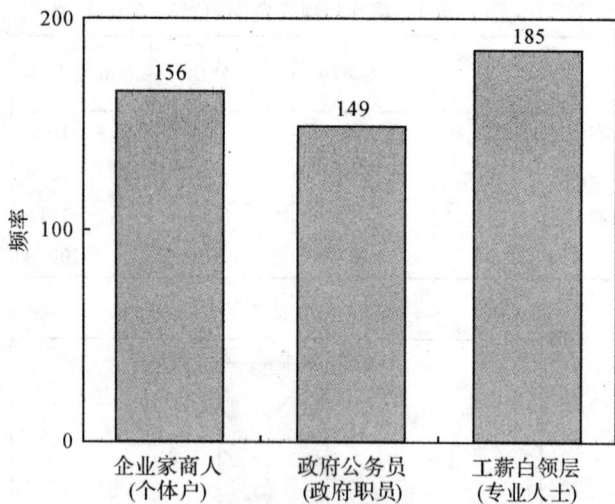

图 2　请问您的职业?

在 500 个样本中,按国家职业分类共分为了七类,企业家商人,政府公务员,工薪白领阶层,商业服务类,农林牧副渔,生产工人类,其它。但企业家商人,政府公务员,工薪白领阶层,占比例最多,各占了 33.2%、29.8% 和 37%。还有四种职业全没有,职业结构是否划分准确,直接影响调查问卷的结果。

3. 月收入样本分析

表 3　请问您的月收入?

	频率	百分比	有效百分比	累积百分比
2999 元以下	57	11.4	11.4	11.4
3000~5999 元	371	74.2	74.2	85.6
6000 元以上	72	14.4	14.4	100.0
合计	500	100.0	100.0	

由表 3 所知,当前大部分人的月收入基本在 3000~5999 元之间,占 74.2%,但有一点需注意,月收入低也并不代表所有人的年收入都低。

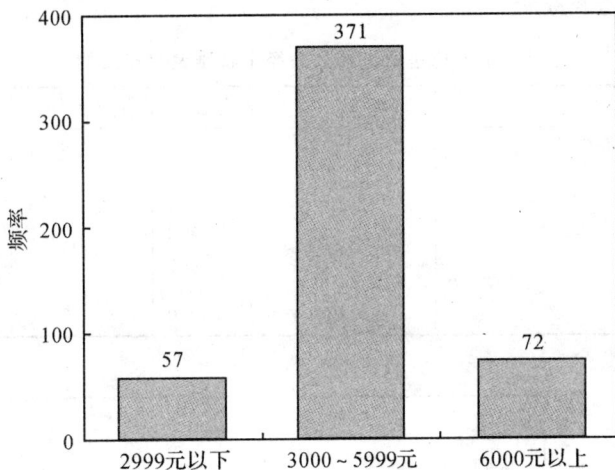

图 3 请问您的月收入?

二、具体问题

1. 品牌了解度分析

表 4 请问您了解×品牌与类型吗?

	频率	百分比	有效百分比	累积百分比
了解	475	95.0	95.0	95.0
不了解	25	5.0	5.0	100.0
合计	500	100.0	100.0	

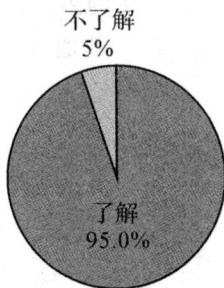

图 4 请问您了解雅戈尔品牌吗?

如图 4 所示,对雅戈尔品牌了解的消费者比例占 95.0%,不了解的占 5.0%,这说明在所调查的 500 人当中,大多数的消费者了解雅戈尔品牌。

2. 了解途径分析

表5　请问您是通过什么途径了解雅戈尔产品的?

	频率	百分比	有效百分比	累积百分比
朋友介绍	476	95.2	95.2	95.2
杂志报纸	6	1.2	1.2	96.4
电视广告	6	1.2	1.2	97.6
其他	12	2.4	2.4	100.0
合计	500	100.0	100.0	

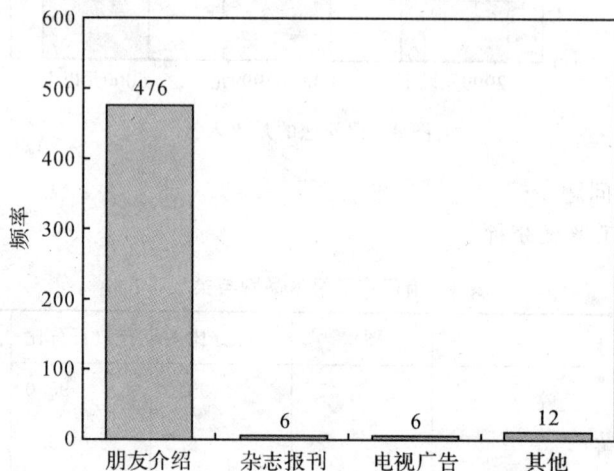

图5　请问您通过什么途径了解雅戈尔产品的?

数据图表显示,消费者购买雅戈尔的主要来源是朋友介绍,占95.2%;杂志报刊,占1.2%;电视广告,占1.2%;其他占2.4%。即了解雅戈尔通过电视广告途径占95.2%。

3. 购买注重要点分析

表6　购买雅尔服装时你最注重的是?

	频率	百分比	有效百分比	累积百分比
品牌	366	73.2	73.2	73.2
价格	10	2.0	2.0	75.2
款式	123	24.6	24.6	99.8
其他	1	.2	.2	100.0
合计	500	100.0	100.0	

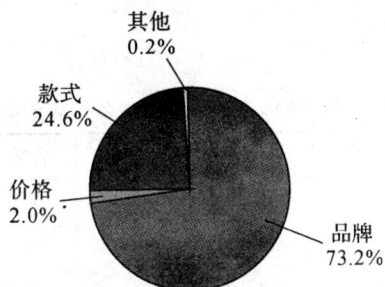

图 6　购买雅尔服装时你最注重的是?

如图 6 所示,购买雅戈尔服装时,注重品牌的消费者占到了 73.2%,注重价格的占 2.0%,注重款式的占 24.6%,注重其它方面的占 0.2%。

4. 定价分析

表 7　请问您认为雅戈尔的定价?

		频率	百分比	有效百分比	累积百分比
有效	较高	60	12.0	12.0	12.0
	可以接受	397	75.8	75.8	87.8
	较低	61	12.2	12.2	100.0
	合计	500	100.0	100.0	

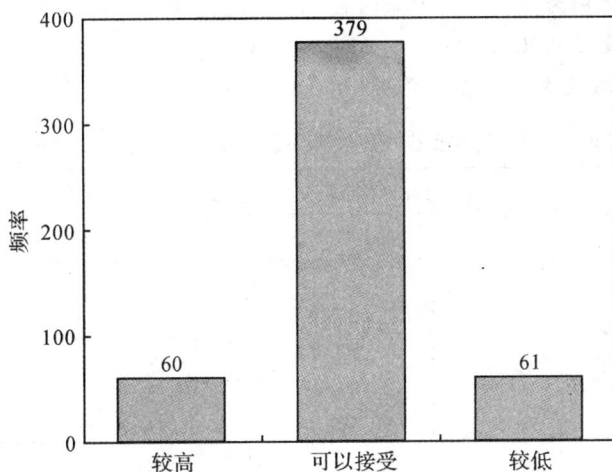

图 7　请问您认为雅戈尔的定价?

如图 7 所示,认为雅戈尔定价较高的占 12.0%,可以接受占 75.8%,较低占 12.2%。

5. 品牌档次分析

表 8　请问您认为雅戈尔是什么档次的品牌？

	频率	百分比	有效百分比	累积百分比
高档	486	97.2	97.2	97.2
中等	10	2.0	2.0	99.2
低档	4	.8	.8	100.0
合计	500	100.0	100.0	

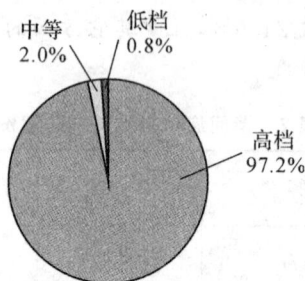

图 8　请问您认为雅戈尔是什么档次的品牌？

对雅戈尔品牌在消费者心中档次的调查可知，认为雅戈尔品牌为高档品牌的消费者比例为 97.2%，中等的占 2.0%，低档的只占 0.8%。

（二）双变量交叉表（图）

1. 年龄与注重方面交叉分析

表 9　请问您现在多少周岁？购买雅戈尔服装时你最注重的是？

请问您现在多少周岁？	购买雅戈尔服装时你最注重的是？				合计
	品牌	价格	款式	其他	
36 周岁以下	21	2	26	1	50
36～55 周岁	272	8	97	0	377
55 周岁以上	73	0	0	0	73
合计	366	10	123	1	500

不同年龄段的人对服装有不同的需求。如图 9 所示，在被调查中，年龄在 36～55 岁的消费者有 72% 的人购买雅戈尔服装时最注重品牌，由于雅戈尔的消费者年龄大多数集中在 36～55 岁这一年龄段，所以更注重品牌的内涵。还

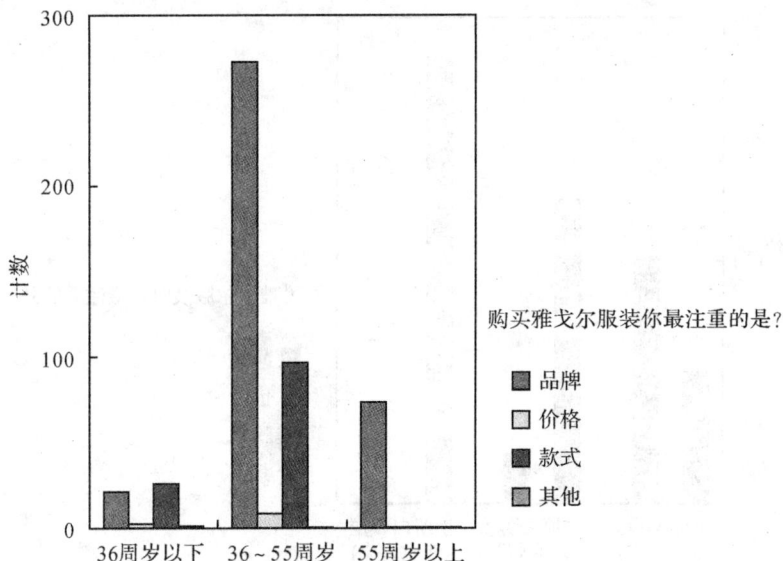

图 9 请问您现在多少周岁？

有年龄在 36~55 岁的消费者和年龄在 36 岁以下的消费者最注重款式的比例分别占到 26％和 52％,这一现象表明中青年消费者对雅戈尔品牌的要求更为细致,应当成为该企业特别关注和重点研究的群体。

2. 职业与注重方面交叉分析

表 10 请问您的职业？购买雅戈尔服装时你最注重的是？

请问您的职业？	购买雅戈尔服装时你最注重的是？				合计
	品牌	价格	款式	其他	
企业家商人(个体户,高管)	55	8	102	1	166
政府公务员(政府职员,教育者)	126	2	21	0	149
工薪白领层(专业人士,中管,一般白领)	185	0	0	0	185
合计	366	10	123	1	500

职业决定购买欲望,需求影响了购买行为。如图 10 所示,在被调查者中,购买雅戈尔服饰最多的三个人群分别是企业家商人、政府公务员、工薪白领层。其中企业家商人群体有 61％的消费者购买雅戈尔服装时最注重款式,有 33％的消费者最注重品牌,有 5％的消费者最注重价格,这表明企业家商人群体对雅戈尔服装的需求具有多样性,对款式的要求更高;政府公务员和工薪

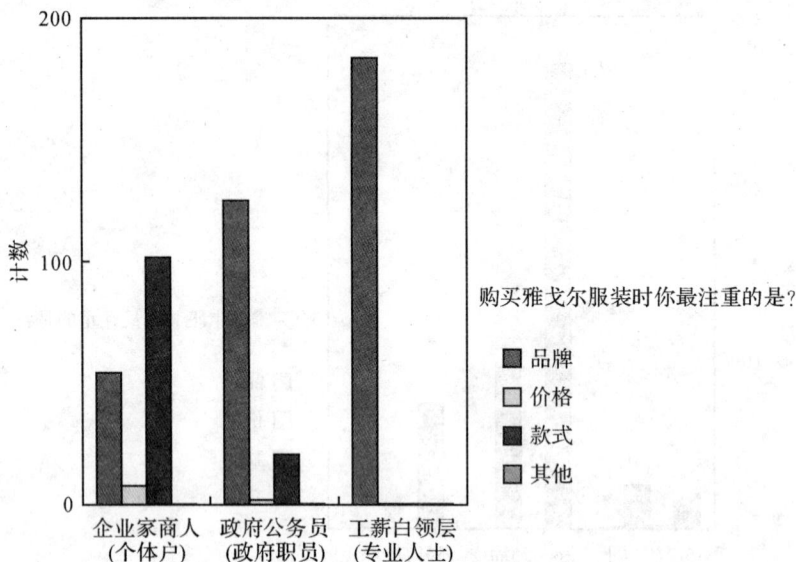

图 10　请问您的职业？

白领层群体最注重的是雅戈尔服装的品牌，而政府公务员对一个品牌的需求更为细致。根据以上分析，企业家商人和政府公务员两个群体应当成为该企业特别关注和重点研究的群体。

　　3. 月收入与定价交叉表

表 11　请问您的月收入？请问您认为雅戈尔的定价？

请问您的月收入？	请问您认为雅戈尔的定价？			合计
	较高	可以接受	较低	
2999 元以下	51	6	0	57
3000～5999 元	9	361	1	371
6000 元以上	0	12	60	72
合计	60	397	61	500

　　收入决定购买欲望，需求影响了购买行为。如图 11 所示，在被调查者中，月收入在 3000～5999 元的消费者有 97% 的人认为雅戈尔定价可以接受，由于宁波居民的一般生活水平都在 6000 元以下，其对价格的接受空间也相对有限。还有月收入在 6000 元以上的高阶层消费者认为价格较低的比例占83%，月收入在 2999 元以下的低阶层消费者认为价格较高的比例占 89%，这

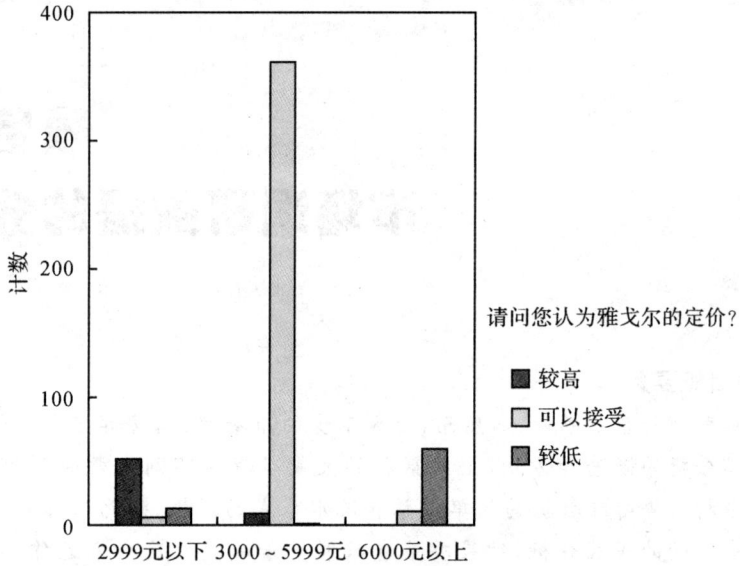

图11　请问您的月收入？

一现象表明中高、低两个阶层对品牌价格的承受能力明显不同,应当成为该企业特别关注的方面。

　　资料来源:学生工学结合调研成果整理资料,2011年1月22日。

项目六
市场调研数据的分析

【项目概要】

市场营销是企业的命脉,然而,为数不少的市场部、销售部工作人员由于缺少营销分析的概念和方法,企业累积的大量数据得不到有效的利用,营销数据的分析只停留在数据的简单汇总和流水账式的通报,缺乏对客户、业务、营销竞争方面的深入分析,结果决策者只能凭着本能的反应来运作,决策存在很大的失误风险。本项目着眼于市场调研数据的分析,所谓市场调研数据的分析是指运用统计学的方法对数据进行处理,从而获得解决营销管理决策所需信息的过程。数据的统计分析能使我们挖掘出数据背后的规律和隐含的信息,并以恰当形式表现出来,最终指导决策的制定。进行市场调研数据分析时,要针对收集来的数据类型的不同,采取不同的方法。数据有两种表现形式:一种是以文字为主的描述性数据;一种是通过整理以数量表示的数据。对于文字型数据,要采用定性分析的方法;对于可以量化的定量数据,可采用描述统计分析方法和推断统计分析方法。所以,在这一项目里包括对文字型数据进行定性分析、利用 SPSS 进行单变量描述性统计分析、利用 SPSS 进行双变量关联统计分析、利用 SPSS 进行推断统计分析三个模块。为了使同学们具备完成分析市场调研数据这一工作任务所需要的技能,我们按照市场调研数据分析的工作步骤在各个模块里分别设计了相应的工作任务,并提供了参考案例。

【学习目标】

能力目标:能分析市场调研数据。

知识目标:理解定性分析的目的;掌握常用的定性分析方法。理解描述性统计分析的目的;理解总量指标、相对指标、平均指标、变异指标中各类指标的概念、种类和特点;掌握总量指标、相对指标、平均指标、变异指标的计算与分析方法;掌握利用 SPSS 软件进行单变量描述统计分析的方法。理解卡方分析的目的;掌握利用 SPSS 软件进行卡方分析的方法;理解相关与回归分析的目的；掌握利用 SPSS 软件进行相关与回归分析的方法。理解推断统计分析的目的；掌握利用 SPSS 软件进行总体参数估计和统计检验的方法。

素质目标：培养团队合作精神；培养学生独立分析问题的能力；培养学生 SPSS 软件操作的能力；培养学生书面文字表达能力。

任务	能力目标	知识目标	素质目标
模块1：对文字型数据进行定性分析	1. 能根据要求选择合适的分析方法 2. 能对数据进行正确的定性分析	理解定性分析的目的 掌握常用的定性分析方法	培养学生独立分析问题的能力 培养学生书面文字表达能力
模块2：利用 SPSS 进行单变量描述性统计分析	1. 能根据要求选择合适的分析方法 2. 能对数据进行正确的描述统计分析	理解描述性统计分析的目的 理解总量指标、相对指标、平均指标、变异指标中各类指标的概念、种类和特点 掌握总量指标、相对指标、平均指标、变异指标的计算与分析方法 掌握利用 SPSS 软件进行单变量描述统计分析的方法	培养学生独立分析问题的能力 培养学生 SPSS 软件操作的能力 培养学生书面文字表达能力
模块3：利用 SPSS 进行双变量关联统计分析	1. 能根据要求选择合适的分析方法 2. 能对数据进行正确的关联统计分析	理解卡方分析的目的 掌握卡方分析的方法 掌握利用 SPSS 软件进行卡方分析的方法 理解相关与回归分析的目的 掌握相关与回归分析方法 掌握利用 SPSS 软件进行相关与回归分析的方法	培养学生独立分析问题的能力 培养学生 SPSS 软件操作的能力 培养学生书面文字表达能力
模块4：利用 SPSS 进行推断统计分析	1. 能根据要求选择合适的分析方法 2. 能对数据进行正确的推断统计分析	理解推断统计分析的目的 理解成数、抽样平均误差、抽样极限误差、概率度、把握程度、置信区间等概念 掌握参数估计和统计检验的方法 掌握利用 SPSS 软件进行总体参数估计和统计检验的方法	培养学生独立分析问题的能力 培养学生 SPSS 软件操作的能力 培养学生书面文字表达能力

【开篇案例】

在市场调查报告中数据分析的价值

做销售的同志们都要定期地进行工作汇报,而汇报的内容里面很重要的一项是自己的区域市场分析。由于大家分析的方法与层次不一样,对自己市场的理解深浅不一样,更有部分同志一到分析的时候就心浮气躁、草草了事。于是乎,市场分析质量大打折扣,最终原本寄希望于在分析市场后得到有价值的发现变化就成为了泡影。

前些日子,笔者作为公司区域市场部的一员,应公司要求要认真准备自己区域的行动计划,这里面会涉及众多的数据收集与分析,而分析的内容其准确程度与反馈出的问题,会为我们将来在区域市场的策略制订以及资源分配上起到至关重要的作用,马虎不得。因为我们在数据中发现不了问题,或者说进行一些表面化的常规分析,就无法真正获得 where to play 的依据,从而也就做不到正确的 how to win。说心里话,以前自己也做过一些相关的工作报告,其中也涉及了些许微观的市场分析,像这一次数量如此之大的分析还是头一次;同时,以前多次看到原来公司中央市场部制定出来的产品定位、关键信息与成功因素、销售故事等内容,都能明白、都能理解,但是现在自己真正来进行自己区域的市场分析之时,确实在一定程度上体会到了看与做的差别。

面对已经拥有的一堆数据该怎么去有效地分析? 分析其中的哪些是有价值的东西,分析的内容怎样才能更切合实际地与自己区域的下一步销售联系起来。前面也谈到了,如何做出一份有价值的分析报告,是要下一番功夫的。单纯靠感觉和预估来评判市场的好坏存在着极大的风险,至少是不准确。因此,在进行这次市场分析的过程中,我发现,其实生活中有很多值得我们去学习和借鉴的东西,这可以增加我们对于数据分析的敏感性。

相信很多人都愿意看 NBA 的比赛,特别是休斯敦火箭队的表现时刻牵动着中国篮球迷的心,可是火箭队的表现却总是差强人意,季后赛闯不过第一轮,关键场次总是顶不住。到底是球员有问题,还是战术不得当,无论是专家,还是球迷都会对此现象有一番颇有理论的见解。我的体会是,这些见解基本上还是停留在主观的判断上,也就是仁者见仁、智者见智。那到底有没有更具说服力的数据来支持一下火箭队的一些症结所在呢? 答案是:有! 火箭队官网记者杰森·弗里德曼也对这个问题表示关注,并做出了自己的分析。

从初衷来看,火箭队肯定希望姚明更多接球,然后带动全队参与到进攻中去。但是他们目前还没有找到一条切实可行的办法,让姚明发挥出最大威力,从而使全队受益。通常情况下,一名外线球员要比在内线搏杀的球员获得更多进攻自主机会,因为球总是先从外线过渡,然后才可能传到内线。而内线球员显然要肩负起更多的责任,除了得分还有最关键的篮板球。内线球员不可能经常拉到外线持球进攻,所以这就对外线球员提出了要求,一定要在合理的位置和时间把球交给大个子,特别是当你拥有一名一流中锋的时候。而火箭队在这方面做得如何呢?看看姚明的投篮数据,赛季至今姚明总共出手878次,排在全联盟第41位;合到场均只有13.3次,排第57位!怎么看这都不是一个球队核心球员的正常数据。出现这种问题只有一个原因,那就是火箭队外线球员没有尽到责任。罗恩·阿泰斯特场均出手14.4次,总命中率只有40.5%。阿隆·布鲁克斯从2月中获得稳定首发以后场均出手近12次,总命中率40.6%。这两人在出手次数上和姚明基本平起平坐,但效率根本无法相提并论。姚明在全联盟出手次数排前49名的球员中命中率最高,达到了55%,场均得到19.8分。虽然还不满20分,但他只用了13.3次出手就拿到了这些分数。这是阿泰斯特和布鲁克斯无法相比的,而这两人却在前一阶段迷恋于单打独斗。布鲁克斯在输给马刺的比赛中全场出手18次,却只得18分,命中率只有38%,而且还浪费了最后一击的机会。

　　毫无疑问,火箭队希望让姚明在关键时刻接球,他们应该这样做。因为姚明除了内线攻击力外,还是一位非常好的罚球手,在对抗激烈的情况下,姚明可以很稳定地将罚球转化为得分。当然,前提是火箭队必须解决对手对姚明的绕前和包夹。一直以来,很多人都认为姚明不是一个可以在关键时刻操刀进攻的球员。但这是一个错误的信息和思维惯性,通过数据分析,姚明在关键时刻出手的投篮命中率为24.3%,在全联盟排名第22位,在所有中锋球员排首位。排在姚明前面的内线球员只有德克·诺维茨基(32.4%),蒂姆·邓肯(29.1%)和克里斯-波什(25.4%),其中邓肯有中距离打板能力,诺维茨基和波什的攻击范围都很靠外,甚至延伸到3分线外。而姚明打不进关键球的一个重要原因就是外线球员传球不够合理,致使姚明常常陷入包夹而导致丢球失误。有的时候,姚明在第四节发挥了很好的进攻效果,这和阿泰斯特和布鲁克斯减少个人持球攻击有关。火箭队应该延续这样的打法,继续摸索以姚明为轴心的战术。因为历史战绩已经证明,一支有外无内的球队是无法在季后赛中走远的。

　　记者杰森·弗里德曼的分析不知可不可以给予火箭队在战术思路上进行有效的帮助,但至少对于我们这些只会"看热闹"的球迷来说,多了些"看门道"的领悟。

　　其实我们仔细看NBA的比赛就会发现,它的每一场比赛自始至终都充满着数据的跟踪与解读,球队胜败已不仅仅是比分牌的简单对比,不是球员实力的对比,比赛本身实际上是数据的对比。比赛中的各项数据都在支持着球队胜败的 Where、Why、What 等方面。如果说作为一项运动都能做到如此之精细与精确,那么我们的市场推广工作就更应该引以为重了。

另外,在这次制订区域市场分析的过程中,笔者看到了很多中央市场部产品经理的报告,其内容同样是通过大量的数据统计,得出很多有价值的信息,特别是各产品的定位与关键信息,这些结论的得出,同样让我受益匪浅。因为从全国的角度看,一些共性与典型的问题与现象同样值得我们去关注,区域市场的一些情况,难免与全国的发展节奏不一样,如果有共同的问题,那么中央市场部的策略就会给予我们很好的借鉴,让大家少走一些弯路;如果有不同的方面,那么作为区域市场完全可以作为参考,以便做到未雨绸缪。总之,在关键的策略执行上,与中央市场部的步调保持一致是非常重要的,试想一下,如果在一个大的市场中存在着若干个区域市场,而每个市场对产品的定位大相径庭,区域人员各自为战,过分关注战术层面的操作,忽视产品在战略层面的培养,整个市场混乱无章,即便是局部销售成绩不错,但是整个市场隐含的不健康因素会越来越多,迟早要爆发。最终,作为公司层面难免会考虑,这个产品到底被市场所认可的地方在哪里? 还有哪里可以挖出增长点来? 因此,不理解中央市场部对产品的定位,不按照统一的步调进行推广,那么产品作为品牌的价值定位体现就会出现混乱和无序,最终对于产品的成长极为不利。

正是带有一些这样的感悟和思考,加之公司给了我们非常专业的分析方法指导与帮助,特别是分析模版中内容的设定,让我在分析的方向性上更加明确,做到了一定程度上的有的放矢。对于 Key findings 的寻找、对于关键成功因素的发现,怎样找到准确的 Conclusion,也就逐渐地找到了些感觉。对于区域市场策略的制订,特别是数据分析这一块内容,通过这一次的实践,我个人觉得,自己分析市场的能力在思路上得到了一定的提高,逐步脱离了曾经简单的数据统计和填充这个层面,正在向从数据中发现问题以及从数据中找到答案这个阶段迈进。

一份有价值的区域市场分析的确凝聚了很多智慧在里面。我想,作为一个从事营销的人员来说,无论与己也好、与公司的战略利益也好、与自己生意的成长也好,认真地提高自己分析市场的水平和能力,是一件值得关注的事情。

市场的成长,离不开你的成长。

资料来源:佚名:《在市场调查报告中数据分析的价值》,载《http://www.emkt.com.

cn/》,2010 年 3 月 18 日。

—— 小思考 ——

　　认真阅读案例中火箭队官网记者杰森·弗里德曼对火箭队表现总是差强人意的症结分析,体会一下数据分析对火箭队在战术思路上的帮助。那么,作为一名销售业务员或经理如何使数据分析的内容更切合实际地与自己区域的下一步销售联系起来呢?

　　通过本项目的学习,我们可以对如何分析市场调研数据有一个全面的了解。

模块 1　对文字型数据进行定性分析

　　如前文所说,在收集来的数据中,大致可以分为两类,一类是以文字为主的描述性数据;一类是通过整理以数量表示的数据。一般我们对前者采取定性分析,对后者采取定量分析。以下的任务则呈现完成整个定性分析工作的过程。

一、正式工作项目任务

　　以小组(不超过 8 人)为单位,对经过项目四实地市场调研所收集的文字型数据进行定性分析。

二、理论知识

(一)文字型数据及其特征

　　科学研究工作者通过参与活动、现场观察、深入交谈、查找资料等手段获得的,以叙事材料为主体,用文字描述为主要呈现方式的数据属于文字型数据。这些数据大都来源于自然情境,用于研究分析的文字型数据具有以下三个显著特征:

　　1. 描述性。非数量资料通常采用文字、声像和图像的形式记录研究中发生的事情,如情境实录、个人档案、谈话记录、笔记、照片、录音带、录像带等。

　　2. 事实性。非数量资料是以各种手段获得的可靠的事实。这种事实必须是研究情境中呈现的客观的原始材料,而不是出于研究者个人"想当然"的东西,也不是个人直觉、感受、主观判断或道听途说的记录。

　　3. 典型性。非数量资料所记录的事实是个别的、小范围的,但必须是典型的。

（二）定性分析的概念及原则

定性分析也称逻辑分析，是对不能量化的现象进行系统化的理性认识的分析，理论依据是哲学观点、逻辑判断及推理，其结论是对事物的本质、趋势和规律的性质方面的认识。

进行定性分析应遵循以下原则：

1. 坚持用正确的理论指导。

2. 分析只能以调查资料为基础，并且分析出的结果必须用调查资料来验证。

3. 要从调查资料的全部事实出发，不能简单地从个别事实出发。

（三）常用的定性分析方法

1. 归纳分析法

是以调查的分组资料为中心，对个别事实、直接经验加以概括，推演出有关事物的一般属性和本质的思维方法。这些个别的前提可以从观察、实验、调查中获得。归纳分析法是我们用得最广泛的一种方法，可分为完全归纳法和不完全归纳法。完全归纳法的结论范围不超出归纳对象范围，具有必然性。不完全归纳法的结论范围超出了归纳对象范围，具有或然性。不完全归纳法又分为枚举法和科学归纳法两种。枚举法是通过列举有代表性的事实来证实研究结论的思维方法。科学归纳法是根据对某一门类部分对象本质属性和因果关系的分析，得出研究结论的思维方法。结论可靠性程度较高，但仍然是或然性的。

①求同法

[例] 中小学中有一些体质很好的学生，而我们了解一系列情况就可以发现，尽管他们的年龄、家庭经济条件、生活环境、作息制度、饭量等都不一样，但其中都有一个共同的事实，就是他们每天都锻炼，并持之以恒。由此可以作出判断：

持之以恒地锻炼身体是保持健康体质原因之一。

推理过程如下：

甲生锻炼、早起、饭量大…………………………… 健康
乙生锻炼、营养好、父母特别照顾…………………… 健康
丙生锻炼、住房宽敞、足月生………………………… 健康

锻炼…………………………………………… 健康

将上述过程用逻辑表达式表示：

情况	事实
ABC···a	
ADE···a	
AEF···a	

A··a

（原因）······················（结果）

②求异法

[例] 两位在学历、教龄、教学水平、教学责任心、教学手段等方面大体相同的教师，一位十分注意教学过程中的积极暗示，总是用自己的一个眼神、一个动作、一句话暗示学生，鼓励学生。而另一位教师无意于此，只是认认真真教课。结果发现前者所任教的班级学生学习的积极性高于后者所任教的班级的学生。因此，可以认为教师的积极暗示可以提高学生的积极性。由此，我们可以在教学中通过积极的暗示提高学生的学习积极性。

推理过程如下：

教师甲：积极暗示、大学本科、8年教龄、讲课深入浅出、市先进、学生学习积极性高

教师乙：大学本科、10年教龄、讲课生动、市先进、学生学习积极性一般

积极暗示······························学生学习积极性高

将上述过程用逻辑表达式表示：

情况	事实
ABCDEF ······································	a
－BCDEF··	－

A···································· a

（原因）····························· （结果）

③共变法

[例] 学校在教学中采取了"合作学习"的措施，在采取这一措施后，学生的学习能力有了普遍提高。在这变化过程中，"合作学习"和"学生学习能力提高"在一定条件下存在着一种相互作用、共同变化的关系，这种关系可以用下表表示：

合作学习　　　　　　　　　　学生学习能力提高

出现…………………………………………　　出现

加强…………………………………………　　提高

减弱…………………………………………　　降低

……

合作学习…………………………………… 教学效果

其逻辑表达式：

合作学习……………………………………学生学习能力提高

A1……………………………………a1

A2……………………………………a2

A3……………………………………a3

……

A…………………………………… a

在归纳方法中，任何结论都是基于从调查、实验或观察中得出的证据。市场营销研究中通过对大量个体（或样本）的研究得出一般性结论的方法使用的就是归纳法。

2. 演绎分析法

演绎，是从一般到特殊和个别，是根据一类事物都具有的一般属性来推断该类中的个别事物所具有的属性的推理形式。它把调查资料的整体分解为各个部分、方面、因素，形成分类资料，并通过这些分类资料的研究分别把握事物的特征和本质。演绎是从一般到特殊的推理，在前提正确的情况下，结论可靠。适合于对假设进行检验。主要形式为三段论和假言推理。

三段论形式表示为：

所有的 A 都具有某种属性　　　　所有的 A 都具有某种属性

a 属于 A　　　　　　　　　　　b 没有这种属性

————————————　　　————————————

所以，a 具有某种属性。　　　　所以，b 不是 A。

〔例〕

上层建筑受经济基础支配　　　　教育是一种有意识的活动

教育是一种上层建筑　　　　　　动物对下一代的哺育是没有意识的

————————————　　　————————————

教育受经济基础的支配　　　　　动物对下一代的哺育不是教育

以上是两种最简单形式的三段论,结论的正确性取决于大前提和推理形式的正确性。

假言推理形式表示为:

如果 A,那么 a　　　　　　　　只有 A,才 a

A　　　　　　　　　　　　　　非 A

―――――――――――　　　　　――――――――――

所以,a　　　　　　　　　　　所以,非 a

[例]

如果实施素质教育,　　　　　只有教师尊重学生

就能提高学生素质　　　　　　才有好的教育效果

实验学校 B 在实施素质教育　教师 B 不尊重学生

―――――――――――　　　　　――――――――――

实验学校 B 提高了学生的素质　教师 B 不会取得良好效果

在运用演绎分析法时要注意如下问题:

①分类研究的标准要科学;

②分类研究的角度应该是多角度、多层次的;

③对分类研究后的资料还要运用多种逻辑方法揭示其本质,形成理性认识;

④综合要以分类研究为基础;

⑤综合要根据研究对象本身的客观性质,从内在的相互关系中把握其本质和整体特征,而不是将各个部分、方面和因素进行简单相加或形式上的堆砌。

3. 比较分析法

比较分析法是把两个或两类事物的调查资料相对比,从而确定它们之间的相同点和不同点的一种逻辑分析方法。一般需要选择一定的参照系:国家、地区的水平。

运用比较分析法时,要注意如下问题:

①可以在同类对象间进行,也可以在异类对象间进行;

②要分析可比性;

③应该是多层次的。

4. 结构分析法

在市场调查的定性分析中,我们通过调查资料,分析某现象的结构及其各组成部分的功能,进而认识这一现象本质的方法,称为结构分析法。结构分析法要着重分析以下内容:

①分析结构;②分析内部功能;③分析外部功能。

三、实践操作

调研人员在收集了文字型数据之后,就可以进行定性分析了。和定量分析的方法相类似,定性分析的过程包括数据的审核、汇总登记和数据分析等工作,本部分将呈现定性分析的过程。

（一）文字型数据的汇总登记

在对数据进行审核和分组后,紧接着的就是对资料进行汇集、加工、登记的整理工作。这项工作是分析,尤其是定量分析不可缺少的重要环节。

对文字型数据的汇总登记主要有以下两种方式:

1. 内容摘要

对于文献资料、经验总结、谈话、观察及问卷中开放型问题的回答等材料,按照研究指标分类的要求,将其中内容丰富、生动具体、典型的事例或观点等,进行摘要记录。通过摘要记录将材料中的事实内容保留下来,为定性分析提供有血有肉的论据。

2. 原始登记表

研究大量的材料可以通过采取原始登记表的方式进行登记,为下一步的定量分析奠定基础。

［例］ 对一项研究学生学习方法的调查问卷和访谈资料进行登记

①根据调查和访谈了解的内容,设计出材料汇总登记表。

表 6-1 学生学习有关情况表

姓名		性别		年龄		政治面貌		社会工作	
父母情况	父	年龄			文化			职业	
	母	年龄			文化			职业	
家庭经济				学习环境					
学习方法	预习			等级					
	听课								
	复习								
	作业								
	整理								
课后学习时间				小时					
学习效果									

②阅读调查材料,将材料的各项内容一一登记入表,每位调查对象一张。

(二)选择合适的定性分析方法进行分析

常用的定性分析方法主要有归纳分析法、演绎分析法、比较分析法、结构分析法四种。在进行定性分析时,要根据所收集的数据特点和分析目的加以选择。比如,如果需要通过对大量个体(或样本)的研究得出一般性的结论,这时要使用归纳分析法;如果需要对已有的假设进行检验,这时要使用演绎分析法;如果掌握了两个(类)或多个(类)事物的调查资料,可使用比较分析法。

[例] 以下是杭州市饮料市场连续两年的调查资料,请根据所给资料对杭州市饮料市场进行定性分析。

表 6-2 1992 年杭州市饮料统计数

名称	单价	价格(元)	包装	功能	原料	产地
可口可乐	听	2.30	易拉罐	普通型	碳酸汽	福建
芒果汁	听	3.90	易拉罐	普通型	果汁	香港
粒粒清凉橙	听	4.00	易拉罐	普通型	果汁	台湾
菲律宾芒果汁	听	4.61	易拉罐	普通型	果汁	菲律宾
天然椰子汁	听	2.70	易拉罐	普通型	果汁	海南
粒粒橙汁	听	3.80	易拉罐	普通型	果汁	香港
东莞荔枝汁	盒	0.97	纸盒	普通型	果汁	广东
矿泉水	瓶	1.50	塑瓶	普通型	泉水	本市
雪碧	瓶	2.60	塑瓶	普通型	碳酸汽	本市
娃哈哈果奶	杯	0.80	塑瓶	儿童型	奶制品	本市
万佳宝	杯	0.80	塑杯	儿童型	奶制品	本市
日康奶	杯	0.90	塑杯	儿童型	奶制品	外省
乐百氏奶	杯	0.90	塑杯	儿童型	奶制品	广东
柠檬汽水	瓶	0.45	玻璃瓶	普通型	碳酸汽	外省
芬达汽水	杯	0.90	纸杯	普通型	碳酸汽	本市

表 6-3 1993 年杭州市饮料统计数

名称	单位	价格(元)	包装	功能	原料	产地
树顶果汁系列	听	5.10(340ml) 4.00(250ml)	易拉罐	普通型	果汁	美国
禄果汁系列	听	4.65	易拉罐	普通型	果汁	宁波
娃哈哈银耳燕窝	听	6.60	易拉罐	营养型	银耳、燕窝	本市
娃哈哈八宝	听	3.88	易拉罐	营养型	食物	本市

续 表

名称	单位	价格（元）	包装	功能	原料	产地
娃哈哈八宝粥	听	3.80	易拉罐	营养型	食物	本市
亲亲营养八宝	听	4.30	易拉罐	营养型	食物	扬州
娃哈哈黑糯米粥	听	2.48	易拉罐	营养型	食物	本市
娃哈哈果奶	瓶	0.80	塑瓶	营养型	奶制品	本市

定性分析：

采用归纳分析法和比较分析法对杭州市饮料市场进行分析,可以得出如下结论:饮料市场由多品牌分割的市场向少数几个知名品牌集中,饮料品牌由单一产品向系列化产品发展,饮料包装以易拉罐和塑瓶包装为主,人们对饮料的需求愈来愈注重营养和用餐方便。由于人们愈来愈注重饮料的新鲜与否,饮料产地愈来愈地产化。

四、问题与经验

通过本模块的学习我们要解决文字型数据的定性分析问题。在本模块里,我们需要注意以下问题:

在对数据的分析中,用定性分析还是定量分析,取决于数据的内容和性质。一些数据需要用定性分析或以定性分析为主,而另一些数据则需要用定量分析或以定量分析为主。在多数情况下,需要定性分析和定量分析相结合。

五、参考范例

当代中西教学模式比较分析
—— 兼论我国当代教学模式建构不足

与西方教学模式相比,我国教学模式的整体特征是形式多样和功能单一,"基本上限于传授和学习书本知识这一种模式"功能。虽然现在出现了名目繁多的教学模式,如主体性教学模式、本体性教学模式、愉快教学模式、和谐教学的课堂教学模式等,但这些都没有超出传授书本知识这一窠臼。即使是传授的方式有变,但学习书本知识的目的没有变,仅适合于传授知识的功能也没有变。其"先进"之处不过是为某一种教学模式提出了更多的教学目标,这些目标能否实现却是值得怀疑的。因为我国具有的传统的整体性思维模式往往使我们寄希望于通过一个过程达到所有的目标,而不善于通过多种途径实现各自的目标或进行分门别类的研究,也因此造成各模式之间的大同小异、分工不明、特点不突出。综述起来,我国的教学模式可概括为以下几个特征。

1.功能单一。以传授书本知识为首要的和主要的目标。在我国传授知识的教学模式几乎占据了所有的课堂,成为唯一的实用的固定模式。教学不是以能力发展为主要目标和着眼点,而是主要在于掌握考试所需要的知识上,即培养智力是为了掌握更多的知识,而不是为培养能力而学习知识,而且认知发展的目标虽然喊得很响,但专门为各种认知发展提供的教学模式却不多见,不像西方那样有专门的智力训练的模式,如记忆力模式、归纳思维模式、群辩法等。通过知识学习来训练各种能力的途径是不错的,但结果往往是以知识掌握的成功掩盖了认知发展的失败。因为人们习惯地认为只要学习了知识也就发展了能力,二者是同一的。认知发展没有从知识教学中凸现出来,反而消亡在知识教学过程之中。其实,知识学习和认知发展是统一于一个过程之中的,但却不是"如果A,那么一定B"的关系,即A不是B的充分必要条件。退一步说,如果说这种知识型的教学对认知发展还有一定功效的话,那么对社会性品质的培养、情感意志和心理健康的发展来说,收效是甚微的,而专门适用于这些个性品质等培养的教学模式还几乎没有,这不能不说明我国教学模式的功能是比较单一的。

2.每一种模式的教学目标都是大而全,模式之间的特征不明显,针对性差。我国教学模式呈现的特点是各类模式之间没有自己"特定"要完成的教学目标,每一种教学模式都为自己设定德、智、体、美、劳各方面的教学目标,或试图建立一种能适用于所有学科的教学模式,如"本体性教学模式既为一般意义下的教学模式,又为所有各学科的共有教学模式"。每一种新建立的模式似乎都具有相同的功能,能完成所有的目标。每一种模式都大致遵循同样的教学过程:提出问题、激发兴趣——引发学生思考、解决问题——教师评价、信息反馈,而且模式的使用仅限于课堂之中传授书本知识。模式的功能如此单一而目标却非常全面,这样就产生了模式功能与教学目标的矛盾,单一模式功能根本就不可能完成复杂的教学目标。而且,模式是按照知识教学的目的,以分科教学为原则设置,模式目标却由学生个性发展的各个方面组成,这就明显产生了模式实际产生的功能与教学目标脱离,对学生智力培养的终极目标仍落脚于"章节"的现象。要解决这一问题,最有效的途径是改变原来的以知识教学为目的教学的建模原则,为各种能力的发展建立自己独特的教学模式。模式之间分工相对明确而又相互配合,使个性的发展与教学模式一一对应起来。

3.模式的理论性很强,可操作性差。理论性强表现在理论上建立了很多模式,但实践上不能运用起来;能运用的,却不能完成模式规定的所有目标。

当然,这是针对除传授知识之外的其他教学目标而言的。我国的教学模式呈现笼而统之、大而化之的状况。过去,各类教学目标拥挤在一条实现途径上,而这种途径又是为知识教学设计的,这就使得其他目标的实现是非常困难的。现在,人们也试图为社会性品质的培养、情感意志的训练等建立相应的教学模式,但这些模式的可操作性很差,仅停留在理论建构的水平上,缺乏操作的具体步骤,实际应用起来较为困难,对实践的指导作用不大。或者这些模式与知识教学的模式融合在一起,附在知识教学的身后,使得这些目标成为可有可无的事物。当前,我国也有一些课外活动有助于上述品质的形成,但这些活动大都缺乏教师的指导,没被当成必须要完成的任务来处理,而且这些活动的内容也没有被提升到课堂教学中来,更不用说形成有理论指导的、有操作教学程序的模式了。因此运用起来随意性较大,且没有科学的评价手段,不能形成完整的、具有反馈功能的操作系统。我国中小学开设的劳动技术课、思想品德课等有别于纯知识教学的课,也被讲解—接受式的教学模式占据而失去实践课的性质。这一方面是由于应试教育的教学目的所致,另一方面也不排除因实践课的教学模式的缺失而造成。

总结造成我国教学模式现状的原因,可以简单地归结为两点:一是以知识教学为主的教学目的决定的。这种教学目的来源于考试是以知识的而不是以能力或品质等的考查为主,这不仅使模式的使用以掌握知识为原则,而且限制了模式向多样性、丰富性方向的发展。这种丰富性实际上应该是产生的功能的丰富性,而不是名称上的花样繁多。二是由于我国传统思维方式上的整体性、思辨性的特征造成的。整体性使得教育的研究者和实践者不习惯于或不善于以分析的方式对待教学目标和教学模式,因而强求教学目标的整体性和模式的一模多能性,造成目标和模式之间缺乏针对性。思维方式的思辨性特点也使得模式的建构是一个构想的和臆想的过程,而不是实地考查和验证的过程,因而不具有实用性。要克服以上缺点:(1)要以学生各方面的发展为标准建立各类教学模式,突破书本知识和课堂教学的局限;(2)要以各种能力的发展为中心组织教学内容,设计教学模式;(3)研究者要切实做到理论与实践相结合,建立起真正实用的教学模式。

模块 2　利用 SPSS 进行单变量描述性统计分析

描述性统计分析,是营销调研中最常用的定量统计分析方法,也是进一步分析的基础。描述统计是相对于推断统计而言的,是运用样本统计量描述样本统计特征的统计分析方法。单变量统计分析,只能进行描述性研究。单变量的描述性统计分析主要是计算描述变量与其他变量对比关系、衡量频数分布的集中趋势、离散程度和分布形状的统计指标。以下的任务则呈现完成整个工作的过程。

一、正式工作项目任务

以小组(不超过 8 人)为单位,根据项目五实地调研数据录入电脑所形成数据库,在数据整理的基础上对单变量进行描述性统计分析。

二、理论知识

(一)数据的对比分析

对比分析是统计分析的重要方法,是反映现象之间数量关系的重要手段。它通过对比的方法反映现象之间的联系程度,表明现象的发展过程,还可以使那些利用总量指标不能直接对比的现象找到可比的基础,因而在市场调研分析中经常使用。凡事都是相对的,没有绝对,数据分析也是如此。指标没有好坏,就看你跟谁比。一般来说,我们可以从以下几个维度进行对比分析:

维度	比较分析方法
目标	与制定的目标比
时间	与上月、去年同期比
部门	与同级(公司、部门比)
行业	与标杆行业、竞争对手比
活动	活动、广告投入前后效果比
	目标用户与非目标用户比

市场调研数据分析中常用的对比分析指标,主要有结构相对指标、比较相对指标、比例相对指标和强度相对指标等几种。

结构相对指标是总体各组部分与总体数值对比求得的比重或比率,用来表明总体内部的构成情况。它从静态上反映总体内部构成,揭示事物的本质特征,其动态变化可以反映事物的结构发展变化趋势和规律性。

比较相对指标是指不同总体同类现象指标数值之比。它表明同类现象在不同空间的数量对比关系,可以说明同类现象在不同地区、单位之间发展的差异程度,通常用倍数(系数)或百分数表示。

现象总体内各组成部分之间存在着一定的联系,具有一定的比例关系。

为了掌握各部分之间数量的联系程度,需要把不同部分进行对比。比例相对指标就是同一总体内不同部分的指标数值对比得到的相对数,它表明总体内各部分的比例关系,如家庭调查中的收支比例,国民经济结构中的农、轻、重比例等,通常用百分数表示,也可以用一比几或几比几的形式表示。

在市场调研中,有时要研究不同事物间的联系,如流通费与商品销售额、产值与固定资产等,这就需要通过计算强度相对指标来分析。强度相对指标是两个性质不同而有联系的总量指标对比得到的相对数,它反映现象的强度、密度和普通程度。

(二)数据的集中趋势分析

对调研数据分布的规律性中集中特征进行分析,是对被调查总体的特征进行准确描述的重要前提。一组数据的集中趋势是由集中趋势指标来描述的,它反映了数据分布中大量数据向某点集中的情况。集中趋势指标是用一个一般水代表值来描述数据分布集中趋势的统计指标。描述数据集中情况的指标包括算术平均数、中位数、众数。

算术平均数(也称均值)是集中趋势指标中最常用的一个统计量,适用于不存在极端值的定距或定比变量集中趋势的度量。例如,人均购买量、人均购买次数、拥有量等都属于反映消费者的评价购买或拥有状况的指标。

某一变量 X_A 的算术平均数可用下式计算:

$$\overline{X_A} = \frac{X_1 + X_2 + X_3 + \cdots + X_n}{n} = \frac{\sum X}{n}$$

式中:$X_1, X_2, X_3, \cdots, X_n$ 代表 X_A 的第 i 个观测值;n 代表样本量。

利用算术平均数,可以将处在不同地区、不同单位的某现象进行空间对比分析,以反映一般水平的变化趋势或规律;可以分析现象间的依存关系等等,从而拓宽分析的范围。

中位数也称为 50% 分位数,是按变量的取值将整个样本数据排序后的中间值。如果样本单位数为偶数,则中位数为居中的两个数据的算术平均数,适用于①定序变量;②有极端值且分布比较均匀的定距和定比变量。

众数是在一组数据中出现频率最高的数值,表示变量分布最高峰所在的位置,最适合用来表示定类变量的集中趋势,但也可用于有极端值且分布且有明显集中趋势的定距和定比变量。例如,当问人们最喜欢哪个品牌时,众数所对应的品牌就是人们最喜欢的品牌。

从分析的角度看,众数反映了数据中最大多数的数据的代表值,可以使我们在实际工作中抓住事物的主要矛盾,有针对性地解决问题,但若出现了双众数现象,则可能说明调研总体不具有同质性,数据可能来源于两个不同的总体。这类结果既可以用来检查方案设计中的总体一致性问题,也可以用来帮助验证数据的可靠与否。

(三)数据的离散程度分析

对一组数据规律性的研究,集中趋势是数据重要数量特征的一个方面,离散程度则是数据数量特征的另一方面。集中趋势反映的是数据的一般水平,我们用一个数值来代表全部数据。但若要较全面地掌握这组数据的数量规律,还需要计算反映数据差异程度的指标。描述数据离散程度的指标包括以下三类:

1. 用于度量定距或定比变量分布的离散程度指标,如极差、平均差、方差、标准差和标准差系数等。

极差(也称全距)是数据中两个极端值之差。一般说,极差越大,平均值的代表性越小。所以,极差可以一般性地检验平均值的代表性大小。

平均差是变量各观测值与其算术平均数离差绝对值的算术平均数。平均差与平均数代表性的关系,与极差基本一致。不同的是,平均差的计算由于涉及了样本中的全部数据,因而能更综合地反映样本数据的离散程度。

方差与标准差是幂的关系,前者是后者的平方。

标准差的计算公式如下:

$$\sigma = \sqrt{\frac{\sum (x - \bar{x})^2}{n}}$$

这两个指标均是反映总体中所有单位标志值对平均数的离差关系,是测定数据离散程度最重要的指标,其数值的大小与平均数代表性的大小呈反方向变化。

标准差系数是为两组数据间进行比较而设计的,是一组数据标准差与平均值相比较而得的相对值。在平均值不同的两组数据间,直接用标准差进行离散程度的比较是不科学的,甚至还会得出相反的结论。

标准差系数,是相对形式的变异指标。其计算公式为:

标准差系数:$V_\sigma = \dfrac{\sigma}{x} \times 100\%$

式中,V_σ 代表标准差系数(或称离散系数)。

2. 用于度量定类变量分布的离散程度指标,即异众比率。

异众比率是指非众数组次数与总体内全部总体单位数的比率。

异众比率的计算公式如下:

$$V_r = \frac{N - f_{M_0}}{N}$$

式中,V_r 为异众比率;f_{M_0} 为众数次数;N 为总体单位数。

异众比率的意义在于指出众数所不能代表的那一部分调查单位数在总体中的比重。异众比率愈小,说明众数的次数愈接近总体次数,标志变异的程度愈小,众数的代表性愈大;异众比率愈大,说明众数的次数愈小,标志变异的程度愈大,众数的代表性愈小。

[例] 根据表 6-4 的数据,异众比率计算如下:

表 6-4　某城市居民关注广告类型的频数分布

广告类型	人数(人)	频率(%)
商品广告	112	56.0
服务广告	51	25.5
金融广告	9	4.5
房地产广告	16	8.0
招生招聘广告	10	5.0
其他广告	2	1.0
合计	200	100.0

$$V_r = \frac{N - f_{M_0}}{N} = \frac{200 - 112}{200} = 0.44 = 44\%$$

这说明在所调查的 200 人当中,关注非商品广告的人数占 44%,即关注商品广告的人数占 56%。由于异众比率值较大,从而用"商品广告"来反映城市居民对广告关注的一般趋势,代表性还不是很好。

3. 用于度量定序、定距和定比变量分布的离散程度指标,即四分位差。

四分位差是上四分位数与下四分位数之差,即 $Q_D = Q_U - Q_L$

上四分位数的位置 $= [3(n+1)]/4$

下四分位数的位置 $= (n+1)/4$

四分位差反映了下四分位数至上四分位数之间(即中间的 50% 数据)的离散程度或变动范围。四分位差越大,说明中间这部分数据越分散;而四分位差越小,则说明中间这部分数据越集中。四分位差主要用于定序、定距和定比变量,四分位差在一定程度上可用于衡量中位数的代表程度。

[例] 根据表 6-5 的数据,四分位差计算如下:

表 6-5　甲城市家庭对住房状况的评价

回答类别	甲城市	
	户数（户）	累计户数（户）
非常不满意	24	24
不满意	108	132
一般	93	225
满意	45	270
非常满意	30	300
合计	300	—

上四分位数的位置＝〔3(n＋1)〕/4＝226

从以下累计频数可知，上四分位数为满意。

下四分位数的位置＝〔n＋1〕/4＝75

从以下累计频数可知，下四分位数为不满意。

四分位差 Q_D＝满意—不满意＝两个等级。

（四）分布形状指标

偏度与峰度是测度数据分布形状的指标。相对于集中趋势和离散程度而言，偏度和峰度主要不是从数值水平的角度考察分布的代表值或变异程度，而是从整个分布图形的形状来考虑的，所刻画的是"分布的形态特征"。偏度系数和峰度系数反映了数据偏离正态分布的程度。

偏度是测度数据分布的偏斜方向和偏斜程度的指标，用于衡量变量的分布是否对称。对称性分布的偏度值为 0；负偏（左偏，也就是小于均值一侧的尾巴比较长）时，其值小于 0；正偏（右偏，也就是大于均值一侧的尾巴比较长）时，其值大于 0。

峰度是测度与正态分布相比，频数分布曲线尖峭或平缓程度的指标，用于说明一个样本总体在众数周围的集中程度。正态分布的峰度值为 0；如果峰度值为正，说明频数分布图形比正态分布更尖峭；如果峰度值为负，说明频数分布图形比正态分布更平缓。

三、实践操作

调研人员熟悉了描述性统计分析方法的内容之后，就可以开始单变量描述性统计分析的工作了，本部分将呈现单变量描述性统计分析的过程。

（一）计算集中趋势指标

描述数据集中情况的指标包括算术平均数、中位数、众数。实际中，同一变量的三个集中趋势指标可以各不相同。那么到底哪个指标能够准确地反映变量的集中趋势呢？这取决于变量的测量尺度和分布的形状。定类变量应该使用众数；定序变量适合用中位数；定距或定比变量的众数意义通常不大，可考虑用中位数或算术平均数。中位数的优点是不受个别极大值或极小值的影响，缺点是不能充分利用所有已知的变量信息；而算术平均数正好相反，能够利用所有已知信息，但对极大或极小的数值很敏感。如果数据中存在极端值，算术平均数就不是一个很好的集中趋势指标，这时用中位数比较合适。

（二）计算离散程度指标

描述数据离散程度的指标包括极差、平均差、方差、标准差和标准差系数、异众比率、四分位差等。那么到底哪个指标能够准确地反映变量的离散程度呢？这取决于变量的测量尺度和分布的形状。定类变量应该异众比率；定序变量适合用四分位差；度量定距或定比变量分布的离散程度，适合用极差、平均差、方差、标准差和标准差系数等。极差的优点是计算简便，缺点是仅仅取决于两个极端值的水平，不能反映其间的变量分布情况，受极端值的影响过于显著；平均差的优点是根据全部数值计算的，受极端值影响较全距小，缺点是由于采取绝对值的方法消除离差的正负号，应用不便；标准差和标准差系数是测定定距或定比变量离散程度最常用、最重要的指标，其中标准差系数是为两组数据间进行比较而设计的，当两组数据的平均值不等时，对比数据间的离散程度，用标准差系数。

（三）分析说明描述指标计算的结果

分析说明描述指标计算的结果即解释是在数据分析的基础上找出信息之间或手中信息与其他已知信息的联系。解释的主要目的是从所收集的数据中获得结论。它是把分析过的数据变成跟调研目的有关的有用信息，以使收集的数据能为调研目的服务。

[例]　不要被所谓的平均起薪误导

管理教育在中国发展迅速，生源的争夺也愈演愈烈。择校时考生非常关心的一项指标就是毕业生的平均起薪。但是，在同届毕业生起薪差异很大的情况下，用平均起薪代表某校毕业生的起薪水平具有明显的误导作用。请看如下模拟的 MBA 毕业生的起薪数据：

表 6-6　MBA 起薪的模拟数据

平均值	22.57	均值的标准误差	0.98
中位数	17.00	中位数的标准误差	1.15
Q1	11.00	Q3	30.00
四分位差	19.00		
最小值	4.00	最大值	67.00
全距	63.00		
方差	233.78	标准差	15.29
偏度	1.21	偏度的标准误差	0.47
峰度	0.89	峰度的标准误差	1.13

表 6-6 显示 MBA 起薪的平均值约 22.6 万元，但中位数却只有 17 万元，两者相差约 5.6 万元。这是因为少数高薪的毕业生将平均起薪拉高了，导致一个显著右偏的起薪分布（偏度＝1.21）。各项差异度指标显示同届毕业生的起薪差异很大，最高值 67 万元，而最低值只有 4 万元，两者相差 63 万元，标准差达 15.3 万元，有 1/4 的毕业生的起薪不足 11 万元，另外 1/4 的毕业生的起薪却超过了 30 万元。因此就不难解释，为什么多数毕业生都感到自己没有达到同届的平均起薪水平。因此，当变量呈显著的偏态分布时，平均值不是一个合适的概括性指标，很容易误导人们，应该用中位数。但是，如果变量的分布非常离散时，任何一个集中趋势指标都不能很好地反映变量的中心。

（四）单变量描述统计分析的 SPSS 操作

1. 使用"Analyze-Descriptive Statistics-Descriptives"功能计算最大值、最小值、算术平均数、标准差、偏度、峰度指标。

2. 根据使用"Analyze-Descriptive Statistics-Frequencies"功能制作的次数分布表，计算中位数和众数。

四、问题与经验

通过本模块的学习我们要解决单变量的描述性统计分析问题。因此，在本模块里，为了正确地选择相适应的统计分析指标，我们需要注意如何将待分析的变量进行正确的分类。

一般来说，根据变量的测量精度不同，可把变量由低到高分为四种尺度：定类变量、定序变量、定距变量和定比变量。

（一）定类变量

定类变量又称为名义（Nominal）变量。这是一种测量精确度最低、最粗略的基于"质"因素的变量，它的取值只代表观测对象的不同类别，例如"性别"变量、"职业"变量等都是定类变量。定类变量的取值称为定类数据或名义数据。定类数据的共同特点是用不多的名称来加以表达,并由被研究变量每一组出现的次数及其总计数所组成,这种数据是枚举性的,即由计数一一而得。唯一适合于定类数据的数学关系是"等价关系"。因而,在定类数据中,同一组内各单位是等价的,同时若更换各不同组的符号并不会改变数据原有的基本信息。因此,最常用来综合定类数据的统计量是频数、比率或百分比等。

(二)定序变量

定序变量又称为有序(Ordinal)变量、顺序变量,它的取值的大小能够表示观测对象的某种顺序关系(等级、方位或大小等),也是基于"质"因素的变量。例如,"最高学历"变量的取值是:1—小学及以下,2—初中,3—高中、中专、技校,4—大学专科,5—大学本科,6—研究生以上。由小到大的取值能够代表学历由低到高。定序变量的取值称为定序数据或有序数据。适合于定序数据的数学关系是"大于(＞)"和"小于(＜)"关系。在定序数据中,同一组内各单位是等价的,相邻组之间的单位是不等价的,它们存在"大于"或"小于"的关系。而且,如进行保序变换(或称单调变换),则不改变数据原有的基本信息即等级顺序。最适合用于综合定序数据集中趋势的统计量是中位数。

(三)定距变量

定距变量又称为间隔(Interval)变量,它的取值之间可以比较大小,可以用加减法计算出差异的大小。例如,"年龄"变量,其取值 60 与 20 相比,表示 60 岁比 20 岁大,并且可以计算出大 40(60～20)岁。定距变量的取值称为定距数据或间隔数据。定距数据是一些真实的数值,具有公共的、不变的测定单位,可以进行加减乘除运算。定距数据的基本特点是两个相同间隔的数值的差异相等,例如,年龄 60 岁与 50 岁之差等于 40 岁与 30 岁之差。对于定距数据,不仅可以规定"等价关系"以及"大于关系"和"小于关系",而且也可以规定任意两个相同间隔的比值或差值。如果将每个数值分别乘以一个正的常数再加上一个常数,即进行正线性变换,并不影响定距数据原有的基本信息。因此,常用的统计量如均值、标准差、相关系数等都可直接用于定距数据。

(四)定比变量

定比变量又称为比率(Ratio)变量,它与定距变量意义相近,细微差别在于定距变量中的"0"值只表示某一取值,不表示"没有"。而定比变量的"0"值表示"没有"。例如,人的身高就是一个定比变量,如果身高值为"0"米,则表示这个人不存在。而温度就是一个定距变量,在测定温度的摄氏表中,0℃并不表示没有温度,因为还有在零点以下的温度。定比变量的取值称为定比数据或比率数据。定比数据也同样可进行算术运算和线性变换等。通常对定距变量和定比变量不需再加以区别,两者统称为定距变量或间隔变量。

一般的,定类变量和定序变量用于描述定性数据,属于定性变量;而定距变量和定比变量用于描述定量数据,属于定量变量。

同其他分类标准一样,一个变量在不同分析中可当做不同尺度的变量。例如,"年龄"在某些分析中(如回归分析)当做定距变量,而在另外一些分析中(如方差分析)可通过统计分组作为定类变量处理。

另外,较高尺度的变量包含了较低尺度变量的性质。定序变量包含了定类变量的所有特征,定距变量同时包含了定序变量和定类变量的特征。这种性质允许在分析数据时把一些较高尺度变量作为较低尺度变量处理。例如,定距变量可当做定类变量或定序变量看待,而定序变量可作为定类变量分析。

五、参考范例

×市雅戈尔品牌认知调查问卷分析报告

本案例是项目五模块三参考案例的继续。

调查结果在整理的基础上,分析如下:

一、样本基本信息(略,见项目五模块三参考范例)

二、具体问题:

(一)单变量描述统计分析

1. 品牌了解度分析

表1 请问您了解雅戈尔品牌吗?

	频率	百分比	有效百分比	累积百分比
了解	475	95.0	95.0	95.0
不了解	25	5.0	5.0	100.0
合计	500	100.0	100.0	

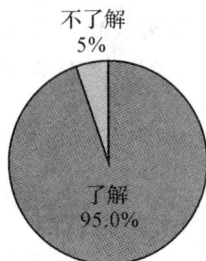

图1 请问您了解雅戈尔品牌吗?

　　如图1所示,对雅戈尔品牌了解的消费者比例占95.0%,不了解的占5.0%,这说明在所调查的500人当中,大多数的消费者了解雅戈尔品牌,即众数为95%,异众比率为5.0%,由于异众比率值较小,从而可以认为用"了解"来反映消费者对雅戈尔品牌的了解程度,其代表性较高。

　　2. 了解途径分析

表2　请问您通过什么途径了解雅戈尔产品的?

	频率	百分比	有效百分比	累积百分比
朋友介绍	476	95.2	95.2	95.2
杂志报刊	6	1.2	1.2	96.4
电视广告	6	1.2	1.2	97.6
其他	12	2.4	2.4	100.0
合计	500	100.0	100.0	

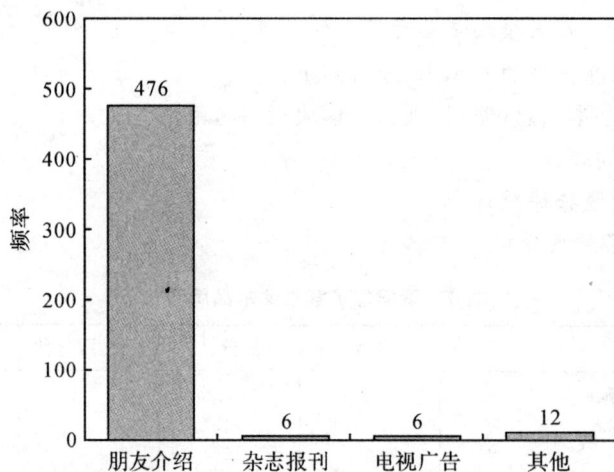

图2　请问您通过什么途径了解雅戈尔产品的?

　　数据图表显示,消费者购买雅戈尔的主要来源是朋友介绍,占95.2%;杂志报刊,占1.2%;电视广告,占1.2%;其他占2.4%。即了解雅戈尔通过电视广告途径占95.2%,众数为95.2%,即大多数消费者是通过电视广告了解雅戈尔产品的。从数据分布的离散趋势来看,异众比率为4.8%,由于异众比例值较小,从而可以认为用朋友介绍来反映消费者了解雅戈尔产品的一般途径,是比较合理的。

3. 购买注重要点分析

表3 购买雅戈尔服装时你最注重的是?

	频率	百分比	有效百分比	累积百分比
品牌	366	73.2	73.2	73.2
价格	10	2.0	2.0	75.2
款式	123	24.6	24.6	99.8
其他	1	.2	.2	100.0
合计	500	100.0	100.0	

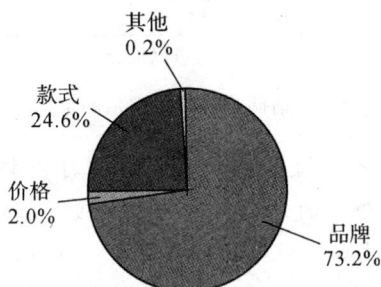

图 3 购买雅尔服装时你最注重的是?

如图3所示,购买雅戈尔服装时,注重品牌的消费者占到了73.2%,注重价格的占2.0%,注重款式的占24.6%,注重其它方面的占0.2%。众数为73.2%,即大多数消费者购买雅戈尔服装时最注重品牌。从数据分布的离散趋势来看,异众比率为26.8%,由于异众比例值较小,从而用最注重品牌来反映消费者对雅戈尔服装的一般需求,还是比较合理的,但同时也要注意另外三个方面的问题。

4. 定价分析

表4 请问您认为雅戈尔的定价?

	频率	百分比	有效百分比	累积百分比
较高	60	12.0	12.0	12.0
可以接受	397	75.8	75.8	87.8
较低	61	12.2	12.2	100.0
合计	500	100.0	100.0	

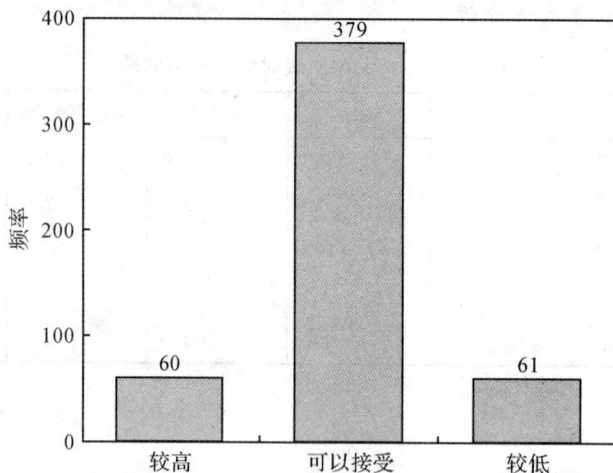

图 4　请问您认为雅戈尔的定价？

如图所示，认为雅戈尔定价较高 12.0％，可以接受占 75.8％，较低占 12.2％，反映数据集中趋势的中位数为可以接受。同时，我们也对数据进行了如下离散趋势分析：上四分位数的位置为 $3 \times (500+1)/4 = 375.75$，下四分位数的位置为 $(500+1)/4 = 125.25$，从表 4 的累计频数来看，在这两个位置上的值都是可以接受的，所以四分位差 Q＝可以接受－可以接受＝零个等级。由于四分位差较小，从而说消费者对雅戈尔品牌的定价一般可以接受，还是比较合理的。

5. 品牌档次分析

表 5　请问您认为雅戈尔是什么档次的品牌？

	频率	百分比	有效百分比	累积百分比
高档	486	97.2	97.2	97.2
中等	10	2.4	2.0	99.2
低档	4	.8	.8	100.0
合计	500	100.0	100.0	

对雅戈尔品牌在消费者心目中档次的调查可知，认为雅戈尔品牌为高档品牌的消费者比例为 97.2％，中等占 2.0％，低档的只占 0.8％，反映数据集中趋势的中位数为高档品牌。同时，我们也对数据进行了如下离散趋势分析：上四分位数的位置为 $3 \times (500+1)/4 = 375.75$，下四分位数的位置为（500

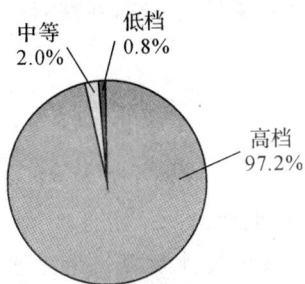

图 5 请问您认为雅戈尔是什么档次的品牌？

＋1)/4＝125.25，从表 5 的累计频数来看，在这两个位置上的值都是高档品牌，所以四分位差 Q＝高档品牌－高档品牌＝零个等级。由于四分位差较小，从而用高档品牌来说明雅戈尔品牌在消费者心目中的一般定位，是比较合理的。

（二）双变量关联统计分析（见本项目模块三参考范例）

资料来源：学生工学结合调研项目整理资料，2010 年 1 月 20 日。

模块 3 利用 SPSS 进行双变量关联统计分析

营销调研中常常需要研究两个变量之间的关系，两个变量之间的关联存在四种可能的类型，即非单调关联、单调关联、线性关联和曲线关联。两个变量之间的关联根据其类型可用三种方式来刻画，即存在、方向和关联的强度。变量有定性变量与定量变量两大类型之分，考察两个定性变量之间的联系需要用列联表统计分析，考察两个定量变量之间的联系需要用相关与回归分析。以下的任务则呈现完成整个工作的过程。

一、正式工作项目任务

以小组（不超过 8 人）为单位，根据项目五实地调研数据录入电脑所形成数据库，在数据整理的基础上，利用 SPSS 进行双变量关联统计分析。

二、理论知识

（一）两个变量之间关联的类型

1. 非单调关联——指一个变量的存在（或不存在）与另一个变量的存在（或不存在）系统上关联。

2. 单调关联——具有显著方向的关联，包括单调增和单调减。

3. 线性关联——指两个变量之间存在线性关系,可用方程 $Y=a+bX$ 表达。

4. 曲线关联——指可用曲线表达的关联。

(二)列联表统计分析

列联表统计分析主要用于考察两个定性变量之间的联系。在项目五中我们所学的列联表只是直观地列出两个定性变量之间的联合分布,但并没有准确地显示所观察到的关系在统计学意义上是否显著,以及这种关系的强度。因此,还需要借助衡量列联表中变量关系强度和显著性的统计量来做出判断。通常只有在变量之间的联系具有统计上的显著性时才有必要测量其强度。

1. 显著性检验——卡方分析

卡方分析(shi-square analysis)是检测列联表中的两个变量的频率,以确定两个变量之间是否存在非单调型关系,卡方分析常常以两个变量之间不存在关联为起始假设。

卡方统计量(χ^2)是检验列联表中观察到的相关关系显著性的最常用的指标,这一指标可以帮助判断两个变量之间所观察到的相关关系是否具有统计学意义上的显著性。

χ^2 值的计算公式如下:

$$\chi^2 = \sum_i \sum_j (f_{ij} - F_{ij})/F_{ij}$$

式中的 f_{ij} 和 F_{ij} 是位于第 i 行和第 j 列的单元格中频数的观察值和预测值。

在假设两个变量独立的情况下,$F_{ij}=n_i \cdot n_j/n$

其中 n_i 是第 i 行的样本总数,n_j 是第 j 列的样本总数,n 是总样本数。

χ^2 的自由度 $d.f.=(r-1)(c-1)$,式中的 r 和 c 分别代表列联表的行数和列数。

当计算的卡方值大于相应自由度下的卡方分布临界值时,拒绝两个变量之间没有联系的假设。

卡方检验的潜在假设为观察值都是独立的,要求列联表中每个单元格的预测频数不小于 5。当表中有单元格的预测频数小于 5 时,不宜进行卡方分析。

[例] 变量"您对康师傅绿茶饮料味道的评价"与变量"您的性别"的双变量列联表如下:

表 6-7 您对康师傅绿茶饮料的味道的评价?

您对康师傅绿茶饮料的味道的评价?	您的性别		合计
	男	女	
非常满意	1	3	4
满意	21	44	65
一般	23	91	114
不满意	2	12	14
非常不满意	3	0	3
合计	50	150	200

根据表 6-7 中的数据,计算得到如下结果:

$$F_{11} = 4 \times 50/200 = 1$$
$$F_{12} = 4 \times 150/200 = 3$$
$$F_{21} = 65 \times 50/200 = 16.25$$
$$F_{22} = 65 \times 150/200 = 48.75$$
$$F_{31} = 114 \times 50/200 = 28.5$$
$$F_{32} = 114 \times 150/200 = 85.5$$
$$F_{41} = 14 \times 50/200 = 3.5$$
$$F_{42} = 14 \times 150/200 = 10.5$$
$$F_{51} = 3 \times 50/200 = 0.75$$
$$F_{52} = 3 \times 150/200 = 2.25$$

由于表 6-7 中有五个单元格的预测频数(F_{11}、F_{12}、F_{41}、F_{51}、F_{52})小于 5,不宜进行卡方分析。

2. 关系强度分析

卡方检验可以帮助判断列联表中所观察到的变量之间的关系是否在统计上显著,但并没有说明这种关系的强度如何,因此还需要进行关系强度分析。

常用的衡量列联表中变量之间关系强度的统计量有 φ 系数、列联系数 C 等。

φ 系数是用于测量 2×2 表格中变量之间联系强度的统计量,其计算公式如下:

$$\varphi = \sqrt{\frac{\chi^2}{n}}$$

上式中的 n 是样本量。从上式可以看出,φ 系数取决于卡方值和样本量之比。当变量之间没有联系时,卡方值为 0,φ 值也等于 0;当变量之间完全相关时,卡方值等于样本量,φ 值为 1。需要注意的是,φ 系数只能用于 2×2 表格。

列联系数 C 可用于衡量任意大小的列联表中变量联系的强度,其计算公式为:

$$C = \sqrt{\frac{\chi^2}{\chi^2 + n}}$$

该系数也取决于卡方值和样本量,取值范围在 0 和 1 之间,但永远无法达到最大值 1。当变量之间没有联系时,卡方值为 0,列联系数 C 等于 0;C 的最大值取决于列联表的行数和列数,因此不同大小表格之间的 C 值不具有可比性。

3. 其他衡量关系强度的统计量

卡方和上述衡量关系强度的统计量都是将变量当做定类尺度测量的,当列联表中的变量为定序变量时,上述统计量并没有充分利用数据中所包含的全部信息。因此,可以考虑其他能够利用变量中所含的排序信息的统计量。

当列联表中的两个变量都是定序变量时,可以用 Spearman 等级相关系数和 Kendall's τ(包括 τ_b 和 τc)测量变量之间联系的强度。这两个指标测量的是变量的次序而非绝对值之间的相关性,取值在 1 和 -1 之间,由此不仅可以判断关系强度,还可以判断关系的方向。

(1)Kendall's τ

当数据包含大量并列值时,Kendall's τ 更合适。τ_b 最适用于行数和列数相等的方形表格,τ_c 最适用于行数和列数不等的表格。另一个统计量 γ(gamma)可以用于任意大小的表格,取值也在 1 和 -1 之间。关于 Kendall's τ 的计算与应用,有兴趣的读者可以参考有关统计的参考书,这里不再赘述。下面仅对等级相关系数的计算做一简单介绍。

(2)等级相关系数

在实际应用中,有时获得的原始资料没有具体的数据表现,只能用等级来描述某种现象,要分析现象之间的相关关系,就只能用等级相关系数。斯皮尔曼等级相关系数(Spearman Coefficient of Rank Correlation)是历史上最早(1904 年)测定两个样本相关强度的重要指标,其计算步骤如下:

①把数量标志和品质标志的具体表现按等级次序编号;

②按顺序求出两个变量的每对等级编号的差;

③按下式计算斯皮尔曼等级相关系数。

$$r = 1 - \frac{6 \sum d^2}{n(n^2 - 1)}$$

式中:r 为等级相关系数,n 为等级项数,d 为各对等级的差。

[例] 表 6-8 是某专业学生的考试成绩与班主任为他们排出的工作能力大小的顺序,其斯皮尔曼等级相关系数计算如下:

学生编号	1	2	3	4	5	6	7	8	9	10
考试总分	350	360	358	369	378	395	388	354	368	366
工作能力排名	9	8	6	7	1	2	5	10	3	4

对考试总分排序,可用 Excel 中的 Rank 函数来完成。利用 Excel 表计算 $\sum d^2$,见表 6-8。

表 6-8 Spearman 等级相关系数的计算表

	A	B	C	D	E	F	G
1	学生编号	考试总分	工作能力排名	R_x	R_y	d_i	d_i^2
2	1	350	9	10	9	1	1
3	2	360	8	7	8	-1	1
4	3	358	6	8	6	2	4
5	4	369	7	4	7	-3	9
6	5	378	1	3	1	2	4
7	6	395	2	1	2	-1	1
8	7	388	5	2	5	-3	9
9	8	354	10	9	10	-1	1
10	9	368	3	5	3	2	4
11	10	366	4	6	4	2	4
12						合计	38

代入公式得:

$$r = 1 - \frac{6 \sum d^2}{n(n^2 - 1)} = 1 - \frac{6 \times 38}{10 \times (10^2 - 1)} = 0.7697$$

注意:等级相关处理的是定序数据。如果考试总分有相同,一般采用平均等级来解决,比如编号 9 的学生也是 366 分,那么编号 9 和 10 的学生的等级就都是 5.5 了。

以上相关系数的计算可以用统计软件轻松完成。

（三）相关与回归分析

相关与回归分析主要用于考察两个定量变量之间的联系，是分析定量变量之间关系的最常用方法。在市场营销调研中，常常需要了解定量变量之间的联系，例如销售额与价格之间的关系有多强？近期与远期的市场份额与促销力度和广告支出是什么样的关系？批发折扣率与进货量是什么关系？销售人员的提成比率与其业绩和对公司的利润贡献是什么关系？产品的接受程度和购买量与消费者的年龄、性别、收入的关系等。

1. 相关关系的概念与种类

相关关系，是指变量之间确实存在的数量上不确定的依存关系。

（1）按相关关系的表现形式，分为线性相关和非线性相关。

①线性相关，是指一个变量与另一个或一组变量之间的关系大致表现为线性形式的相关关系。当两个变量之间的相关关系是线性相关，而且可用一条直线来表示，就成为直线相关。这种相关关系在具体分析时，可以把相关变量的一系列对应数值在直角坐标系中用坐标点描绘出来，进行观察。例如人均消费水平与人均收入水平通常为线性相关。

②非线性相关，是指一个变量与另一个或一组变量之间的关系大致表现为曲线方程形式的相关关系。当两个变量之间的相关关系是非线性相关，而且变量之间的变动近似地表现为一条曲线，就成为曲线相关。这种相关关系同样可以用相关图在直角坐标系中加以描述。例如产品的平均成本与产品总产量之间表现为非线性相关。

（2）按相关关系涉及的因素的多少，分为单相关、复相关和偏相关。

①单相关，是指一个自变量与一个因变量之间的相关关系。

②复相关，是指两个或两个以上的自变量与一个因变量之间的相关关系。例如某种商品的需求与其价格水平以及收入水平之间的相关关系。

③偏相关，是指在某一现象与多种现象相关的场合，假定其他变量不变，专门考察其中两个变量的相关关系。例如在假定人们的收入水平不变的条件下，某种商品的需求与其价格水平的关系。

（3）按相关关系的方向，分为正相关和负相关。

①正相关，是指自变量与因变量的变化方向是一致的，即同时增加或同时减少的关系。例如社会商品零售额随居民收入水平的增加而提高。

②负相关，是指自变量与因变量的变化方向相反，即一个增加而另一个减少的关系。例如商品流转的规模愈大，流通费用水平则愈低。

2. 相关分析

相关分析是用于测量两个变量之间相关关系的强度及方向的最常用的方法。

(1)简单线性相关分析的特点：

①所研究的两个变量是对等关系，不反映任何自变量和因变量的关系。

②对两个变量 X 和 Y 来说，相关分析只能计算出一个反映两个变量间相关关系密切程度的相关系数，计算中改变 X 和 Y 的位置，并不影响相关系数的数值。

③相关系数的正、负号，反映相关关系的方向。正号表示正相关，负号表示负相关。

④简单相关系数只能测量线性关系的强度，而不能测量非线性关系，因此＝0只能说明 X 和 Y 不存在线性相关，而不是 X 和 Y 不相关。

⑤相关分析的资料是抽样取得的样本资料，因而相关的两个变量都是随机的。

(2)Pearson 相关系数

当两个变量均为定量变量(定距或定比变量)时，可以用 Pearson 相关系数测量变量之间的关系。该相关系数最早由 Karl Pearson 提出，是概括两个定量变量 X 和 Y 的线性关系的统计量，也叫简单相关系数。

相关系数通常用 r 表示，其基本计算公式为：$\dfrac{\sum(x-\overline{x})(y-\overline{y})}{\sqrt{\sum(x-\overline{x})^2}\sqrt{\sum(y-\overline{y})^2}}$

式中，n 为样本数，x 和 y 为变量，$\overline{x}$ 和 $\overline{y}$ 为样本平均值。

假设 $L_{xx}=\sum(x-\overline{x})^2=\sum x^2-\dfrac{1}{n}\left(\sum x\right)^2$

$$L_{yy}=\sum(y-\overline{y})^2=\sum y^2-\dfrac{1}{n}\left(\sum y\right)^2$$

$$L_{xy}=\sum(x-\overline{x})^2(y-\overline{y})=\sum xy-\dfrac{1}{n}\left(\sum x\right)\left(\sum y\right)$$

上式可写成：$r=\dfrac{L_{xy}}{\sqrt{L_{xx}}\sqrt{L_{yy}}}$

［例］ 从某公司所属的企业中抽取8家企业的有关产量和成本的资料如表 6-9 所示：

表 6-9　简单相关表

企业编号	1	2	3	4	5	6	7	8
产量 X(千吨)	20	35	40	44	50	63	78	100
总成本 Y(万元)	130	133	140	145	148	136	150	160

我们将表 6-9 中的数据作为一个样本代入上式，其产量和成本之间的相

关系数计算如下：

$$r = \frac{62903 - \frac{1}{8} \times 430 \times 1142}{\sqrt{27714 - \frac{1}{8} \times 184900}\sqrt{163714 - \frac{1}{8} \times 1304164}} = 0.8512$$

说明产量和成本之间有比较密切的正相关关系。

由于相关系数通过各个离差乘积说明现象的相关程度，因而这种计算方法称为"积差法"。相关系数的计算方法除"积差法"外，还有"方差法"，其计算公式为：

$$r = \sqrt{1 - \frac{\sum(y - \hat{y})^2}{\sum(y - \overline{y})}}.$$

积差法主要用于回归分析前的相关分析，它可以测定两个变量之间相关关系的密切程度和方向；方差法主要用于回归分析之后的相关分析或方差分析，它可以反映两个变量之间的相关程度，但不能判断其相关方向。本项目主要介绍积差法。

（3）相关程度的判断标准

相关系数的取值范围是 $0 \leqslant |r| \leqslant 1$，相关系数 r 的大小在一定程度上反映了变量之间的相关程度，r 的绝对值越接近于 1，说明相关的程度越高，r 的绝对值接近于 0，说明相关的程度越弱。

根据 r 数值的大小，相关程度可分为以下几个等级：

$r = 0$，表示不相关

$r < 0.3$，表示微相关；

$0.3 \leqslant |r| < 0.5$，表示低度相关；

$0.5 \leqslant |r| < 0.8$，表示显著相关；

$|r| \geqslant 0.8$，表示高度相关；

$|r| = 1$，表示完全相关。

（4）相关系数的假设检验

总体相关系数 R 一般是未知的，能够计算出的只是样本相关系数 r，r 虽然能够提供关于总体相关程度与方向的某种信息，即 r 愈大，在一定程度上说明总体相关程度愈高，但 r 也有抽样误差，因为从同一总体内抽取若干大小相同的样本，各样本的相关系数总有波动。要判断不等于 0 的 r 值是来自相关系数 $R = 0$ 的总体，还是来自相关系数的总体，这就需要根据样本资料对总体相关系数 R 进行显著性检验。

r 的显著性检验可用 t 检验来进行，具体步骤如下（根据上例资料计算并检验）：

①建立假设，$H_0 : R = 0 , H_1 : R \neq 0$；

②计算相关系数 r 的 t 值

$$t = \frac{r - R}{\sqrt{1 - r^2}}\sqrt{n - 2} = \frac{0.8512 - 0}{\sqrt{1 - 0.8512^2}}\sqrt{8 - 2} = 7.569$$

③选定显著性水平 $\alpha = 0.05$，查 t 分布表得临界值

$$t_{\alpha/2}(n - 2) = t_{0.025}(6) = 2.447$$

④作出结论。

因为 $|t| = 7.569 > t_{\alpha/2}(n - 2) = 2.447$，所以拒绝原假设，也就是说 x 和 y 之间的相关程度是显著的，产量和成本之间有比较密切的正相关关系。

除了可以借助 r 判断两个变量之间相关关系的强度、方向和显著性外，在进行复相关分析时，每对变量之间的简单相关系数对进一步的分析很有帮助，如可以根据每个自变量与因变量之间的简单相关系数，得知改进哪些自变量（即与因变量相关系数高的自变量）是提高因变量的最有效手段。

3. 回归分析

回归分析是指对具有相关关系的变量之间数量变化的一般关系进行测定，确定一个相关的数学表达式，以便进行估计或预测的统计分析方法。是营销调研中最常用的统计分析方法之一。

（1）回归分析的特点

①变量之间不是对等的关系，要根据现象之间的因果关系或研究目的确定自变量和因变量。

②回归分析中，自变量是确定性变量，可以事先给定或控制，因变量是随机变量。

③回归方程中的回归系数有正、负之分。正号表示变量之间同方向变动，负号表示变量之间反方向变动。

④互为因果关系的两个变量 x 和 y，可以编制两个回归方程，即 y 依 x 的回归方程，x 为自变量，y 为因变量；x 依 y 的回归方程，y 为自变量，x 为因变量。两个方程是互相独立的，不能互相替换。

⑤回归分析可以根据回归方程，用自变量的值推算因变量的值。

（2）回归分析的用途

在市场营销调研中，回归分析主要用于：

①估计各种营销变量对营销目标变量的影响，例如广告、价格、促销对销量、市场份额和品牌形象的影响。

②研究影响购买者知识、态度与行为的主要因素，例如消费者满意度和

忠诚度的影响因素分析。

③选址研究,例如根据商圈的人口规模、收入水平、交通流量等估计预期销量,对候选地址进行评估。

④进行市场预测,例如根据不同地区的人口规模、结构、经济发展水平和自然环境状况对产品的市场容量进行预测。

(3)回归分析的基本前提假设

①线性:自变量 X 与因变量 Y 之间的关系为线性关系。

②独立:因变量 Y 的误差项之间是相互独立的。

③正态:当 X 取某一固定值时,因变量 Y 为正态分布。

④等方差:无论自变量 X 为何值,因变量 Y 的方差保持不变。

但在实际中,许多用于回归分析的数据并不一定满足上述假设,这会导致回归系数的估计和显著性检验产生偏差。当数据与上述基本假设不符时,可以:

①线性化:将非线性化函数转化为线性函数,例如对因变量 Y 进行对数转换。

②对称化:对偏态分布进行处理,例如可以对右偏的变量取对数,对左偏的变量取平方。

③稳定偏差:例如当因变量的方差与其均值成正比时对因变量取平方根或对数。

(4)简单回归分析

简单回归仅涉及一个因变量和一个自变量。

1)简单回归模型的建立

简单回归模型,也称一元线性回归方程是分析具有线性相关关系的两个变量之间相关关系的数学表达式,其基本形式是:

$\hat{y}=a+b$(依回归方程)

$\hat{x}=c+d$(依回归方程)

式中,a、c 分别代表当自变量为 0 时,因变量的起点值,为直线纵轴截距;b 和 d 分别代表自变量每变动一个单位时,因变量平均变动的数值,为直线的斜率,称为回归系数;和是因变量的估计值;a、b、c、d 是待定的未知参数,要根据样本的实际观测值加以确定。确定 a、b、c、d 常用的方法是最小二乘法,利用这种方法可以使得当自变量确定时,相应地因变量的估计值与实际观测值之间的离差平方和最小,即:

$$\sum (y-\hat{y})^2 = \sum (y-a-bx)^2 = 最小值$$

$$\sum (x-\hat{x})^2 = \sum (x-c-dy)^2 = 最小值$$

根据极值原理,上述两式分别对 a、b 和 c、d 求偏导数,并令其为 0,可以得出以下联立方程组:

$$\begin{cases} \sum = na + b\sum \\ \sum = a\sum + b\sum{}^2 \end{cases} \qquad 和$$

$$\begin{cases} \sum = nc + d\sum \\ \sum = c\sum + d\sum{}^2 \end{cases}$$

求解得:

$$\begin{cases} b = \dfrac{\sum xy - \dfrac{1}{n}\sum x \sum y}{\sum x^2 - \dfrac{1}{n}(\sum x)^2} \\ a = \overline{y} - b\overline{x} \end{cases}$$

$$\begin{cases} d = \dfrac{\sum yx - \dfrac{1}{n}\sum y \sum x}{\sum y^2 - \dfrac{1}{n}(\sum y)^2} \\ c = \overline{x} - d\overline{y} \end{cases}$$

[**例**] 以表 6-9 中某公司 8 个企业产量与成本的资料为例,以产量为自变量,成本为因变量,说明一元线性回归方程的建立过程。

① 绘制总成本与产量的散点图如图 6-1 所示。

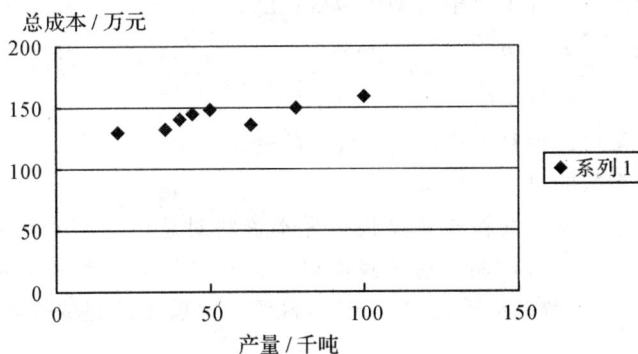

图 6-1 产量与成本的相关图

从图中可以看出:随着产量的增加,总成本也不断增加,两者之间的关系基本上是线性的。

② 因样本中数据太少,本例省去了对有关变量进行初步检查。

③一元线性回归方程建立过程如下：

$$b = \frac{\sum xy - \frac{1}{n}\sum x\sum y}{\sum x^2 - \frac{1}{n}(\sum x)^2} = \frac{62903 - \frac{1}{8}\times 430\times 1142}{22714 - \frac{1}{8}\times 184900} = 0.3304$$

$$a = \bar{y} - b\bar{x} = 142.75 - 0.3304\times 53.75 = 124.9910$$

产量和成本的一元线性回归方程为：

$$\hat{y} = 124.9910 + 0.3304x$$

回归方程的实际意义是：$a = 124.9910$，表示当产量为 0 时，企业的成本最低为 124.9910 万元；$b = 0.3304$，表示当产量每增加 1 千吨，成本平均约增加 0.3304 万元。

2）回归模型拟合优劣的评价

①拟合优度检验

拟合优度是指样本观测值聚集在样本回归线周围的紧密程度。样本观测值距回归线越近，拟合优度越好，说明得到的回归线越能反映真实的变量关系，回归直线越好。反映拟合优度的指标为判定系数，用 R^2 表示。

$$R^2 = \frac{\sum(\hat{y} - \bar{y})^2}{\sum(y - \bar{y})^2}$$

为便于计算，上式可进一步化简为：$R^2 = \dfrac{b^2(\sum x^2 - n\bar{x}^2)}{\sum y^2 - n\bar{y}^2}$

现以该公式计算上例中模型的拟合优度。

$$R^2 = \frac{b(\sum x^2 - n\bar{x}^2)}{\sum y^2 - n\bar{y}^2} = \frac{0.3304^2\times(27714 - 8\times 53.75^2)}{163714 - 8\times 142.75^2} = 0.724$$

说明产量可以解释七成以上总成本的变化。

②回归系数的显著性检验

回归系数的显著性检验就是根据样本资料对总体回归直线中的参数是否显著地不为零进行检验。这里我们以一元线性回归直线中斜率的检验为例，来分析回归系数的显著性检验方法，截距的检验方法是完全类似的，这里不再介绍。

回归系数的显著性检验可用 t 检验来进行，具体步骤如下：

（1）建立假设，$H_0 : B = 0$，$H_1 : B\neq 0$；

（2）构造检验统计量

$$t = \frac{b - B}{\sqrt{\sum e^2/(n-2)}} \sim t(n-2)$$

其中 $\sum e^2 = \sum (y - \hat{y})^2$ 是残差平方和;

(3)选定显著性水平 $\alpha = 0.05$,查 t 分布表得临界值 $t_{\alpha/2}(n-2)$;

(4)作出结论。

若 $|t| > t_{\alpha/2}(n-2)$,则拒绝原假设 H_0,斜率显著,表明回归模型中,x 对 y 存在显著影响;若 $|t| < t_{\alpha/2}(n-2)$,则拒绝备择假设 H_1,斜率不显著,表明回归模型中,x 对 y 没有显著影响,两者不存在显著的线性依存关系。

(5)多元回归分析

本模块讨论的内容是双变量列联统计分析,本不应该涉及多元回归分析。但是,在社会经济现象变动的过程中,某一现象的变动往往受到多种因素的影响,即与某一因变量 Y 有关的自变量 X 往往是多个,因此,在这里对多元回归分析作一简单介绍。

多元回归可用于同时估算多个自变量对因变量的影响,或控制其他相关变量而单独估算某一变量对因变量的影响。借助多元回归可以回答如下营销问题,如产品、广告支出、促销力度、价格和分销水平等营销组合变量对销售额的影响各有多大? 如果产品、价格和渠道保持不变,广告对销售额的作用有多大? 影响市场份额的重要因素有哪些? 消费者对品牌的态度及购买意愿的决定因素是什么? 由于多元回归的基本步骤与二元回归分析相似,这里仅以二元回归为例加以说明。

二元回归是指一个因变量与两个自变量之间的线性回归分析。二元回归与简单回归(即一元回归)的方法基本相同,二元回归模型,即二元线性回归方程的基本形式是:

$$\hat{y} = a + b_1 x_1 + b_2 x_2$$

式中,b_1 和 b_2 分别为 y 对 x_1 和 x_2 的回归系数,对于参数 a、b_1 和 b_2 的确定,仍用最小二乘法。

根据最小二乘法,有:

$$\sum (y - \hat{y})^2 = \sum (\hat{y} - a - b_1 x - b_2 x_2)^2 = 最小值$$

上式分别对 a、b_1、b_2 求偏导数,并令其等于 0,得联立方程组为:

$$\begin{cases} \sum y = na + b_1 \sum x_1 + b_2 \sum x_2 \\ \sum x_1 y = a \sum x_1 + b_1 \sum x_1^2 + b_2 \sum x_1 x_2 \\ \sum x_2 y = a \sum x_2 + b_1 \sum x_1 x_2 + b_2 \sum x_2^2 \end{cases}$$

将样本有关数据代入上述方程组,求解即得参数 a、b_1、b_2。

需要注意的是,在多元线性回归模型拟合优劣的评价中,除了①拟合优度检验和②回归系数的显著性检验外,还需要进行回归方程的显著性检验(F 检验)。这些评价所用的指标全部包含在利用 $SPSS$ 进行回归分析的输出结果中。

(6)非线性回归问题的线性化

无论是自然现象还是社会现象,常常是极其复杂的,反映这些现象数量关系的变量之间未必都呈线性关系,大量地是以非线性关系表现出来。在这种情况下,就须根据变量关系的性质,用适当的曲线方程来拟合,进行非线性回归。

1. 建立非线性回归方程的一般步骤

①确定变量间关系的类型和形式。这需要借助于专业知识或实际经验,更一般地,可根据样本资料的散点图的分布形状和特点,结合一些已知函数的图形,来选择合适的方程式。

②对方程式中的未知参数进行估计。估计未知参数最常用的方法仍然是最小二乘法,但是,在应用最小二乘法之前,倘若对某些曲线能通过适当的变量代换,把非线性函数变成线性函数,则可直接利用上节的结果估计出方程中的未知参数。若再返回原变量,则最终确定出所拟合的方程,且可据此由已知的自变量的值,对因变量的可能值做出预测。

这样,虽然从线性回归转为非线性回归,直接求解非线性回归方程的未知参数要麻烦得多,但是实际问题中,不少常见的非线性回归问题,可以转化为线性回归问题来求解,这样也就可以简化非线性回归问题的分析与计算。

2. 一元非线性回归方程的线性化处理

社会经济现象中较常见的可线性化的一元非线性回归方程的模型变换及参数估计方法:

①双曲线回归方程 $\qquad \hat{y}=a+\dfrac{b}{x}$

令 $\hat{y}=a+\dfrac{1}{x}$,则有: $\qquad \hat{y}=a+bx'$

②倒数模型 $\qquad \dfrac{1}{y}=a+\dfrac{b}{x}$

令 $y'=\dfrac{1}{y}$,$x'=\dfrac{1}{x}$,则有: $\quad y'=a+bx'$

③对数函数曲线回归方程 $\qquad \hat{y}=a+b\ln x$

令 $x'=\ln x$,则有: $\qquad \hat{y}=a+bx'$

④二次曲线回归方程 $\qquad \hat{y}=a+b_1 x+b_2 x^2$

令 $x'_1=x$,$x'_2=x^2$,则有: $\qquad \hat{y}=a+b_1 x'_1+b_2 x'_2$

⑤幂函数曲线回归方程 $\qquad \hat{y}=ax^b$

两边取对数得： $\ln\hat{y}=\ln a+b\ln x$

令 $\hat{y}'=\ln\hat{y},x'=\ln x,a'=\ln a$，则有： $\hat{y}'=a'+bx'$

⑥指数函数曲线回归方程

A. $\hat{y}=ab^x$

两边取对数得： $\ln\hat{y}=\ln a+x\ln b$

令 $\hat{y}'=\ln\hat{y},a'=\ln a,b'=\ln b$，则有： $\hat{y}'=a'+b'x$

B. $\hat{y}=k+ab^x$ （$a<0,0<b<1,k$ 为饱和水平）

移项后，两边取对数得： $\ln(k-\hat{y})=\ln(-a)+x\ln b$

令 $\hat{y}'=\ln(k-\hat{y}),a'=\ln(-a),b'=\ln b$，则有： $\hat{y}'=a'+b'x$

C. $\hat{y}=e^{a+b_1x_1+b_2x_2}$

两边取对数得： $\ln\hat{y}=a+b_1x_1+b_2x_2$

令 $\hat{y}'=\ln\hat{y}$，则有： $\hat{y}'=a+b_1x_1+b_2x_2$

⑦S形曲线回归方程 $\hat{y}=a+\dfrac{1}{a+be^{-x}}$

两边取对数得： $\dfrac{1}{\hat{y}}=a+be^{-x}$

令 $\hat{y}'=\dfrac{1}{\hat{y}}$, $x'=e^{-x}$，则有： $\hat{y}'=a+bx'$

需要说明的是，在⑤、⑥、⑦三类曲线模型的变换中，由于因变量 y 的变形，使得变形后模型的最小二乘估计失去了原模型的离差平方和为最小的意义。此时，运用最小二乘法，估计不到原模型的最佳参数，是一个近似值。

[例] 我国是世界上最大的彩电生产大国和消费大国。表6-10列出了我国彩电1995—2002年国内市场容量情况，图6-2示出了国内彩电市场容量近几年发展趋势。

表6-10 我国彩电市场情况（单位：万台）

年份	1995	1996	1997	1998	1999	2000	2001	2002
国内市场容量	1541	1713	2108	3105	3390	2812	2856	3842

从图6-2中可以看出，1996—1998年，受彩电大幅度降价驱动，国内市场增长迅猛。1999年继续增长，达到3390万台，2000年又急剧降至2812万台，

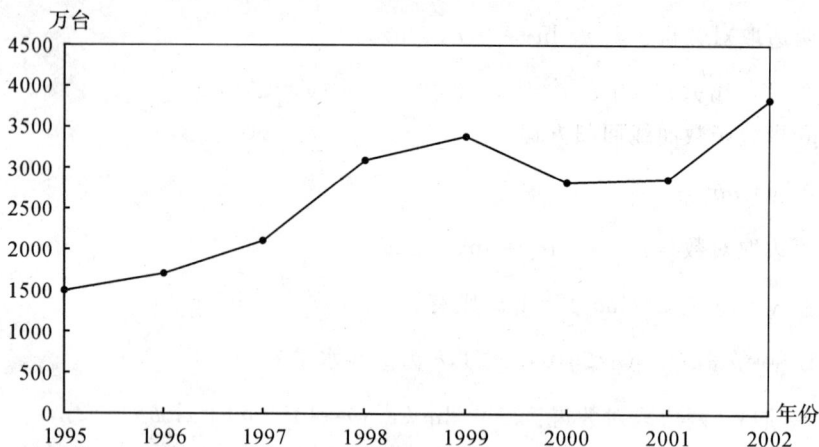

图 6-2　国内彩电市场容量近几年发展趋势

说明一般的彩电增长已进入饱和期。但是从 2001 年起,彩电的销售量又开始增长,2002 年猛增到 3842 万台,主要是受到市场上大屏幕彩电和新型彩电热销的带动。预计"十五"期间,彩电的销量将保持稳步增长态势,国内市场容量保持在 4000 万台左右。根据这个特点,我们不妨用修正的指数曲线回归方程模型:

$$\hat{y} = k + ab^x$$

来拟合国内彩电市场容量和时间的关系。

令 $\hat{y}' = \ln(k - \hat{y})$,$a' = \ln(-a)$,$b' = \ln b$,则有:

$$\hat{y}' = a' + b'x$$

修正的指数曲线回归方程变成了一元线性回归方程。运用最小二乘法求解该一元线性回归方程中的未知参数 a 和 b。计算过程列于下表($k = 4000$ 万台):

表 6-11　我国彩电市场容量与时间修正的指数曲线回归方程计算表

年份	x	国内市场容量(y)	$y' = \ln(k - y)$	x^2	$x\,y'$
1995	1	1541	7.8075	1	7.8075
1996	2	1713	7.7350	4	15.4700
1997	3	2108	7.5454	9	22.6362
1998	4	3105	6.7968	16	27.1872
1999	5	3390	6.4135	25	32.0675

年份	x	国内市场容量(y)	$y'=\ln(k-y)$	x^2	xy'
2000	6	2812	7.0800	36	42.4800
2001	7	2856	7.0423	49	49.2961
2002	8	3842	5.0626	64	40.5008
合计	36	21367	55.4831	204	237.4453

$$b'=\frac{\sum xy'-\dfrac{1}{n}\sum x\sum y'}{\sum x^2-\dfrac{1}{n}\left(\sum x\right)^2}=\frac{237.4435-\dfrac{1}{8}\times 36\times 55.4831}{204-\dfrac{1}{8}\times 36^2}=-0.2912$$

$$a'=\overline{y'}-b\overline{x}=\frac{1}{8}\times 55.4831-(-0.2912)\times\frac{1}{8}\times 36=8.2458$$

由 $a'=\ln(-a),b'=\ln b$,得:

$a=-3811.5840,b=0.7474$

故所拟合的回归方程为:$\hat{y}=4000-3811.5840\times 0.7474^x$

三、实践操作

调研人员熟悉了双变量关联统计分析的方法之后,就可以开始双变量关联统计分析的工作了,本部分将呈现双变量关联统计分析的过程。

(一)确定待分析变量的类型

在本项目模块 2 里,我们已经得知,根据变量的测量精度不同,可把变量由低到高分为四种类型,即定类变量、定序变量、定距变量和定比变量。进行双变量关联统计分析的第一步,就是确定存在关联的两个变量是何种类型。

(二)根据变量的类型,选择合适的双变量关联统计分析方法

变量有定性变量(定类变量和定性变量)与定量变量(定距变量和定比变量)两大类型之分,考察两个定性变量之间的联系需要用列联表统计分析,考察两个定量变量之间的联系需要用相关与回归分析。

(三)按照双变量关联统计分析的步骤进行分析

1. 列联表统计分析的步骤

(1)显著性检验——卡方分析;

(2)关系强度分析。

2. 相关与回归分析的步骤

(1)判断变量之间是否存在相关关系,并确定相关关系的表现形式。可

以通过定性分析及绘制相关图和相关表,粗略地反映相关关系的形态和相关程度。判断现象之间是否存在相关关系。判断相关关系的表现形式是直线相关还是曲线相关,为以后分析方法的选择提供基础。

(2)测定变量之间相关关系的密切程度。主要是通过计算相关系数来反映。相关系数可以从数量上明确反映变量之间的相关程度和相关方向。

(3)根据样本资料对总体相关系数 R 进行显著性检验。只有当变量之间存在着显著相关时,进行回归分析寻求其相关的具体形式即回归模型才有意义。

(4)对有关变量进行初步检查,若回归分析的数据不满足上述回归分析的基本前提假设,则需要对变量进行线性化、对称化或稳定偏差等处理。

(5)确定模型的形式,估计模型的参数。对具有比较密切相关关系的变量要进一步确定其相关关系的数学表达式,以作为进行判断、推算和预测的依据。

(6)进行回归系数的显著性检验。就是根据样本资料对总体回归直线中的参数是否显著地不为零进行检验。

(7)评价模型的拟合优度。主要是通过计算判定系数来反映,判定系数可以说明得到的回归线能否反映真实的变量关系。

(8)检查有关基本假设是否成立(略,请参考有关统计参考书)。

(四)双变量关联统计分析的 SPSS 操作

1. 利用 SPSS 的双变量交叉关联的显著性检验——卡方分析:

Analyze→Descriptive Statistics→Crosstabs(分别导出行变量和列变量)→Statistics(Chi—square 处打勾)→continue→ok

当 P 值<0.05 时,拒绝两变量无关的假设。

2. 利用 SPSS 的双变量交叉关联强度分析(φ系数或列联系数 C):

Analyze→Descriptive Statistics→Crosstabs(分别导出行变量和列变量)→Statistics(Nominal 下 Phi and Cramer's V 或 Contingency coefficient 处打勾)→continue→ok

3. 利用 SPSS 的双变量交叉关联强度分析(Kendall's τ_b 和 τc 以及 γ(gamma)):

Analyze→Descriptive Statistics→Crosstabs(分别导出行变量和列变量)→Statistics(Ordinal 下 Kendall's tau—b 或 Kendall's tau—c 或 gamma 处打勾)→continue→ok

4. 利用 SPSS 的双变量相关分析(相关系数的计算与假设检验)

Analyze→Correlate→Bivariate(选入需要进行相关分析的变量,至少需要选入两个，Correlation Coefficients 下 Pearson 或 Spearman 处打勾，Test of Significance 下 Two—tailed 处打勾）→continue→ok

5. 利用 SPSS 的双变量回归分析（回归系数的计算与回归模型拟合优劣的评价）

Analyze→Regression→Linear（分别将变量 y 和 x 导入 Dependent 和 Indepentdent(s)框）→Method→Enter（全部入选法）或 Stepwise（逐步法）→ok

四、问题与经验

通过本模块的学习，我们要解决双变量关联统计分析的问题。在本模块里，我们需要注意回归分析在实际中的应用问题，以便做到学以致用。

（1）判断现象之间有无关系以及影响关系变化的各种因素，主要靠人们对事物的理论知识、专业知识以及丰富的实践经验进行定性分析。相关与回归分析等定量分析方法是分析研究现象数量关系的一种辅助工具，它以定性分析为基础。因此，应将二者结合起来。

（2）进行多元回归时，常会遇到很多自变量的情况，变量的确定与取舍可以根据理论和经验事先确定，也可以根据统计学方法进行筛选。

如果满意合适的理论和充分的经验来确定自变量，那么可以借助统计方法。

最简单的就是考察简单相关系数矩阵，从中选取与因变量高度相关的变量。但是，当自变量之间也高度相关时，这不是一个很有效的办法。

另一种常用的方法就是逐步回归。逐步回归是通过比较每次在回归模型中引入或删除一个自变量时模型对因变量解释能力的变化，决定变量的取舍，其目的是从很多预测变量中选出对因变量的影响最显著的一组变量。进行逐步回归时，每次向回归方程引入或删除一个预测变量。当引入的变量符合 F 检验的特定标准时才保留，而模型中的变量如果达不到标准则被删除。这里对自变量的显著性检验时常用 F 检验，$F=t^2$，我们把引入变量的 F 检验的临界值和 P 值分别记为 F_{entry} 和 P_{entry}，把剔除变量的 F 检验的临界值和 P 值分别记为 $F_{removal}$ 和 $P_{removal}$，通常取 $F_{entry}>F_{removal}$，$P_{entry}<P_{removal}$，在 SPSS 的默认设置条件下，$F_{entry}=3.84$，$P_{entry}=0.05$，$F_{removal}=2.71$，$P_{removal}=0.1$，并采用 P_{entry} 和 $P_{removal}$ 进行检验。

逐步回归的方法并不一定能保证得出最佳的回归方程。但是，当没有充分的理论或检验基础确定自变量时，逐步回归法是一个常用的方法。

五、参考范例

×市雅戈尔品牌认知调查问卷分析报告

本案例是项目五模块三和本项目模块二参考案例的继续。

调查结果在整理的基础上,进行双变量关联统计分析如下:

一、样本基本信息(略,见项目五模块三参考案例)

二、具体问题:

(一)单变量描述统计分析(见本项目模块二参考案例)

(二)双变量关联统计分析

1. 年龄与注重方面交叉分析

表1 请问您现在多少周岁? 购买雅戈尔服装时你最注重的是?

请问您现在多少周岁?	购买雅戈尔服装时你最注重的是?				合计
	品牌	价格	款式	其它	
36 周岁以下	21	2	26	1	50
36～55 周岁	272	8	97	0	377
55 周岁以上	73	0	0	0	73
合计	366	10	123	1	500

卡方检验

	值	df	渐进 Sig. (双侧)P 值
Pearson 卡方	58.770[a]	6	.000
似然比	70.301	6	.000
线性和线性组合	51.571	1	.000
有效案例中的 N	500		

a. 5 单元格(41.7%)的期望计数少于 5。最小期望计数为.10。

不同年龄的人对服装有不同的需求。如图1所示,在被调查者中,年龄在 36～55 岁的消费者有 72% 的人购买雅戈尔服装时最注重品牌,由于雅戈尔的消费者年龄大多数集中在 36～55 岁这一年龄段,所以更注重品牌的内涵。还有年龄在 36～55 岁的消费者和年龄在 36 岁以下的消费者最注重款式的比例分析占到 26% 和 52%,这一现象表明中青年消费者对雅戈尔品牌的要求更为细致,应当为该企业特别关注和重点研究的群体。因卡方检验 P 值小于 0.05,由此可知,购买雅戈尔服装消费的年龄与注重方面有密切关系。

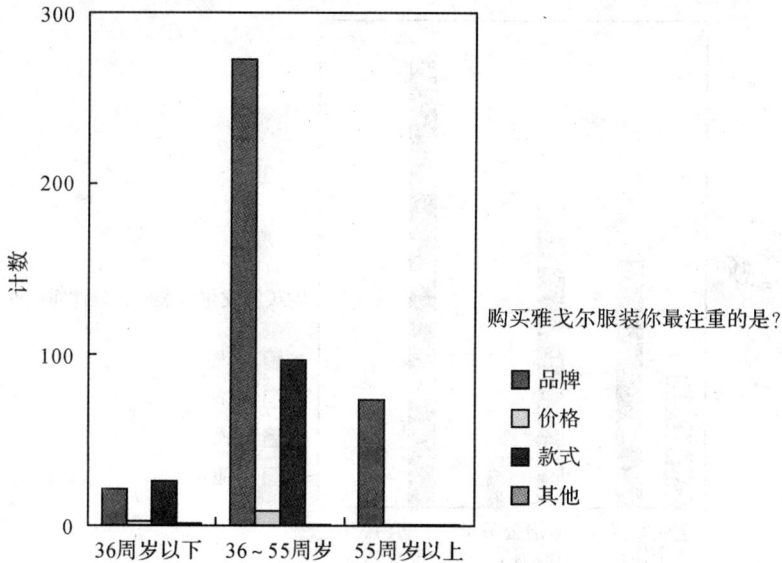

图 1-9 请问您现在多少周岁？

2. 职业与注重方面交叉分析

表 2 请问您的职业？购买雅戈尔服装时你最注重的是？

请问您的职业？	购买雅戈尔服装时你最注重的是？				合计
	品牌	价格	款式	其他	
企业家商人(个体户,高管)	55	8	102	1	166
政府公务员(政府职员,教育者)	126	2	21	0	149
工薪白领层(专业人士,中管,一般白领)	185	0	0	0	185
合计	366	10	123	1	500

卡方检验

	值	df	渐进 Sig.(双侧)P 值
泊松卡方	213.626[a]	6	0.000
似然比	242.633	6	0.000
线性和线性组合	191.112	1	0.000
有效案例中的 N	500		

a.6 单元格(50.0%)的期望计数少于 5。最小期望计数为 0.30。

241

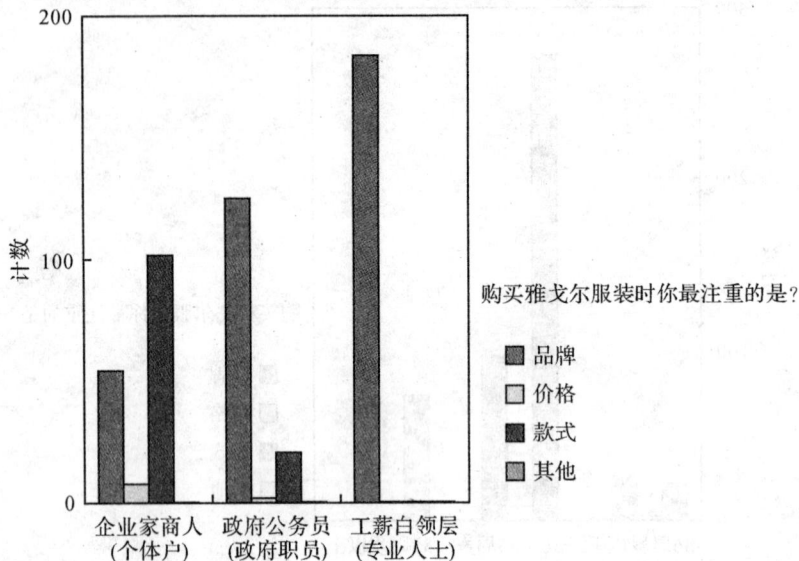

图 2　请问您的职业？

职业决定购买欲望，需求影响了购买行为。如图 2 所示，在被调查中，购买雅戈尔服饰最多的三个人群分别是企业家商人、政府公务员、工薪白领层。其中企业家商人群体有 61％的消费者购买雅戈尔服装时最注重款式，有 32％的消费者最注重品牌，有 5％的消费者最注重价格，这表明企业家商人群体对雅戈尔服装的需求具有多样性，对款式的要求更高；政府公务员和工薪白领层群体最注重的是雅戈尔服装的品牌，而政府公务员对一个品牌的要求更为细致。根据以上分析，企业家商人和政府公务员两个群体应当成为该企业特别关注和重点研究的群体。因卡方检验 P 值小于 0.05，由此可知，购买雅戈尔服装消费者的职业与注重方面密切相关。

3. 月收入与定价交叉分析

表 3　请问您的月收入？请问您认为雅戈尔的定价？

请问您的月收入？	请问您认为雅戈尔的定价？			合计
	较高	可以接受	较低	
2999 元以下	51	6	0	57
3000～5999 元	9	361	1	371
6000 元以上	0	12	60	72
合计	60	379	61	500

表4 卡方检验

	值	df	渐进 Sig.（双侧）
泊松卡方	758.829[a]	4	0.000
似然比	519.364	4	0.000
线性和线性组合	395.059	1	0.000
有效案例中的 N	500		

a.0 单元格(.0%)的期望计数少于5。最小期望计数为6.84。

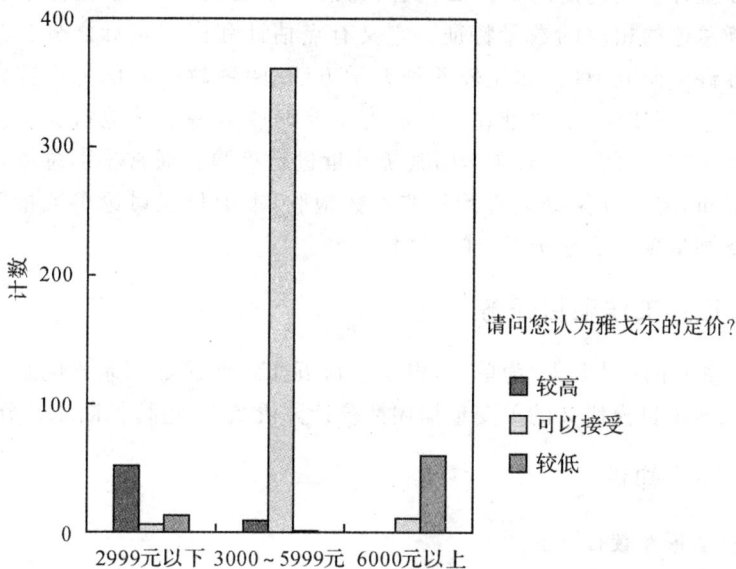

图3 请问您的月收入？

收入决定购买欲望，需求影响了购买行为。如图3所示，在被调查者中，月收入在3000～5999元的消费者有97％的人认为雅戈尔定价可以接受，由于宁波居民的一般生活水平都在6000元以下，其对价格的接受空间也相对有限。还有月收入在6000元以上的高阶层消费者认为价格较低的比例占83％，月收入在2999元以下的低阶层消费者认为价格较高的比例占89％，这一现象表明中高、低两个阶层对品牌价格的承受能力明显不同，应当成为该企业特别关注的方面。因卡方检验 P 值小于0.05，由此可知，消费者的月收入与对雅戈尔品牌的价格的接受程度密切相关。

资料来源：学生工学结合调研成果整理资料，2011年1月20日。

模块4 利用SPSS进行推断统计分析

调查研究一般不可能对所要研究的对象的总体逐一进行观测或考察,而是从总体中抽取一定样本进行研究。这样在调查研究中就需要由样本的特征推断统计分析总体的特征。推断统计又称抽样统计。它是在描述统计的基础上,根据样本资料对总体的某种性质做出较为合理的、科学的推论与判断。推断统计一般包括两个方面内容:①总体参数估计,即根据样本的数量特征推断总体的相应的数量特征。它又有点估计和区间估计之分。②假设检验。在许多研究中(比如比较两种教学方法、两种教材的优劣),首先需要提出一个假设(比如:谁比谁在什么状态下要好或者差或其他),这一假设合理或者正确与否,需要抽取样本用其统计量进行检验。通常根据总体是否服从正态分布,将其分为参数检验和非参数检验,本项目仅讨论参数检验。以下的任务则呈现完成整个工作的过程。

一、正式工作项目任务

以小组(不超过8人)为单位,根据项目五实地调研数据录入电脑所形成数据库和本项目模块2的单变量描述性统计分析结果,进行推断统计分析。

二、理论知识

(一)总体参数估计

在市场抽样调查中,对总体参数估计,应用的是推断统计原理。推断统计是用样本指标推断总体指标的过程,推断统计一般采用区间估计的方法。

区间估计是根据样本指标和抽样误差来推断总体指标的最大可能范围,并同时表示出估计的准确程度和把握程度。

在推断的抽样误差小于允许的误差范围的条件下,总体指标估计值的置信区间为:

1. 用样本平均数 $\bar{x}$ 推断总体平均数 $\bar{X}$ 的区间估计公式: $\bar{x} - \Delta_{\bar{x}} \leqslant \bar{X} \leqslant \bar{x} + \Delta_{\bar{x}}$

2. 用样本成数 p 推断总体成数 P 的区间估计公式: $p - \Delta_p \leqslant P \leqslant p + \Delta_p$

式中: $\Delta_{\bar{x}}$ ——表示平均数抽样极限误差;

Δ_p ——表示成数抽样极限误差。

抽样极限误差也称为置信区间或允许误差。它是根据概率理论,以一定的可靠程度保证抽样误差不超过某一给定的最大可能范围。抽样误差范围就是指变动的样本指标与确定的总体指标之间离差的可能范围。

抽样极限误差是以抽样平均误差作为一种尺度来衡量的,抽样极限误差可用 t 倍的抽样平均误差来表示,t 称为概率度。抽样极限误差 Δ 与抽样平均误差 μ 之间的关系为:

$$\Delta_{\bar{x}} = |\bar{x} - \bar{X}| = t\mu_{\bar{x}}$$

$$\Delta_p = |p - P| = t\mu_p$$

式中: $\mu_{\bar{x}}$——表示平均数抽样平均误差;

μ_p——表示成数抽样平均误差。

在不同的抽样组织方式下,抽样平均误差的计算公式不同。

(1)简单随机抽样的抽样平均误差

1)重复抽样条件下抽样平均误差的计算公式为:

$$\mu_{\bar{x}} = \frac{\sigma}{\sqrt{n}}$$

$$\mu_p = \sqrt{\frac{P(1-P)}{n}}$$

2)不重复抽样条件下抽样平均误差的计算公式为:

$$\mu_{\bar{x}} = \sqrt{\frac{\sigma_x^2}{n}\left(1 - \frac{n}{N}\right)}$$

$$\mu_p = \sqrt{\frac{\sigma_p^2}{n}\left(1 - \frac{n}{N}\right)} = \sqrt{\frac{p(1-p)}{n}\left(1 - \frac{n}{N}\right)}$$

在实际工作中,当 $\frac{n}{N}$ 小于 5% 时,尤其是在总体单位数 N 未知的情况下,可以用重复抽样的公式计算抽样平均误差。

(2)分层抽样的抽样平均误差

分层抽样的抽样平均误差,取决于各组样本单位数的总和与各组组内的方差(即各组组内标准差的平方)的平均数。它是在各组中分别独立地抽取样本单位,一般多采用不重复抽样。其计算公式如下:

1)在重复抽样条件下抽样平均误差的计算公式为:

$$\mu_{\bar{x}} = \sqrt{\frac{\overline{\sigma_x^2}}{n}}$$

$$\mu_p = \sqrt{\frac{\overline{\sigma_p^2}}{n}} = \sqrt{\frac{P(1-P)}{n}}$$

式中: n—— 表示各类型组样本单位数之和;

$\overline{\sigma_x^2}$—— 表示各类型组平均数方差的加权算术平均数;

$\overline{\sigma_p^2}$——表示各类型组成数方差的加权算术平均数。

$\overline{\sigma_x^2}$ 和 $\overline{\sigma_p^2}$ 的计算公式如下：

$$\overline{\sigma_x^2} = \frac{\sum \sigma_{x_i}^2 N_i}{N}$$

$$\overline{\sigma_p^2} = \overline{P(1-P)} = \frac{\sum P_i(1-P_i)N_i}{N}$$

式中：N_i——各类型组的单位数；

N——总体单位数，即 $N = \sum N_i$；

$\sigma_{x_i}^2$——各类型组的平均数方差；

P_i——各类型组的成数。

又因为分层抽样一般是在各组中等比例抽取样本单位的，即

$$\frac{N_i}{N} = \frac{n_i}{n}$$

所以 $\overline{\sigma_x^2}$ 和 $\overline{\sigma_p^2}$ 的计算公式可变化为：

$$\overline{\sigma_x^2} = \frac{\sum \sigma_{x_i}^2 n_i}{n}$$

$$\overline{\sigma_p^2} = \overline{p(1-p)} = \frac{\sum p_i(1-p_i)n_i}{n}$$

式中：n_i——表示各类型组的样本单位数；

n——表示全部样本单位数，即 $n = \sum n_i$。

2)在不重复抽样条件下抽样平均误差的计算公式为：

$$\mu_x = \sqrt{\frac{\overline{\sigma_x^2}}{n}\left(1 - \frac{n}{N}\right)}$$

$$\mu_p = \sqrt{\frac{\overline{P(1-P)}}{n}\left(1 - \frac{n}{N}\right)}$$

由于各类型组的平均数方差 $\sigma_{x_i}^2$ 和各类型组的成数 P_i 未知，计算时可分别采用各类型组的样本平均数方差 $S_{x_i}^2$ 和各类型组的样本成数 p_i 代替。

（3）机械抽样的抽样平均误差

在机械抽样方式下，如果按无关标志排列，接近于简单随机抽样，可按照重复抽样公式计算其抽样平均误差；如果按有关标志排列，接近于分层抽样，可在划分若干大间隔的基础上，按类型抽样公式计算其抽样平均误差。

（4）整群抽样的抽样平均误差

整群抽样一般都采用不重复抽样方法抽取若干群，其抽样平均误差的大

小与抽出群数、总体群间方差的大小和抽样方法有关。计算公式为：

$$\mu_{\bar{x}} = \sqrt{\frac{\hat{\sigma}_{\bar{x}}}{r}\left(\frac{R-r}{R-1}\right)}$$

$$\mu_p = \sqrt{\frac{\hat{\sigma}_p}{r}\left(\frac{R-r}{R-1}\right)}$$

当式中 R 的数目较大时上面公式中的 $\frac{R-r}{R-1}$ 可以用 $1-\frac{r}{R}$ 来代替。

式中：$\hat{\sigma}_{\bar{x}}^2$——表示平均数的总体群间方差；

$\hat{\sigma}_p^2$——表示成数的总体群间方差。

总体群间方差也称组间方差，它说明群与群之间的差异程度。

$\hat{\sigma}_{\bar{x}}^2$ 和 $\hat{\sigma}_p^2$ 的计算公式如下：

$$\hat{\sigma}_{\bar{x}}^2 = \frac{\sum(\overline{X_i}-\overline{X})}{R} \qquad (或者：\hat{\sigma}_{\bar{x}}^2 = \frac{\sum(\overline{x_i}-\bar{x})}{r})$$

$$\hat{\sigma}_p^2 = \frac{\sum(P_i-P)}{R} \qquad (或者：\hat{\sigma}_p^2 = \frac{\sum(p_i-p)}{r})$$

式中：R——表示总体的群数；

r——表示抽出的样本群数；

$\overline{X_i}$——表示总体各群的平均数；

$\overline{X}$——表示总体平均数；

$\overline{x_i}$——表示样本各群的平均数；

$\bar{x}$——表示样本总平均数。

P_i——表示总体各群的成数；

P——表示总体成数；

p_i——表示样本各群的成数；

p——表示样本的总成数。

在抽样平均误差 μ 为一定的条件下，概率度 t 越大，抽样误差范围 △ 也越大，总体平均数或总体成数落在估计区间范围内的概率就越大，从而抽样估计的可信程度也就越高；反之，概率度 t 越小，则抽样误差范围 △ 越小，总体平均数或总体成数落在估计区间范围内的概率就越小，从而抽样估计的可信程度也就越低。

在实际抽样调查中，总体参数估计的把握程度（或可信程度）一般是作为任务加以规定。因此，在区间估计时，应根据要求的概率来确定 t 值，计算抽样极限误差，从而进一步确定出总体指标的置信区间。

[例] Duotu公司顾客满意分数的区间估计

Duotu公司是一家专营体育设备和附件的公司,为了监控服务质量,Duotu公司每月都要随机地抽取一个顾客样本进行调查以了解顾客的满意分数。根据以往的调查,满意分数的标准差稳定在20分左右。最近一次对100名顾客的抽样显示,满意分数的样本均值为82分,试在95%的置信水平下估计总体满意分数的区间。

①已知,样本容量$n=100$,总体标准差$\sigma=20$,$t=1.96$。

②抽样平均误差$\mu_{\bar{x}}=\dfrac{\sigma}{\sqrt{n}}=\dfrac{20}{\sqrt{100}}=2$。

③抽样极限误差$\Delta_{\bar{x}}=t\mu_{\bar{x}}=1.96\times2=3.92$。

④95%的置信区间为82 ± 3.92,

即(78.08,85.92)。

结论:在置信水平为95%时,所有顾客的满意分数在78.08到85.92之间。

[例] 菲瑞卡洛通讯公司顾客满意度的区间估计

2007年菲瑞卡洛通讯公司对全国范围内的902名女子高尔夫球手进行了调查,以了解美国女子高尔夫球手对自己在场上如何被对待的看法。调查发现,397名女子高尔夫球手对得到的球座开球次数感到满意,试在95%的置信水平下估计总体满意度比例的区间。

①已知,$n=902$,$t=1.96$,

样本比例$p=\dfrac{m}{n}=\dfrac{397}{902}=0.44$。

②抽样极限误差$\Delta_{p}=t\cdot\sqrt{\dfrac{p(1-p)}{n}}=1.96\times\sqrt{\dfrac{0.44\times0.56}{902}}=0.0324$。

③95%的置信区间为0.44 ± 0.0324,

即(0.4076,0.4724)。

结论:在置信水平为95%时,所有女子高尔夫球手中有40.76%到47.24%的人对得到的球座开球数感到满意。

(二)统计检验

1.统计检验的意义

在研究分析调查实验结果时,常常会遇到两个样本的统计量有差异。我们需要能够根据样本统计量之间的差异,得出它们的总体是否存在着差异的结论。

[例] 某校在原有水平基本相同的甲、乙两个班实验两种教学方法,为比较两种方法的效果,在实验进行一段时间后进行测试,测试结果统计见表

6-12。

表 6-12　两种教学方法实验测试结果统计表

班级	人数（人）	平均成绩（分）	标准差
甲	52	84.5	10
乙	56	81	11

这里，两班的平均成绩有一定的差异，但能否由此说明两种教学方法的效果存在着显著差异，还需要作统计检验，才能确切回答。因为有两个原因都会引起平均成绩之间的差异：一是两种教学方法之间的优劣有差异，从而导致两班平均成绩不同，此时我们便说差异是显著的。另一种原因是两种教学方法没有差异，两班平均成绩之间的差异是随机误差等其他因素造成的。

为明确两个统计量的差异是否显著，我们可以对统计量的差异进行检验。如果检验的结果是属于差异显著，就意味着两个统计量所属的总体之间确有差异；如果检验结果是属于差异不显著，就说明两个统计量所属的两个总体之间没有差异，或是它们来自于一个总体。

2.统计检验的基本步骤

推断统计中应用最普遍的是假设检验。在检验中根据已有的理论和经验或对样本的总体的初步了解而对研究结果做出的假设叫做研究假设（H_1），也叫备择假设，而与之相对应的假设为虚无假设（H_0），也叫原假设，零假设。通常情况下，备择假设（H_1）和研究者的期望相同，因此，原假设（H_0）与研究者的期望相反。一般的，证明一个假设是错误的比证明一个假设是正确的容易，因此，研究者通常试图拒绝原假设（H_0）。假设检验就是根据样本观察结果对原假设（H_0）进行检验，接受原假设（H_0），就拒绝备择假设（H_1）；拒绝原假设（H_0），就接受备择假设（H_1）。

假设检验的基本步骤是：

第一步：提出原假设（H_0）和备择假设（H_1）。

如假设的形式：

双侧检验：$H_0: \mu = \mu_0$，　　$H_1: \mu \neq \mu_0$

单侧检验：$H_0: \mu \geq \mu_0$，$H_1: \mu < \mu_0$（左侧检验）

　　　　　$H_0: \mu \leq \mu_0$，$H_1: \mu > \mu_0$（右侧检验）

第二步：选择适当的统计量，并确定其分布形式。

不同的假设检验问题，需选择不同的统计量作为检验统计量。

第三步：选择显著性水平 α，确定临界值。

显著性水平 α 表示原假设为真时拒绝原假设的概率，通常取值

0.1，0.05，0.001 等。

临界值就是接受区域与拒绝区域的分界点，其求解依赖于显著性水平。

第四步：做出结论。

比较检验统计值与临界值，决定拒绝或接受检验假设。

3. 单个正态总体均值、百分数和方差的假设检验

假设检验是在已知总体分布的条件下对一些主要的参数（如均值、百分数、方差等）进行的检验。检验时一般都假设总体服从正态分布。

(1) 单个正态总体均值的假设检验

单个正态总体均值的假设检验是根据样本均值及标准差来判断总体均值的一种方法，通常采用 Z 检验法和 t 检验法。Z 检验法选用在总体方差已知以及在大样本情况下的均值检验，而 t 检验法则适用于总体方差未知以及在小样本情况下的均值检验。关于单个正态总体均值假设问题的拒绝域在表 6-13 中列出。

表 6-13　单个正态总体均值假设问题的拒绝域表

检验法	条件	H_0	H_1	检验统计量	拒绝域
Z 检验	σ 已知	$\mu = \mu_0$ $\mu \leqslant \mu_0$ $\mu \geqslant \mu_0$	$\mu \neq \mu_0$ $\mu > \mu_0$ $\mu < \mu_0$	$Z = \dfrac{\overline{X} - \mu_0}{\sigma/\sqrt{n}}$	$\{Z < -Z_{\alpha/2}\} \bigcup \{Z > Z_{\alpha/2}\}$ $\{Z > Z_\alpha\}$ $\{Z < -Z_\alpha\}$
t 检验	σ 未知	$\mu = \mu_0$ $\mu \leqslant \mu_0$ $\mu \geqslant \mu_0$	$\mu \neq \mu_0$ $\mu > \mu_0$ $\mu < \mu_0$	$t = \dfrac{\overline{X} - \mu_0}{S/\sqrt{n}}$	$\{t < -t_{\alpha/2}(n-1)\} \bigcup \{t > t_{\alpha/2}(n-1)\}$ $\{t > t_\alpha(n-1)\}$ $\{t < -t_\alpha(n-1)\}$

Z 检验与 t 检验都只适合总体正态分布的样本。

正态分布是一种连续型随机变量的概率分布。在调查研究中许多现象一般呈正态分布，例如，学生的学业成绩、身高、体重等。正态分布是指分布从最高点逐渐向两边降低，且两边对称，标准差不同，其正态分布的形状就不同，如图 6-3 所示。图 6-4 是标准正态分布曲线。

[例] 某冰箱厂为国内一大型冰箱生产基地，产品质量一直比较稳定，返修率为 1.1%，但近年来却不断听到消费者抱怨。为了解近年来该厂生产冰箱的质量情况，随机对其国内 36 家专卖店及大中型商场专卖柜台中的 400 台冰箱的返修率进行了调查，结果发现其样本均值为 1.14%，又由同类产品

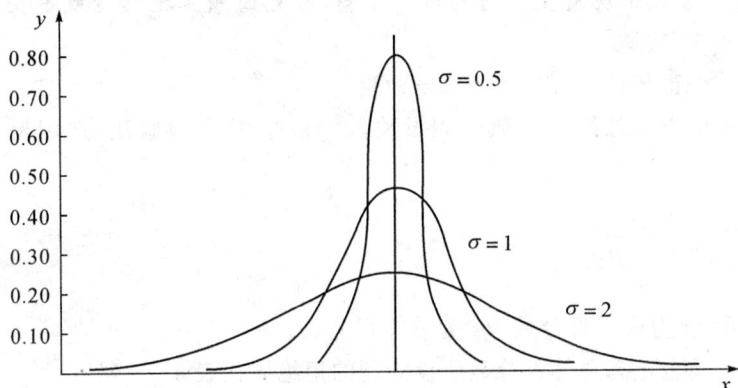

图 6-3 标准差不同的正态分别形态

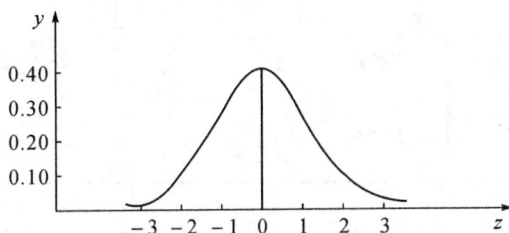

图 6-4 标准正态曲线

的经验知其标准差为 0.2%，是否可由调查结果判定近年来企业生产的冰箱出现了质量问题？

第一步：建立假设。

$H_0: \mu = 1.1\%$（即冰箱质量稳定，未出现质量问题），

$H_1: \mu \neq 1.1\%$（即冰箱已出现质量问题）。

第二步：确定适当的检验统计量并进行计算。

这属于双边检验问题，方差已知，宜采用 Z 检验法。选择并确定检验统计量：

$$z = \frac{\bar{x} - \mu_0}{\sigma / \sqrt{n}} = \frac{1.14\% - 1.1\%}{0.2\% / \sqrt{400}} = 4$$

第三步：确定差异的显著性水平 α，通常取 $\alpha = 0.05$ 或 $\alpha = 0.01$，本例取 $\alpha = 0.05$，查正态分布表得：$Z_{\frac{\alpha}{2}} = Z_{\frac{0.05}{2}} = 1.96$

第四步：做出判断。

由于 $|Z| > Z_{\frac{0.05}{2}}$，故拒绝 H_0，接受 H_1，即认为该厂冰箱出现质量问题，一定有系统性因素在起作用，必须尽快查明原因；与此同时，要更加注重售后服

务,及时修复已出现质量问题的出厂冰箱,避免因顾客抱怨造成不良舆论而影响企业声誉。

2)单个正态总体百分数的假设检验

对单个正态总体百分数的假设检验一般采用 Z 检验法,选用检验统计量为:

$$Z=\frac{p-p_0}{\sqrt{\dfrac{p_0(1-p_0)}{n}}}$$

其中:p 为样本百分数;p_0 为总体百分数。

关于单个正态总体百分数假设问题的拒绝域在表 6-14 列出。

表 6-14　单个正态总体百分数假设问题的拒绝域表

检验法	H_0	H_1	检验统计量	拒绝域
Z 检验	$P=P_0$ $P\leqslant P_0$ $P\geqslant P_0$	$P\neq P_0$ $P>P_0$ $P<P_0$	$Z=\dfrac{p-p_0}{\sqrt{\dfrac{p_0(1-p_0)}{n}}}$	$\{Z<-Z_{\alpha/2}\}\bigcup\{Z>Z_{\alpha/2}\}$ $\{Z>Z_{\alpha}\}$ $\{Z<-Z_{\alpha}\}$

[例]　M 企业拟进行新产品开发。为了解市场需求情况,随机对 1 000 名消费者进行了市场调查,发现其中有18%的消费者表示愿意购买新产品。根据其他资料显示,新产品投入市场后,市场占用率必须超过15%才能保证获利。假设表示愿意购买新产品的18%的消费者在新产品投入市场后将全部成为现实的消费者,问 M 企业是否应该开发这个新产品?

第一步:建立假设。

$H_0:p\leqslant15\%$(即放弃新产品开发计划)

$H_1:p>15\%$(即执行新产品开发计划)

第二步:确定检验统计量。

$$Z=\frac{p-p_0}{\sqrt{\dfrac{p_0(1-p_0)}{n}}}=\frac{18\%-15\%}{\sqrt{\dfrac{15\%(1-15\%)}{1000}}}=2.657$$

第三步:选择显著性水平 $\alpha=0.05$,查正态分布表得:$Z_{\alpha}=Z_{0.05}=1.645$

第四步:做出判断。

由于 $Z>Z_{0.05}$,故拒绝 H_0,接受 H_1,即认为 M 企业应该执行新产品开发计划,但是,如果市场调研时取样较小,则可能得出完全相反的结论。我们假定 $n=100$,则:

$$Z = \frac{p - p_0}{\sqrt{\dfrac{p_0(1-p_0)}{n}}} = \frac{18\% - 15\%}{\sqrt{\dfrac{15\%(1-15\%)}{100}}} = 0.84$$

由于 $Z < Z_{0.05}$，则接受 H_0，拒绝 H_1，即认为 M 企业应该放弃新产品开发计划。

从这个举例我们可以看出，取样大小直接影响着结论的可靠性。一般而言，样本量越小，随机性越大。因此，要想使做出的判断更加准确，就应尽量保证样本的容量。这就要求市场调研人员取样时，一是必须讲究科学的方法，二是必须有耐心，在有限的资金情况下，尽量扩大调查范围，把握尽可能详尽的第一手资料。另外，样本值代替不了总体值。从这个举例看，样本百分数为 18%（市场占有率），总体百分数为 15%（市场占有率），但不能仅凭此即做出开发新产品的判断，因为调查结果（即 18% 的市场占有率）大于目标要求（15% 以上的市场占有率），也有可能纯属调查中的随机误差造成的，因此是否开发新产品，必须作进一步的假设检验。

3）单个正态总体方差的假设检验

关于单个正态总体方差假设问题的拒绝域在表 6-15 列出。

表 6-15　单个正态总体方差假设问题的拒绝域表

检验法	H_0	H_1	检验统计量	拒绝域
χ^2 检验	$\sigma^2 = \sigma_0^2$	$\sigma^2 \neq \sigma_0^2$	$\chi^2 = \dfrac{(n-1)S^2}{\sigma_0^2}$	$\{\chi^2 < \chi_{1-\alpha/2}^2(n-1)\} \cup \{\chi^2 > \chi_{\alpha/2}^2(n-1)\}$
	$\sigma^2 \leqslant \sigma_0^2$	$\sigma^2 > \sigma_0^2$		$\{\chi^2 > \chi_\alpha^2(n-1)\}$
	$\sigma^2 \geqslant \sigma_0^2$	$\sigma^2 < \sigma_0^2$		$\{\chi^2 < \chi_{1-\alpha}^2(n-1)\}$

4. 两正态总体均值、百分数和方差差异的假设检验以及基于成对数据的假设检验

（1）两正态总体均值差异的假设检验

这类问题通常是考虑分别来自两个独立的正态总体 $N(\mu_1, \sigma_1^2)$ 与 $N(\mu_2, \sigma_2^2)$ 的两组样本 $x_1, x_2, x_3, \cdots, x_{n_1}$ 与 $y_1, y_2, y_3, \cdots, y_{n_2}$。

当方差 σ_1^2 与 σ_2^2 已知时，可选用检验统计量进行 Z 检验，其公式为：

$$Z = \frac{(\bar{x} - \bar{y}) - \delta}{\sqrt{\dfrac{\sigma_1^2}{n_1} + \dfrac{\sigma_2^2}{n_2}}}$$

当方差 σ_1^2 与 σ_2^2 未知时，可选用检验统计量进行 t 检验，其公式为：

$$t = \frac{(\bar{x} - \bar{y}) - \delta}{s_w \cdot \sqrt{\dfrac{1}{n_1} + \dfrac{1}{n_2}}}$$

其中：$s_w^2 = \dfrac{(n_1-1)s_1^2+(n_2-1)s_2^2}{n_1+n_2-2}$

公式中 Z 为检验用统计量，即两样本平均数差的标准分数，σ_1、σ_2 分别为两总体的标准差，s_1、s_2 分别为两样本的标准差，n_1、n_2 为样本容量。

关于两正态总体均值差异的假设问题的拒绝域在表 6-16 列出。

表 6-16 两正态总体均值差异的假设问题的拒绝域表

检验法	条件	H_0	H_1	检验统计量	拒绝域
Z 检验	σ_1^2,σ_2^2 已知	$\mu_1=\mu_2$ $\mu_1\leq\mu_2$ $\mu_1\geq\mu_2$	$\mu_1\neq\mu_2$ $\mu_1>\mu_2$ $\mu_1<\mu_2$	$Z=\dfrac{(\bar{x}-\bar{y})-\delta}{\sqrt{\dfrac{\sigma_1^2}{n_1}+\dfrac{\sigma_2^2}{n_2}}}$	$\{Z<-Z_{a/2}\}\bigcup\{Z>Z_{a/2}\}$ $\{Z>Z_a\}$ $\{Z<-Z_a\}$
t 检验	σ_1^2,σ_2^2 未知	$\mu_1=\mu_2$ $\mu_1\leq\mu_2$ $\mu_1\geq\mu_2$	$\mu_1\neq\mu_2$ $\mu_1>\mu_2$ $\mu_1<\mu_2$	$t=\dfrac{(\bar{x}-\bar{y})-\delta}{s_w\cdot\sqrt{\dfrac{1}{n_1}+\dfrac{1}{n_2}}}$，其中 $s_w^2=\dfrac{(n_1-1)s_1^2+(n_2-1)s_2^2}{n_1+n_2-2}$	$\{t<-t_{a/2}(n_1+n_2-2)\}\bigcup$ $\{t>t_{a/2}(n_1+n_2-2)\}$ $\{t>t_a(n_1+n_2-2)\}$ $\{t<-t_a(n_1+n_2-2)\}$

两正态总体均值差异的假设检验常用的是 $\delta=0$ 的情况。

(1)Z 检验

Z 检验适合大样本（$n\geq30$）的差异显著性检验。

[**例**] 某企业为提高产品质量，对部分职工进行了第一期培训。为了解培训效果，特分别从经过培训的职工和未经过培训的职工中各随机地抽取 10 人，记录其月产量，有关数据见表 3-20。假设这两组职工的实际产量均近似地服从正态分布，且知其标准差分别为 $s_1=140$，$s_2=170$，请判断培训对职工产量提高有无显著性影响。

表 6-17 某企业部分职工月产量对比表

序号	1	2	3	4	5	6	7	8	9	10	平均值
经过培训的职工月产量	2000	2150	1990	2200	2100	1900	2040	2100	2002	2180	$\bar{x}=2066.2$
未经过培训的职工月产量	1803	1980	2005	1900	2000	2200	1600	2000	1901	2001	$\bar{y}=1939$

这里标准差 s_1、s_2 均已知，可采用 Z 检验法。

第一步:建立假设。

$H_0: \mu_1 \leqslant \mu_2$,即培训对职工产量提高无显著性影响;

$H_1: \mu_1 > \mu_2$,即培训对职工产量提高有显著性影响。

第二步:选择并计算检验统计量。

$$Z = \frac{\bar{x} - \bar{y}}{\sqrt{\frac{\sigma_1^2}{n_1} + \frac{\sigma_2^2}{n_2}}} = \frac{2066.2 - 1939}{\sqrt{\frac{140^2}{10} + \frac{170^2}{10}}} = 1.826。$$

第三步:选定显著性水平 $\alpha = 0.05$,查正态分布表得:$z_\alpha = z_{0.05} = 1.645$

第四步:做出判断。

由于 $z > z_{0.05}$,所以拒绝 H_0,接受 H_1,即至少有 95% 的把握认为培训对职工产量的提高有显著性影响,培训效果显著,达到了预期目的。在不考虑其他条件的情况下,对企业管理人员而言,这些信息已足够支持他做出决策。这个案例说明,对企业职工进行有效的培训,有利于提高职工队伍的科学文化技术水平和经营管理水平,促进劳动生产率的提高,从而增强企业的市场竞争能力。

当然,并非所有的培训都一定有效,这就要求管理者在每期培训结束后都要定性、定量地对培训的效果进行总结性的评估,及时发现问题,总结经验,使企业永远处于良性发展。

[例]　根据前面两种教学方法实验测试结果统计表,对两种教学方法的效果进行统计检验比较。

检验步骤如下:

第一步:建立假设,包括虚无假设(H_0)和它的对立面备择假设(H_1)。

$H_0: \mu_1 = \mu_2$,即假设两种教学方法的效果没有显著差异,而两样本平均成绩不同是由于抽样误差等随机因素造成的;

$H_1: \mu_1 \neq \mu_2$,即假设两种教法的效果有显著差异。

第二步:确定显著性水平(习惯用 0.05 或 0.01 作为显著性水平)。

取 $\alpha = 0.05$,根据前面的论述可知,在确定 $\alpha = 0.05$ 作为显著性水平时,当 Z 值超过 1.96 时,就拒绝虚无假设 H_0。

第三步:计算样本平均数离差的 Z 值。

已知 $\bar{x} = 84.5, \bar{y} = 81, n_1 = 52, n_2 = 56, S_1 = 10, S_2 = 11$,代入公式,得:

$$Z = \frac{\bar{x} - \bar{y}}{\sqrt{\frac{\sigma_1^2}{n_1} + \frac{\sigma_2^2}{n_2}}} = \frac{84.5 - 81}{\sqrt{\frac{10^2}{52} + \frac{11^2}{56}}} = 1.73。$$

第四步:判断结果。

由于 $Z = 1.73$,与理论的 $\alpha = 0.05$ 的 $Z = 1.96$ 相比较,则 $1.73 < 1.96$,所

以 $P>0.05$ 差异不显著，不拒绝 H_0，从而在 $\alpha=0.05$ 的显著性水平接受虚无假设 H_0，认为两中教法的效果没有显著差异。

上述的 Z 检验法适用于方差已知的情形；若方差未知时，可改用样本标准差 S 代替 σ，实行 t 检验。

②t 检验

t 检验适合小样本（$n<30$）的差异显著性检验。

t 检验与 Z 检验思路基本相同。与 Z 检验不同的是：在 t 检验中，t 的理论值不是固定的，它随着自由度 df 不同而不同，t 理论值可以通过 t 分布表查到。

[例] 某校五年级随机抽取 14 名男生、16 名女生，其数学成绩分别列入表 6-18，问该年级男女生之间在数学成绩上有无显著差异。

表 6-18 数学成绩表

性别	成绩（分）																容量（名）
男生	96	72	83	67	78	92	89	54	87	74	74	68	71	63			14
女生	95	76	88	81	68	77	64	72	83	62	59	67	59	74	85	87	16

本题是小样本，运用 t 检验的方法进行比较，检验方法与步骤如下：

第一步：建立假设，提出虚无假设与备择假设。

$H_0: \mu_1=\mu_2$，即男女生在数学成绩上没有显著差异；

$H_1: \mu_1\neq\mu_2$，即男女生在数学成绩上有显著差异。

第二步：确定差异的显著性水平 α。

通常取 $\alpha=0.05$ 或 $\alpha=0.01$，本例取 $\alpha=0.05$。

第三步：计算样本平均数离差的 t 值。

代入公式，经过计算可得到：

$$\bar{x}=\frac{\sum x}{n_1}=\frac{1068}{14}=76.29$$

$$S_1=\sqrt{\frac{\sum(x-\bar{x})^2}{n_1}}=\sqrt{\frac{1844.86}{14}}=11.86$$

$$\bar{y}=\frac{\sum y}{n_2}=\frac{1197}{16}=74.81$$

$$S_2=\sqrt{\frac{\sum(y-\bar{y})2}{n_2}}=\sqrt{\frac{1842.44}{16}}=10.73$$

进一步代入公式：

$$t = \frac{\overline{x} - \overline{y}}{\sqrt{\dfrac{(n_1-1)S_1^2 + (n_2-1)S_2^2}{n_1 + n_2 - 2}\left(\dfrac{1}{n_1} + \dfrac{1}{n_2}\right)}}$$

$$= \frac{76.29 - 74.81}{\sqrt{\dfrac{(14-1)\times 11.86^2 + (16-1)\times 10.73^2}{14+16-2}\left(\dfrac{1}{14} + \dfrac{1}{16}\right)}} = 0.087$$

第四步:判断结果。

查 t 值得到 t 理论值,自由度 $df = n_1 + n_2 - 2 = 28$,在 $\alpha = 0.05$ 水平上,理论临界值为 $t = 2.048$。

实际计算结果 t 值为 0.087,$-2.048 < 0.087 < 2.048$,所以 $P > 0.05$,即样本均数的差异是由随机误差所致,或虚无假设 H_0 成立的可能在 $P > 0.05$,不应拒绝 H_0,因而接受 H_0,认为男女生在数学成绩上没有显著差异。

要注意的是统计假设检验不能做绝对肯定或否定,其结论只是一种倾向性意见,这种倾向性意见有出错的可能性,只是其概率很低。

(2)两正态总体百分数差异的假设检验

关于两正态总体百分数差异的假设问题的拒绝域在表 6-19 列出。

表 6-19　两正态总体百分数差异的假设问题的拒绝域表

检验法	H_0	H_1	检验统计量	拒绝域
Z 检验	$P_1 = P_2$	$P_1 \neq P_2$	$Z = \dfrac{p_1 - p_2}{\sqrt{\dfrac{p_1(1-p_1)}{n_1} + \dfrac{p_2(1-p_2)}{n_2}}}$	$\{Z < -Z_{\alpha/2}\} \cup \{Z > Z_{\alpha/2}\}$
	$P_1 \leq P_2$	$P_1 > P_2$		$\{Z > Z_\alpha\}$
	$P_1 \geq P_2$	$P_1 < P_2$		$\{Z < -Z_\alpha\}$
t 检验	$P_1 = P_2$	$P_1 \neq P_2$	$t = \dfrac{p_1 - p_0}{\sqrt{p(1-p)\left(\dfrac{1}{n_1} + \dfrac{1}{n_2}\right)}}$,	$\{t > t_\alpha(n_1 + n_2 - 2)\} \cup$ $\{t < -t_\alpha(n_1 + n_2 - 2)\}$
	$P_1 \leq P_2$	$P_1 > P_2$		$\{t > t_\alpha(n_1 + n_2 - 2)\}$
	$P_1 \geq P_2$	$P_1 < P_2$	其中 $p = \dfrac{n_1 p_1 + n_2 p_2}{n_1 + n_2}$	$\{t < -t_\alpha(n_1 + n_2 - 2)\}$

①Z 检验

Z 检验适合大样本($n \geq 30$)的差异显著性检验。

[例] N 企业拟进行新产品开发,为了解市场需求情况,随机地对 1 000 名消费者进行了市场调查。如果被调查的 1 000 名消费者中有 300 名来自高、中收入阶层,其中 16% 的人表示愿意购买新产品;有 700 名来自低收入阶层,其中 14% 有人表示愿意购买新品。是否可以由此认为高、中收入阶层比低收入阶层更愿意购买产品呢?

第一步:建立假设。

$H_0: p_1 = p_2$(即认为高、中收入阶层在购买新产品问题上与低收入阶层无

$H_1:p_1 \neq p_2$（即认为高、中收入阶层在购买新产品问题上与低收入阶层有显著差异）。

第二步：确定检验统计量。

采用 Z 检验法。选择检验统计量：

$$Z=\frac{p_1-p_2}{\sqrt{\dfrac{p_1(1-p_1)}{n_1}+\dfrac{p_2(1-p_2)}{n_2}}}=\frac{16\%-14\%}{\sqrt{\dfrac{16\%(1-16\%)}{300}+\dfrac{14\%(1-14\%)}{700}}}=0.803$$

第三步：确定显著性水平 α。

通常 $\alpha=0.05$，查正态分布表得：$Z_{\frac{\alpha}{2}}=Z_{\frac{0.05}{2}}=1.96$。

第四步：做出判断

由于 $|Z|<Z_{\frac{0.05}{2}}$，故接受 H_0，即认为高、中收入阶层在购买新产品问题上与低收入阶层无显著差异。

②t 检验

t 检验适合小样本（$n<30$）的差异显著性检验。

第一步：建立假设。

$H_0:p_1=p_2$；

$H_1:p_1 \neq p_2$。

第二步：选取统计量。

$$t=\frac{p_1-p_0}{\sqrt{p(1-p)(\dfrac{1}{n_1}+\dfrac{1}{n_2})}}，其中 p=\frac{n_1p_1+n_2p_2}{n_1+n_2}。$$

第三步：确定显著性水平 $\alpha=0.01$，查表得到 $t_\alpha(n_1+n_2-2)$。

第四步：根据 t 的计算结果，比较 t 的绝对值与 $t_\alpha(n_1+n_2-2)$ 的大小。若有 $|t|>t_\alpha(n_1+n_2-2)$，则拒绝 H_0，否则接受 H_0。

（3）两正态总体方差的假设检验

关于两正态总体方差差异的假设问题的拒绝域在表 6-20 列出。

表 6-20　两正态总体方差差异的假设问题的拒绝域表

检验法	H_0	H_1	检验统计量	拒绝域
F 检验	$\sigma_1^2=\sigma_2^2$	$\sigma_1^2 \neq \sigma_2^2$	$F=\dfrac{s_1^2}{s_2^2}$	$\{F>F_{a/2}(n_1-1,n_2-1)\}\bigcup$ $\{F<F_{1-a/2}(n_1-1,n_2-1)\}$
	$\sigma_1^2 \leq \sigma_2^2$	$\sigma_1^2>\sigma_2^2$		$\{F>F_a(n_1-1,n_2-1)\}$
	$\sigma_1^2 \geq \sigma_2^2$	$\sigma_1^2<\sigma_2^2$		$\{F<F_{1-a}(n_1-1,n_2-1)\}$

（4）基于成对数据的假设检验

有时为了比较两种产品或两种仪器、两种方法等的差异，我们常在相同的条件下作对比试验，得到一批成对的观察数据，然后分析观察数据做出推断。这种方法常称为逐对比较法。

［例］ 有两台光谱仪 I_x，I_y，用来测量材料中某种金属的含量，为鉴定它们的测量结果有无显著的差异，准备了 9 件试块（它们的成分、金属含量、均匀性等各不相同），现在分别用这两台仪器对每一试块测量一次，得到 9 对测量数据见表 6-21。问能否认为这两台仪器的测量结果有显著的差异（取 $\alpha = 0.01$）？

表 6-21 测量数据表

序号	1	2	3	4	5	6	7	8	9
$x(\%)$	0.20	0.30	0.40	0.50	0.60	0.70	0.80	0.90	1.00
$y(\%)$	0.10	0.21	0.52	0.32	0.78	0.59	0.68	0.77	0.89
$d=x-y(\%)$	0.10	0.09	-0.12	0.18	-0.18	0.11	0.12	0.13	0.11

本题中的数据是成对的，即对同一试块测量出一对数据。我们看到一对与另一对之间的差异是由各种因素，如材料成分、金属含量、均匀性等因素引起的。这也表明不能将仪器 I_x 对 9 个试块的测量结果（即表中第二行）看成是一个样本，同样也不能将仪器 I_y 对 9 个试块的测量结果（即表中第三行）看成是一个样本，因此不能用表 3-25 中的检验法作检验，而同一对中两个数据的差异则可看成是仅由这两台仪器性能的差异所引起的。这样，局限于各对中两个数据来比较就能排除种种其他因素，而只考虑单独由仪器的性能所产生的影响。

现在分别作各对数据的差 $d_i = x_i - y_i$（如表 3-24 所示），并假设 $d_1, d_2, \cdots, d_9$ 来自正态总体 $N(\mu_d, \sigma^2)$，这里 μ_d, σ^2 均属未知。若两台仪器的性能一样，则各对数据的差异 $d_1, d_2, \cdots, d_9$ 属随机误差，而随机误差可以认为服从正态分布，其均值为零。因此本题归结为检验假设：

$H_0 : \mu_d = 0$；

$H_1 : \mu_d \neq 0$。

分别记 $d_1, d_2, \cdots, d_n$ 的样本均值和样本方差为 $\bar{d}, s^2$。按表 3-25 中关于成对数据假设问题拒绝域的 t 检验，知拒绝域为 $|t| = \left| \dfrac{\bar{d} - 0}{s/\sqrt{n}} \right| > t_{\alpha/2}(n-1)$

现在 $n = 9$，$t_{\alpha/2}(8) = t_{0.005}(8) = 3.3554$，即知拒绝域为 $|t| = \left| \dfrac{\bar{d} - 0}{s/\sqrt{n}} \right| >$

3.3554。由测量数据得 $\overline{d}=0.06, s=0.1227, |t|=\dfrac{0.06}{0.1227/\sqrt{9}}=1.467<$

3.3554,现 $|t|$ 的值不落在拒绝域内,故接受 H_0,认为两台仪器的测量结果并无显著差异。

关于成对数据的假设问题的拒绝域在表 6-22 列出。

表 6-22　成对数据假设问题的拒绝域表

检验法	条件	H_0	H_1	检验统计量	拒绝域
t 检验	μ_d, σ^2 未知	$\mu_d=0$	$\mu_d\neq0$	$t=\dfrac{\overline{d}-0}{s/\sqrt{n}}$	$\{t<-t_{a/2}(n-1)\}\bigcup\{t>t_{a/2}(n-1)\}$
		$\mu_d\leqslant0$	$\mu_d>0$		$\{t>t_a(n-1)\}$
		$\mu_d\geqslant0$	$\mu_d<0$		$\{t<-t_a(n-1)\}$

三、实践操作

调研人员熟悉了推断统计分析方法的内容之后,就可以开始推断统计分析的工作了,本部分将呈现推断统计分析的过程。

(一)估计总体参数。

即根据样本的数量特征推断总体的相应的数量特征。

1. 点估计

采用点估计,就是用样本指标数值直接代表总体指标,而不考虑抽样误差和估计的把握程度的大小。

2. 区间估计

区间估计是根据样本指标和抽样误差来推断总体指标的最大可能范围,并同时表示出估计的准确程度和把握程度。

(1)用样本平均数 $\overline{x}$ 推断总体平均数 $\overline{X}$ 时,采用公式 $\overline{x}-t\mu_{\overline{x}}\leqslant\overline{X}\leqslant\overline{x}+t\mu_{\overline{x}}$。

(2)用样本成数 p 推断总体成数 P 时,采用公式:$p-t\mu_p\leqslant P\leqslant p+t\mu_p$。

(二)进行假设检验

参数检验是推断统计的重要组成部分。是当总体分布已知(如总体为正态分布),根据样本数据对总体分布的统计参数如平均值、成数、方差进行推断。此时,总体的分布形式是给定的或是假定的,只是其中一些参数的取值或范围未知,分析的主要目的是估计参数的取值,或对其进行某种统计检验。这类问题往往用参数检验来进行统计推断。它不仅仅能够对总体的特征参数进行推断,还能够实现两个或多个总体的参数进行比较。因此,参数检验可分为下列三种情况：

1. 单个正态总体均值、百分数和方差的假设检验。

2. 两正态总体均值、百分数和方差差异的假设检验。

3. 基于成对数据的假设检验。

参数检验的步骤：

①提出原假设和备择假设。

②确定适当的检验统计量。

③规定显著性水平 a。

④计算检验统计量的值。

⑤作出统计决策。

即先由测得的样本数据计算检验统计量，若计算的统计量值落入约定的显著性水平 a 时的拒绝域内，说明被检参数之间在所约定的显著性水平 a 下在统计上有显著性差异；反之，若计算的统计量值落入约定显著性水平 a 时的接受域内，说明被检参数之间在统计上没有显著性差异，是同一总体的参数估计值。

四、问题与经验

通过本模块的学习，我们要解决单变量的推断统计分析问题。因此，在本模块里，我们需要注意推断统计分析在实际中的应用问题，以便做到学以致用。

（1）在市场调查研究中，经常需要对不同的对象进行市场调查，但调查研究的总体往往都有较大数量，限于人力、物力与时间，通常都采用抽取一定的样本作为研究对象。这样，一方面，需要利用样本的数量特征来推断总体特征；另一方面，存在样本的数量特征能否反映总体特征的问题，也存在着两种不同的样本的数量标志的参数是否存在差异的问题。这就必须对样本数量进行定量分析与推断。

（2）假设检验是首先对总体提出假设，从而抽取一个随机样本，然后以样本的统计值来验证这个假设是否成立，可以说假设检验是推断统计的反证法。

（3）在商业性营销研究中，单侧检验比双侧检验更常用。如果备择假设是以单方向形式表述的，那么对于零假设的检验称为单侧检验。

五、参考范例

（一）某班共有50人，随机抽取20人利用多媒体教学软件进行语文教学实验。在期终考试结束后，得知全班语文考试成绩见下表，其中前20人分数为参加实验的学生成绩。试利用 SPSS 统计软件，通过检验样本平均数与总体平均数之间的差异程度判断该教学实验的效果。

表 1　原始数据

学号	成绩	学号	成绩	学号	成绩	学号	成绩	学号	成绩
1	75	11	65	21	66	31	67	41	81
2	66	12	83	22	56	32	76	42	80
3	84	13	72	23	78	33	68	43	70
4	80	14	77	24	56	34	65	44	80
5	92	15	69	25	78	35	63	45	60
6	74	16	64	26	45	36	64	46	82
7	70	17	81	27	89	37	67	47	83
8	88	18	77	28	78	38	69	48	69
9	90	19	73	29	67	39	68	49	63
10	95	20	79	30	67	40	78	50	65

操作步骤：

1.录入数据

定义变量"学号"、"样本"和"全班"，分别录入数据，其中"样本"变量对应的是前20人的语文成绩，"全班"变量对应的是全班50人的语文成绩。

2.统计分析

(1)选择"Analyze→Compare Means→One－Sample T Test"命令，弹出"One－Sample T Test"对话框，将"样本"和"全班"选入"Test"框中，对选择的变量进行 t 检验，如图 1 所示。

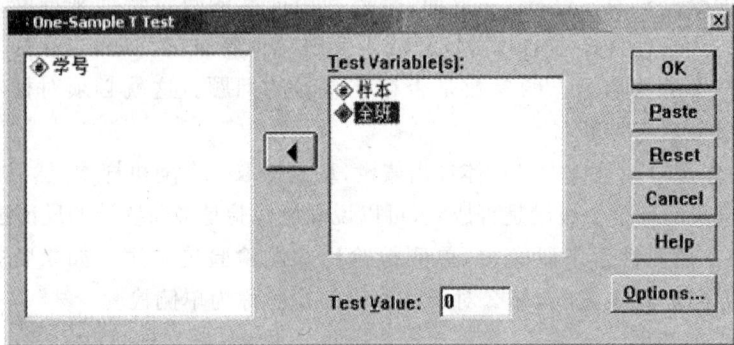

图 1　"One-Sample T Test"对话框

(2)单击"OK"按钮，提交运行，输出结果如图 2 所示。

One-Sample Test

	Test Value＝0					
	t	df	Sig. (2-tailed)	Mean Difference	95％ Confidence Interval of the Difference	
					Lower	Upper
样本	38.544	19	.000	77.7000	73.4808	81.9192
全班	51.553	49	.000	73.0400	70.1928	75.8872

图 2　输出结果

3.结果分析

t 检验的结果为 t 值(t)、自由度(df)、双尾显著性概率(Sig.)、均值差异(Mean Difference)和均值差异的 95％置信区间(95％ Confidence Interval of the Difference)。

查 t 值表可知,$t_{a/2}(df)=t_{\frac{0.05}{2}}(19)=2.093$,

而样本 $t=38.544＞2.093$,

所以样本与总体之间存在显著差异,样本平均分高于总体平均分。

(二)某班在教学中采用了新的教学方法,进行前测和后测实验,随机抽取 8 名学生作样本,前测和后测数据见下表。试利用 SPSS 统计软件,分析两次测试是否有差异,从而判断实验结果。

表 2　前测与后测数据表

编号	前测	后测	编号	前测	后测
1	11	15	5	13	15
2	14	14	6	12	13
3	12	15	7	15	14
4	10	14	8	14	16

操作步骤:

1.录入数据

定义变量"编号"、"前测"和"后测",按照正文的内容录入数据。

2.统计分析

(1)选择"Analyze→Compare Means→Paired－Sample T Test"命令,弹出"Paired－Samples T Test"对话框,单击"前测"和"后测"变量,使其分别显示在"Current Selections"框中的"Variable"后,按箭头按钮使成对变量进入"Paired Variables"框中,如图 3 所示。

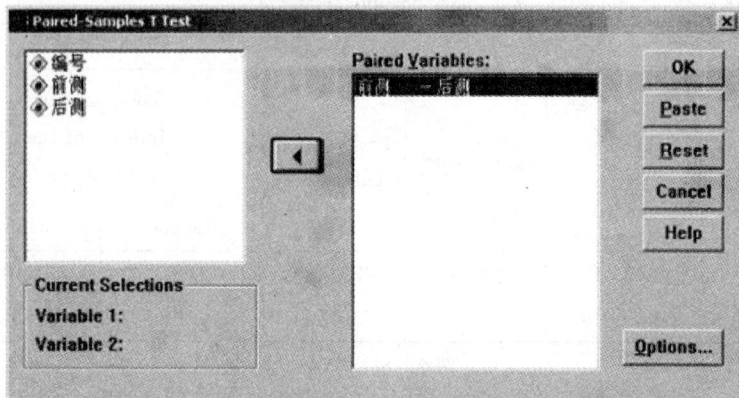

Paired-Samples T Test 对话框

图 3 "Paired-Samples T Test"对话框

(2)单击"OK"按钮,提交运行,输出结果如图 4 所示。

Paired

	Paired Differences					t	df	Sig. (2-taled)
	Mean	Std. Devlation	Std. Error Mean	95% Confidence Interval of the Difference				
				Lower	Upper			
Pair 1 前测－后测	−1.8750	1.8077	.6391	−3.3863	−.3637	−2.934	7	.022

	t	df	Sig. (2-tailed)	Difference	Lower	Upper
样本	38.544	19	.000	77.7000	73.4808	81.9192
全班	51.553	49	.000	73.0400	70.1928	75.8872

图 4 输出结果

3.结果分析

查 t 值表可知,$t_{a/2}(df) = t_{\frac{0.05}{2}}(7) = 2.365$,

而从图 4 中可以看出,样本 t$= -2.934 < -2.365$,

所以后测与前测之间存在显著差异。

或者,可以从图 4 中看出,显著性概率(Sig.(2－tailed))为 0.022,而当显著性概率小于 0.05 时,认为配对样本之间存在显著差异,即后测与前测之间存在显著差异。证明该教学方法适合教学要求,能够促进学生提高成绩。

(三)分别测得 14 名老年性慢性支气管炎病人及 11 名健康人的尿中 17-酮类固醇排出量(mg/dl)数据见下表。试利用 SPSS 统计软件,比较两组均值有无显著性差别($\alpha=0.05$)。

表 3 17-酮类固醇排出量表

分类	排出量(mg/dl)										容量(名)
病 人	2.90	5.41	5.48	4.60	4.03	5.10	4.97	4.24	4.36	2.72	14
	2.37	2.09	7.10	5.92							
健康人	5.18	8.79	3.14	6.46	3.72	6.64	5.60	4.57	7.71	4.99	11
	4.01										

操作步骤:

1. 录入数据

定义变量:把实际测量值定义为 X,再定义一个变量 G 来区分病人与健康人。输入原始数据,在变量 G 中,病人输入 1,健康人输入 2。

2. 统计分析

(1)选择"Analyze→Compare Means →Independent－Samples T Test",打开"Independent－samples T Test"主对话框。从主对话框左侧的变量列表中选 X,单击按钮使之进入"Test Variable(s)"列表框,选 G 单击按钮使之进入"Grouping Variable"对话框,单击"Define Groups"按钮,弹出"Define Groups"对话框,在"Group 1"中输入 1,在"Group 2"中输入 2,单击"Continue"按钮,返回"Independent－samples T Test"主对话框,如图 5 所示。

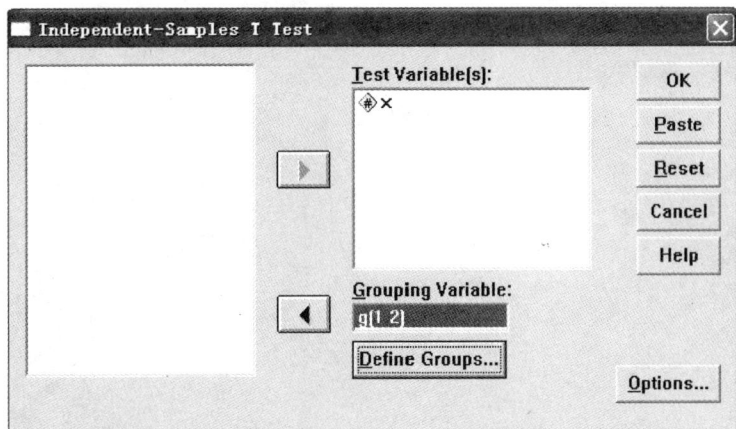

图 5 "Independent-samples T Test"主对话框

(2)单击"OK"按钮,提交运行,输出结果如图 6 所示。

Group Statistics

	G	N	Mean	Std. Deviation	Std. Error Mean
X	病人	14	4.3779	1.44989	.38750
	健康人	11	5.5282	1.73540	.52324

Independent Samples Test

	Levene's Test for Equality of Variances		t-test for Equality of Means						
								95% Confidence Interval of the Difference	
	F	Sig.	t	df	Sig. (2-tailed)	Mean Difference	Std. Error Difference	Lower	Upper
X Equal Variances assumed	.440	.514	−1.807	23	.084	−1.1503	.63675	−2.46755	.16690
Equal Variances not			−1.767	19.472	.093	−1.1503	.65111	−2.51088	.21023

图 6　输出结果

3.结果分析

查 t 值得到 t 理论值，自由度 $df = n_1 + n_2 - 2 = 23$，在 $\alpha = 0.05$ 水平上，理论临界值为 $t_{\alpha/2}(n_1 + n_2 - 2) = t_{0.025}(23) = 2.069$。

而从图 6 中可以看出，$t = -1.807 > -2.069$，所以 $P > 0.05$，差异显著，即老年性慢性支气管炎病人的尿中 17-酮类固醇排出量低于健康人。

项目七
市场调研报告的撰写与汇报

【项目概要】

　　市场营销调研报告最重要的目的就是为决策者的决策提供有力的依据。一位营销大师曾经说过："分析所带来的,是当发现毫无结果时的恐慌和当清楚发现终极真理时的狂喜。而在这两端之间,是长期的艰苦努力、深入思考、以及堆积如山的资料。"报告市场调研的结果是市场营销研究的最后一步,也是非常重要的一步。书面报告的质量和口头汇报的效果,直接影响调研结果能否得到委托方的认可并发挥其应有的作用。所以,在这一项目里包括撰写书面市场调研报告和制作市场调研口头汇报PPT两个模块。为了使同学们具备完成撰写和汇报市场调研报告这一工作任务所需要的技能,我们按照撰写和汇报市场调研报告的工作步骤在各个模块里分别设计了相应的工作任务,并提供了参考案例。

【学习目标】

　　能力目标:能撰写和汇报市场调研报告。

　　知识目标:熟悉调研报告写作应遵循的原则;熟悉调研报告的格式要求;掌握调研报告的写作方法;掌握口头报告的材料准备技巧;掌握调研报告的口头汇报技巧。

　　素质目标:培养团队合作精神;培养学生分析和解决问题的能力;培养学生书面和口头表达能力。

任务	能力目标	知识目标	素质目标
模块1:撰写书面市场调研报告	能撰写市场调研报告	熟悉调研报告的结构 熟悉调研报告的格式要求 熟悉调研报告写作应遵循的原则 掌握调研报告的写作方法	培养团队合作精神 培养学生分析和解决问题的能力 培养学生书面文字表达能力
模块2:进行市场调研口头汇报	能进行市场调研口头汇报	熟悉口头报告的各项工作 掌握PPT的设计与制作方法	培养学生分析和解决问题的能力 培养学生口头表达能力

【开篇案例】

A品牌市场调研报告（部分内容）

本次调查共计回收538份调查问卷，其中有效问卷为525份，有效率达到97.58％。对525份有效问卷的分析结果如下所述。

对于525个被调查人员，他们的性别、国籍和年龄分布情况如下。在被调查人员中，有450名女性，占总数的85.71％，其分布情况见图7-1；其中，国内大陆为495人，占总体的94.29％，港澳台为16人，占3.05％，国外为14人，占2.67％，其分布情况见图7-2。

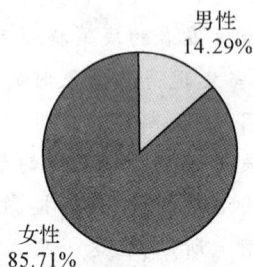

图7-1　性别分布情况　　　图7-2　国籍分布情况

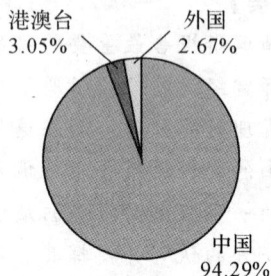

一、消费者对橄榄油保健功能及用途的认知度

由于橄榄油具有预防心脑血管疾病、降低胆固醇、延缓衰老、护肤护发、防癌抗癌等功效，广大消费者对橄榄油具有较高的认知度。据调查显示，70.10％的人了解橄榄油可以降低胆固醇，55.05％的人知道橄榄油可以预防心脑血管疾病，48.76％的人了解橄榄油可以护肤护发，只有0.19％的人不知道橄榄油对人体的益处（如图7-3）。由此可知，大部分消费者了解橄榄油对人体的益处。

同时，消费者对橄榄油的用途也具有较多的了解，据调查，77.71％的人认为橄榄油的主要用途是做凉拌菜或沙拉，56.38％的人认为橄榄油的主要用途是炒菜或煎炸食物，而不知道橄榄油的用途的人最少，仅为0.19％（如图7-4）。

二、市场竞争日趋激烈

由于中国橄榄油市场具有巨大的潜力，但中国的地理环境并不适合大量生产橄榄油，因此一些国外知名的橄榄油品牌近年来争相逐鹿中国市场。据调查可知，国内的消费者也对国外的橄榄油比较认可，其认为最著名的橄榄油生产国主要有西班牙、意大利、土耳其、希腊、法国。仅有4.76％的被调查

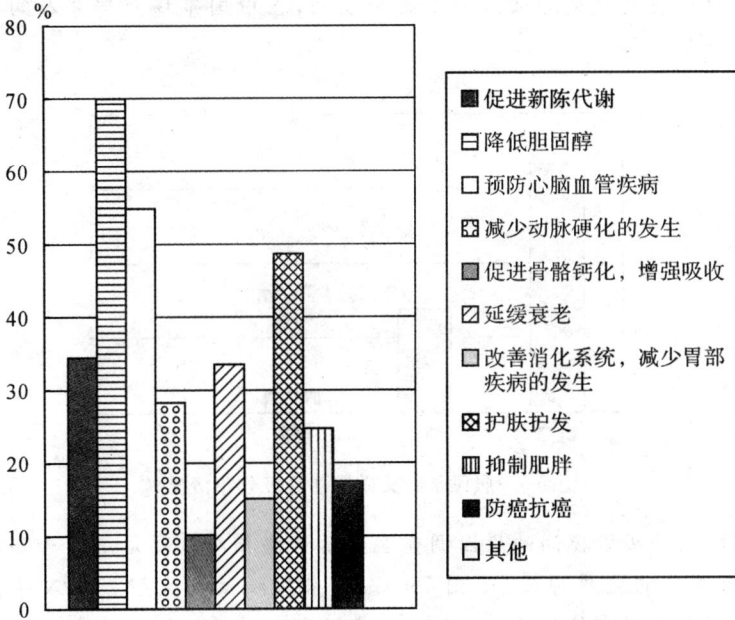

图 7-3　消费者对橄榄油保健功能的认知情况

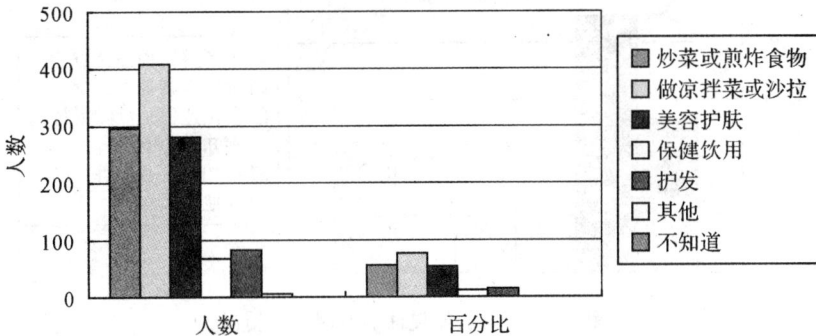

图 7-4　消费者对橄榄油的用途认识情况

人员不知道著名的橄榄油生产国。

　　此外,各橄榄油品牌的竞争也是互具特色,各有千秋。各品牌在各地市场表现不同,一些品牌在相应地区具有了绝对的品牌优势,例如本品牌橄榄油在北京的品牌知名度达到 70% 以上。现根据各橄榄油品牌的知名度排列如下:A 品牌、乐家、大树、太阳谷、品利,最后就是亿芭利、甘达和华源生命。

　　三、消费者购买橄榄油习惯调查

　　橄榄油根据其提炼程序不同有不同的等级,最好的橄榄油是初榨的,其次是纯正的,最差的是渣油。调查结果表明,在中国市场大部分人购买初榨橄榄油(如图 7-5)。

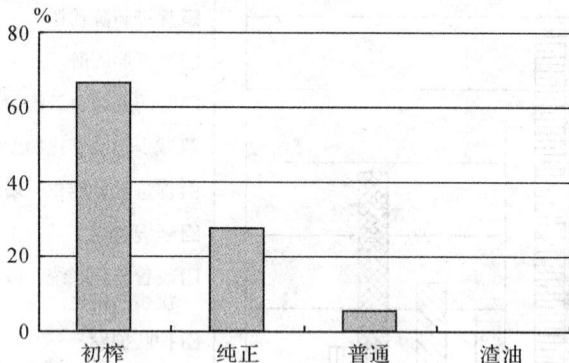

图 7-5　居民常购买橄榄油等级分布情况

同时,未购买橄榄油的原因调查也显示价格相对较高是消费者知道其优点但仍未购买的主要原因(如图 7-6)。看来橄榄油要大规模飞入寻常百姓家、在中国普及还有待居民收入的进一步提高。

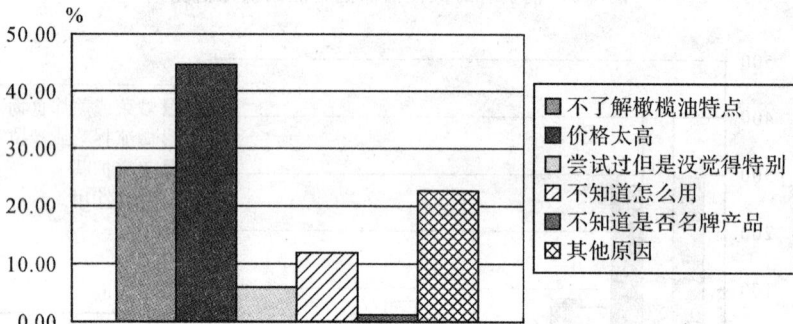

图 7-6　不购买橄榄油的原因分布情况

消费者购买各品牌橄榄油的原因显示,在消费者作购买选择时,质量好和比较有名是非常重要的影响因素。而质量好与品牌知名度有密切的相关性。前者一般是通过后者来感知,说明厂商坚持走品牌营销之路的重要性。这也正是各主要橄榄油厂商正逐步关心自己的营销战略,开始走品牌之路和精细化营销之路的原因所在(如图 7-7)。

四、营销渠道多元化

由于购买橄榄油的消费者较注意质量,购买渠道基本都是在大超市或专卖店,这也说明大多数人都认为大超市与专卖店的产品质量比食品批发市场

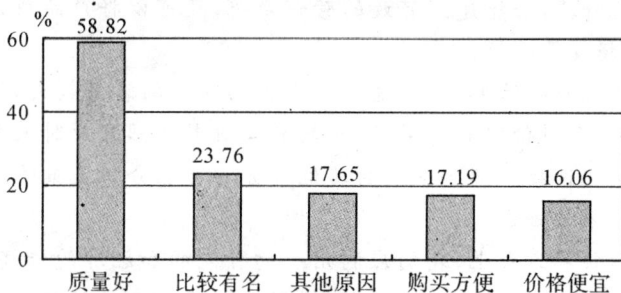

图 7-7　消费者购买各品牌橄榄油的原因

和便利店等地方有保障。

　　与此同时,主导品牌的橄榄油尽可能的利用报纸、电视、杂志和网络等可能的传播途径来宣传和影响消费者,以提高品牌知名度,增强自身的竞争能力。研究表明,人们获取信息的最主要的途径是报纸、电视、杂志和网络,其比例分别为 72.00%、71.43%、64.57% 和 48.57%。其中通过报纸、电视和杂志获取信息的人超过了 60%(如图 7-8)。

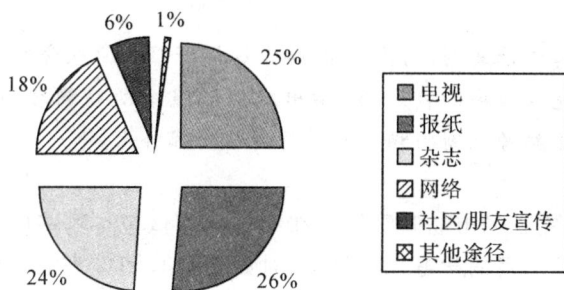

图 7-8　消费者获取信息的途径比例

　　通过前面的研究分析,我们可以看到橄榄油现在还只是食用油市场中较小的一个细分市场,销售区域只集中在大中型城市,因此尚未对普通食用油销售构成威胁。但随着橄榄油市场的发展,橄榄油必会占据部分终端市场份额。我们认为,在目前形势下,本品牌橄榄油应先把其他品牌的橄榄油当成主要竞争者,在成为橄榄油市场的领导者之后,通过与其他橄榄油品牌的竞争联合,共同带动橄榄油市场的发展,逐步向食用油市场扩延势力。

　　就问卷调查和前期的定性调研情况来看,本品牌正处于产品引入阶段——在市场上推出新产品,即产品销售呈缓慢增长状态的阶段。我们认为该产品处于导入期的市场特点:消费者对该品牌产品不了解,销售量小;尚未建立理想的营销渠道;广告费用和其他营销费用开支较大;承担的市场风险较大。处于此阶段,若能建立有效的营销系统,既可以将产品快速推进导入阶段,进入市场发展阶段。

根据此次调研的结果,我们发现此类产品的市场容量较大,潜在消费者对产品不了解,且对价格相对敏感,市场竞争日趋激烈。此时采用快速渗透策略将会是最优选择。调研结果的其他部分和相应分析及策略运用等段落限于篇幅未从书中摘出。

传播的途径和方式上,我们应利用一切可能的和经济的传播渠道,除电视、报纸广告外,还可以采用专刊、菜谱、网站等多种有效的传播方式。在一定时段内,从空中到地上,反复向消费者传达客观、实用、生动的产品和品牌内容,对消费者进行感性和理性双重诉求。这样不仅使本品牌的信息准确地传达到目标消费群,而且能在不知不觉中激发目标消费者对本品牌的兴趣并引发其试购。

资料来源:刘杰克著:《营销力——A品牌闪电制胜中国市场全程实录》,人民出版社,2004年10月。

—— 小思考 ——

　　①认真阅读案例,列出A品牌市场调研报告所包含的内容。
　　②学完本模块的内容后,指出本调研报告所缺内容,并根据项目七模块2参考范例的相关资料将所缺内容补上。

那么,一份完整的市场调研报告在结构上应该包含哪些内容?其格式又如何呢?通过本项目的学习,我们可以对如何撰写和口头汇报市场调研报告有一个全面的了解。

模块1　撰写书面市场调研报告

市场调研报告是市场调研的结果,调研报告结果常常是项目委托方唯一可见的项目成果,因此,一定要认真对待。在数据收集、整理和分析工作完成之后,一定要及时撰写书面报告和向有关人员进行口头汇报,否则无论前期工作做得再好,也无法达到调研的预期目的。以下的任务则呈现完成撰写书面调研报告工作的整个过程。

一、正式工作项目任务

以小组(不超过8人)为单位,根据项目五和项目六整理、分析后的数据资料,撰写一份格式规范、内容充实的书面调研报告。

二、理论知识

（一）撰写市场调研报告的基本原则

市场调研报告是对市场的全面情况,或某一侧面、某一问题进行调研之后撰写出来的报告,是针对市场状况进行的调研分析,是进行市场决策的重要依据,因此,市场调研报告的写作应遵循以下原则:

1. 实事求是

实事求是是市场调研报告首要的、最大的特点。这一特点要求调研人员必须树立严谨的科学态度,写出真实可靠、对政府和企业工作具有指导意义的市场调研报告。

2. 目的明确

市场调研报告是供客户阅读和使用的,是要为客户解决问题的,因此,调研报告要提供客户所需的全部信息,如统计分析结果、结论和建议、调研与分析方法的科学性和正确性的证明等。但是,一份完整的调研报告应当包括哪些内容主要取决于读者的需要,报告要针对不同的读者有所侧重。

3. 重点突出

调研报告要中心明确、突出。一份好的调研报告应当有清晰的思路和结构,报告的各部分应当有很强的逻辑性。调研报告离不开确凿的事实,但又不是简单的数据罗列和机械堆砌,而是对核实无误的数据和事实进行严密的逻辑论证,探明事物发展变化的原因,预测事物发展变化的趋势,提示本质性和规律性的东西,得出科学的结论。

4. 语言简洁

调研报告要求尽量简洁,这样才便于重点突出。因此,在语言表达上要求文字精练,数字准确,能够尽量用规范的图表说明问题,使人容易理解。

（二）市场调研报告的分类

市场调研的内容极其广泛,每一个调研项目都是围绕特定目标展开的,因此,作为调研结果集中表现的调研报告也具有不同的类型。

1. 按市场调研报告的内容,将调研报告分为:

（1）综合报告

综合报告是提供给用户的最基本的报告。此类报告的目的是要反映整个调研报告的全貌,详尽说明调研结果及发现。综合报告主要包括下述内容:

①调研概况。这一部分包括调研目的和调研方针、调研内容和问卷设计、抽样方案和调研实施情况以及数据的统计处理。

②样本结构。这一部分包括调研点的分布、调研对象的基本情况、样本分布与总体分布的比较。

③基本结果。这一部分主要针对问卷中的内容,逐项给出调研结果,一般配合给出大量的统计图表以及简要说明。

④对不同层次调研对象的分析。这一部分是调研报告的重点,要针对调研对象的人口状况,即针对不同性别、不同年龄、不同文化程度、不同职业和不同收入等各种层次的调研对象,给出统计分析的主要结果。

⑤主要项目间的关联性分析。这一部分主要针对理论假设,对主要调研项目(变量)间的关联性、相关性做出判断,即这些项目间是相互关联的,还是相互独立的,如果是相互关联的,又是一种怎样的联系。

⑥主要发现。这一部分实际上是调研的小结,要说明通过调研及数据分析所得到的主要发现和几点结论性的意见,以提供给有关决策部门参考。

(2)专题报告

专题报告是针对某个问题或侧面而撰写的报告。例如,针对住房消费问题、私人轿车问题,都可以分别写出专题调研报告。又如,在北京市女性化妆品市场调研中,可以围绕不同层次的女性用于购买化妆品的月平均消费额为主要内容,完成一个专题报告。

(3)研究性报告

研究性报告实际上也可以看成是某种类型的专题报告,但是研究性报告学术性较强,需要进行更深入的分析研究,并要求从中提炼出观点、结论或理论性的东西。

(4)技术报告

技术报告是对调研中的许多技术性问题进行的说明,如对抽样方法、调研方法、误差计算等问题的说明,以反映调研结果的客观性和可靠性。

2. 按市场调研报告的呈递形式,将调研报告分为:

(1)书面调研报告

(2)口头调研报告

(三)书面调研报告的结构

尽管书面调研报告会因调研项目和需求者的不同而有不同的写法,但是,规范的书面调研报告有一个基本的格式,即包括如下几个部分:标题页、信件、目录、摘要、正文和附录。

1. 标题页

标题页包括的内容有报告的题目、报告提供的对象、报告的撰写者和发布(提供)的日期。对于企业内部调研,报告提供的对象是企业高层负责人或董事会,报告的撰写者是企业内的调研机构。对于社会调研服务,报告的提供对象是调研项目的委托方,报告的撰写者是提供调研服务的调研咨询公司。在后一种情况下,有时还需要写明双方的地址和相关人员的职务。属于保密性质的报告,要一一列明报告的提供对象的名字。特别正规的调研报告,在标题页之前还安排标题扉页,此页只写调研报告标题。调研报告标题页范例如下:

〔例〕

×××市场调研公司

Add:中国大连××大厦××楼　　　Tel:(86)0411—×××××××

Post:××××××　　　　　　　　Fax:(86)0411—×××××××

××××满意度调研报告

项目经理:×××

××年×月×日

2. 信件

信件包括致项目委托人的信和项目委托人的授权信两部分。

致项目委托人的信是以调研报告撰写者个人的名义向报告提供对象个人写的一封信,表示前者将报告提交给后者的意思。在此信中,撰写者向报告提供对象汇报调研的情况和最一般的成果,所用口气是个人对个人的,因而可以不太受机构对机构的形式约束,便于双方的思想沟通。在较为正规的调研报告中,都应该安排提交信,当调研报告的正规性较低时,提交信可以从略。

项目委托人的授权信是在项目开始之前用户给调研者（机构）的授权信，信中规定了项目的范围以及合同中的一些项目，很多时候只需在"致项目委托人的信"中提一下这封授权信就可以了，必要时也将授权信的复印件附在报告中。

3. 目录

一般的调研报告都应该编写目录，以便读者查阅特定内容。目录包含报告所分的章节及其起始页码。调研报告通常只编写两个层次的目录，较短的报告也可以只编写第一层次的目录。目录的详细程度取决于报告的长度，若图表较多，报告目录之后还应有图表目录、附件目录和展示品目录等。目录的范例如下：

目　录

4. 摘要

摘要是调研报告中最重要的内容，是整个报告的精华。一般来说，高层领导或高层管理人员因为工作繁忙，往往只有时间阅读摘要部分，然后根据摘要，在正文中寻找需要进一步阅读的内容，因此，摘要很可能是调研者影响决策者的一个重要机会。

摘要的撰写应该是在报告正文完成之后，摘要是报告核心内容的反映，是对调研报告中最重要的内容进行的高度概括，它的长度以不超过两页为好，因此，要仔细斟酌哪些东西足够重要，需要在摘要中写明。摘要不是报告正文各章节的等比例浓缩，它要写得自成一篇短文，既要概括调研成果的主要内容，也得简明、重点突出。

摘要通常包括以下四个方面：

①申明写市场调研报告的目的，包括重要的背景情况和项目的具体目的。

②概述市场调研得出的基本结论。

③概述进行市场调研采用的基本方法。

④提出解决问题的建议，这是以结论为基础提出的。在有些情况下，调研委托者不希望调研者在报告中提出建议，因此，是否在摘要中提出建议要依委托者的需要来确定。

摘要的每一部分都要有一个小标题或关键词（短语），各段内容应当简洁、精练，一般不要超过四句话。摘要应当能够使读者兴奋，使他们产生兴趣和好奇心去进一步阅读报告的其余部分。

［例］

2008 年中国信用卡用户调查报告摘要

一、调研背景

自 2003 年中国信用卡元年以来，中国信用卡行业进入了快速发展期，截至 2007 年底，中国信用卡发卡量已达 9000 多万张，持卡人数超过 3000 万。在发卡机构迅速跑马圈地的大环境下，中国信用卡持卡人对"信用卡"的认知达到什么程度？他们的用卡意愿及用卡习惯如何？他们需要怎样功能与服务的信用卡产品？

基于以上背景，尚诺集团（我爱卡）联手专业咨询研究机构易观国际及MSN 中文网历时 3 个月，涉足多个优质行业和人群，开展此项调研。旨在不断优化信用卡产品和服务的设计与营销，深入挖掘持卡用户的需求和关注点,从而进一步推动中国信用卡产业的良性有序发展。

二、调研方法

本次研究采用网络联机问卷调查法,问卷放置在易观国际网站上,同时在其他合作伙伴网站上设置问卷链接,由浏览用户主动参与填写问卷的方式来搜集数据,对于回收的有效数据通过专业的统计分析软件 SPSS 进行数据分析处理,并在此基础上撰写研究报告。

三、调研主要结论

(一)2007 年中国信用卡发卡量呈现高增长、低赢利或不盈利的现状

1. 中国信用卡卡量和持卡人数快速增长

截至 2007 年底,中国信用卡发卡量达到 9976 万张,较 2006 年增长 69.65%,用户规模为 3177 万,同比增长 54.22%。

2. 信用卡活卡率维持较低水平

据行业研究分析,目前中国信用卡活卡率为 20%~40%,参照国际信用卡活卡率,此激活比例属于较低水平。

3. 信用卡循环利息使用率低

循环利息为信用卡产品的重要赢利点,调研发现,目前中国信用卡持卡人循环利息的使用率较低,仅为 7.73%。

(二)中国信用卡持卡现有用户结构呈较年轻化、中等收入等特征

1. 信用卡用户年龄结构分配

2. 信用卡用户职业构成

3. 信用卡用户月收入构成

(三)中国信用卡持卡用户在办理/消费/还款等主要环节具有的行为特征

1. 用户了解信用卡的渠道分析

调研发现,有 59.03% 的用户习惯通过银行网站和银行网点了解信用卡的相关信息,同时有 66.13% 的用户习惯使用互联网渠道。

2. 用户办卡行为分析

(1)用户在办理信用卡时的关注因素

调查发现还款方便、用卡安全等是用户办理信用卡时比较关注的因素,而增值服务、积分、礼品等作为激励手段是重要的补充方式。

(2)用户偏好的信用卡办理方式

调研发现,银行工作人员上门办卡仍是目前使用最多的方式,同时,互联网已经成为重要的新兴信用卡办理方式。

3. 持卡用户消费行为分析

(1)持卡用户的刷卡用途

（2）用户在使用信用卡过程中遇到的问题

4. 持卡用户的还款行为分析

（1）用户经常采用的还款渠道

最为便捷的绑定银行卡还款是用户使用最多的，达到35.56％。

（2）用户还款周期调查

调研发现，用户对信用卡免息期的使用较为充分。

5. 用户对奥运信用卡的品牌认知

中国银行作为北京奥运会唯一银行合作伙伴，其奥运信用卡享受最高的知名度。

6. 用户办理奥运信用卡的驱动因素

（1）用户对奥运信用卡的偏好

在被问及下次办卡时是否会首选奥运主题信用卡，48.6％的用户给予了肯定回答。

（2）用户办理奥运主题信用卡的原因

纪念意义和国家荣誉是用户办理奥运主题信用卡的主要原因，说明奥运主题信用卡在用户心中已经成为爱国情感和文化的一种象征。

资料来源：雅虎财经：《2008年中国信用卡用户调查报告摘要》，载《http://biz.cn.ya-hoo.com/08-06-/124/qxc5.html》，2008年6月18日。

5. 正文

正文部分包括引言、调研方法、调研结果、局限性、结论和建议。

（1）引言

引言解释为什么要进行此项调研及要发现的目标。引言中包括：

①基本的授权内容和相关的背景资料，以及此项调研的重要作用与实践意义。

②说明与决策制定者以及与行业专家讨论的要点，说明对二手资料的分析、所做的定性研究，以及所考虑的各种因素，并对管理决策问题和实际问题做出清楚的描述。

③说明处理问题的基本途径，以及达到这一结果的过程，并描述指导这一研究的理论基础、模型、理论假设以及影响方案设计的因素。

引言究竟写到什么程度，要看报告提供对象的需要。引言中提到的每个问题在正文中都应该有相应的解释。

（2）调研方法

这一部分要阐述以下五个方面的内容：

①调研类型。说明所展开的项目是属于探索性调研、描述性调研，还是

属于因果性调研，以及为什么适用于这一特定的调研类型。

②数据采集的方法。说明所采集的是第一手数据还是第二手数据，结果是通过调研法、观察法取得的，还是通过实验法取得的，并且所用调研问卷或观察记录表应编入附录。

③抽样方法。说明目标总体是什么、抽样框如何确定、样本单位有哪些，以及它们是如何被抽选出来的。对以上问题的回答的依据及相应的运算须在附录中列明。

④实地工作。说明需要多少、什么样的实地工作人员，以及对他们如何培养、如何监督管理和检查。这一部分对于调研结果的准确程度十分重要。

⑤分析方法。说明使用的定量分析方法和理论分析方法。

（3）调研结果

结果在正文中占较大篇幅，一般要由几个章节构成。这部分内容应按某种逻辑顺序提出紧扣调研目的的一系列项目发现，这些发现包括基本的结果、分组结果和关联性分析结果等几方面。不但要逐题给出总的结果，还要按市场细分或按所关心的人口特征（如年龄、性别、收入、职业等）给出分类的结果，以及项目间的相关关系结果。

发现结果可以以叙述形式表述，以使得项目更为可信，但不可过分吹嘘。叙述要简明扼要，细节可用图表辅助说明，但过于详细的图表应放在附录部分。

（4）局限性

完美无缺的调研是难以做到的，所以，必须指出调研报告的局限性。指出调研报告的局限性是正确评价调研成果的现实基础。在报告中，将成果加以绝对化，不承认它的局限性和应用前提，不是科学的态度，所以，要在调研报告中说明其限制条件是什么或可能是什么，以及它们怎样影响结果。当然，也没有必要过分强调它的局限性。

（5）结论和建议

调研报告正文的最后一部分是结论和建议。调研报告中最重要的，也是主管人员最关心的部分就是调研结论及建议。结论是基于调研结果的意见，建议是提议应采取的措施、方案及其步骤。调研者应当按照定义的问题来解释统计的结果，并从中提炼出一些结论性的东西。正文中对结论和建议的阐述应该比摘要更为详细，而且要辅以必要的论证。

有时并不要求市场调研者提建议，因为他（她）所做的项目只涉及一个领域，对较大范围的情况并不了解。如果要提建议的话，这些建议应该是合理的、实用的、可行的，并且是可以直接用于管理决策的。

6. 附录

任何一份太具技术性或太详细的材料都不应出现在正文部分,而应编入附录。这些材料可能只为某些读者,比如那些关心调研技术方面内容的主管人员或专家感兴趣,或者它们与调研没有直接的关系,而只有间接的关系。

附录通常包括的内容有:调查提纲、调查问卷、观察记录表和谈话记录,被访问人(机构单位)名单,较为复杂的抽样调查技术的说明,一些次关键数据的计算(最关键数据的计算,如果所占篇幅不大,应该编入正文),较为复杂的统计表和参考文献等。

(四)市场调研报告的撰写形式

1. 标题的形式

市场调研报告的标题有以下三种形式:

① "直叙式"的标题。报告的标题一般要将被调研单位、调研内容明确而具体地表示出来,如《杭州市居民商品房需求情况调研》。

② "表明观点式"的标题,如《对当前巨额结余购买力不可忽视》等调研报告的标题。

③ 正、副标题形式。这种形式的标题一般正标题说明调研的主题,副标题则具体表明调研的单位和问题,如《××牌产品为什么滞销——对××牌产品销售情况的调研分析》。

2. 开头部分的形式

开头部分的形式一般有以下几种:

① 开门见山,揭示主题,即文章开始先交代调研的目的或动机,揭示主题。

[例]　我公司受北京××电视机厂的委托,对消费者进行一项有关电视机的市场调研,预测未来几年大众对电视机的需求量及需求的种类,使××电视机厂能根据市场需求及时调整其产品的产量及种类,确定今后的发展方向。

② 结论先行,逐步论证,即先将调研结论写出来,然后再逐步论证。

[例]　××牌收银机是一种高档收银机,通过对××牌收银机在北京各商业部门的拥有、使用情况的调研,我们认为它在北京不具有市场竞争能力,原因主要从以下几个方面阐述……

③ 交代情况,逐层分析,即先介绍背景情况、调研数据,然后逐层分析,得出结论,也可先交代调研时间、地点、范围等情况,然后分析。

[例]　《关于香皂的购买习惯与使用情况的调研报告》的开头:"本次关于对香皂的购买习惯和使用情况的调研,调研对象主要是中青年消费者,其中青年消费者(20～35 岁)占 55%,中年消费者(36～50 岁)占 25%,老年消费

者(51 岁以上)占 20％；女性占 70％，男性占 30％……"

④提出问题，引入正题。

[例]《关于方便面市场调研的分析报告》的开头："从去年下半年开始，随着我国台湾康师傅方便面的上市，各种合资的、国产的方便面似雨后春笋般的涌现，面对种类繁多的方便面市场，如何在激烈的竞争中立于不败之地？带着这一问题，我们对北京市部分消费者和销售单位进行了有关调研。"

3. 论述部分的形式

论述部分是调研报告的核心部分，它决定着整个调研报告质量的高低和作用的大小。这一部分着重通过调研了解到的事实，分析说明调研对象的发生、发展和变化过程，以及调研的结果和存在的问题，提出具体的意见和建议。

由于论述一般涉及内容很多，文字较长，有时也可以用概括性或提示性的小标题，突出文章的中心思想。论述部分的结构安排是否恰当，直接影响着分析报告的质量。论述部分主要包括基本情况和分析两部分内容。

①基本情况部分。这一部分主要有三种写法：第一，先对调研数据资料及背景资料做客观的说明，然后在分析部分阐述看法、观点；第二，先提出问题，提出问题的目的是要分析问题，找出解决问题的办法；第三，先肯定事物的一面，由肯定的一面引申出分析部分，再由分析部分得出结论，循序渐进。

②分析部分。分析部分是调研报告的主要组成部分。在这个阶段，要对资料进行质和量的分析，通过分析，了解情况、说明问题和解决问题。分析有三类情况：第一类是原因分析，是对问题的基本成因进行分析，如对××牌产品滞销原因的分析就属于这类。第二类是利弊分析，是对事物在市场活动中所处的地位、起到的作用进行利弊分析等。第三类是预测分析，是对事物的发展趋势和发展规律做出的分析，如对××市居民住宅需求意向的调研，通过居民家庭人口情况、现有住房情况、收入情况以及居民对储蓄的认识、对分期付款购房的想法等，对××市居民的住房需求意向进行预测。

此外，论述部分的层次段落一般有以下四种形式：

①层层深入形式：各层意思之间是一层深入一层，层层剖析。

②先后顺序形式：按事物发展的先后顺序安排层次，各层意思之间有密切联系。

③综合展开形式：先说明总的情况，然后分段展开，或先分段展开，然后综合说明，展开部分之和为综合部分。

④并列形式：各层意思之间是并列关系。

总之，论述部分的层次是调研报告的骨架，它在调研报告中起着重要作用，撰写市场调研报告时应注意结合主题的需要，无论采取什么写法，都应该充分表现主题。

4. 结尾部分的形式

结尾部分是调研报告的结束语,好的结尾可使读者明确题旨、加深认识,并能启发读者思考和联想。结尾一般有以下三种形式:

①概括全文:经过层层剖析后,综合说明调研报告的主要观点,深入文章的主题。

②形成结论:在对真实资料进行深入细致的科学分析的基础上,得出报告的结论。

③基础看法和建议:通过分析,形成对事物的看法,在此基础上,提出建议和可行性方案,提出的建议必须能确实掌握企业状况及市场变化,使建议有付诸实施的可能性。

④展望未来,说明意义:通过调研分析,展望未来前景。

三、实践操作

在经过了市场调研数据的整理和分析之后,调研人员就可以撰写书面市场调研报告了。撰写书面市场调研报告包括报告撰写前的准备工作、报告的构思、选取数据资料、撰写初稿和定稿等工作,本部分将呈现撰写书面市场调研报告的过程。

1. 报告撰写前的准备工作

市场调研成果主要通过调研报告来反映。在动笔撰写报告之前,可考虑先做如下的准备工作:

①整理与本次调研有关的资料,包括过去已有的调研资料、相关部门的调研结果、统计部门的有关资料(包括统计年鉴)、本次调研的辅助性材料和背景材料等。

②整理统计分析数据。要认真研究数据的统计分析结果,可以先将全部结果整理成各种便于阅读和比较的表格和图形。在整理这些数据的过程中,对调研报告中应重点论述的问题自然就会逐步形成思路。

③对理论假设做出接受或拒绝的结论。

④对难以解释的数据,要结合其他方面的知识进行研究,必要时可针对有关问题找专家咨询或进一步召开小范围的调研座谈会。

⑤确定报告类型及阅读对象。调研报告有多种类型,如综合报告、专题报告、研究性报告、技术报告等;阅读的对象可能是企业领导、专家学者,也可能是一般用户。也就是说,要根据具体的目的和要求来决定报告的风格、内容和长度。

2. 报告的构思

数据收集工作完成以后,首先要对其进行定量的分析和解读,整合与调研项目有关的信息,以确定主题思想,然后在此基础上,确立基本观点,列出主要论点、论据,安排报告的层次结构,编写报告的详细提纲。

①通过收集到的数据资料,认识市场调研总体。通过收集到的资料,深入研究客观事物的性质、作用、表层原因和本质原因,得出所要研究的市场问题的一般规律性。

②确立主题思想。在认识客观事物的基础上,确立主题思想。主题的提炼要努力做到准确、集中、深刻、新颖。准确,是指主题能根据调研的目的,如实反映客观事物的本质及其规律性;集中,是指主题突出中心;深刻,是指主题能深入提示事物的本质;新颖,是指主题有新意。

③确立基本观点,列出主要论点、论据。确定主题后,形成概念,再通过判断、推理,然后列出论点、论据,得出结论。在得出结论时,应注意以下几个问题:一切有关实际情况及调研资料是否都考虑了? 是否有相反结论足以说明调研事实? 立场是否公正客观、前后一致?

④安排报告的层次结构。在完成上述几步后,构思基本上就有个框架了,在此基础上,考虑报告正文的大致结构与内容,安排报告的段落层次。报告一般分为三个层次,即基本情况介绍、综合分析、结论与建议。

3. 选取数据资料

有无丰富的、反映事物本质特征、形成观点、作为论据的准确的数据资料做基础是撰写调研报告成败的关键。

选取数据资料后,还要运用得法,运用数据资料的过程就是一个用数据资料说明观点、提示主题的过程,在写作时,要努力做到用数据资料说明观点,用观点论证主题,详略得当,主次分明,使观点与数据资料协调统一,以便更好地突出主题。

4. 撰写初稿

根据撰写提纲的要求,由单独一人或数人分工负责撰写,各部分的写作格式、文字数量、图表和数据要协调统一。初稿完成后,就要对其进行修改,先看各部分内容和主题的连贯性,有无需要修改和增减之处,顺序安排是否得当,然后整理成完整的全文,提交审阅。

5. 定稿

撰写完初稿,征得各方意见进行了修改后,即可定稿。在定稿阶段,一定要坚持对事物客观、服从真理、不屈服于权力和金钱的态度,使最终报告较完善、准确地反映市场活动的客观规律。

四、问题与经验

通过本模块的学习,我们要解决书面市场调研报告的撰写问题。在本模块里,我们需要注意以下问题:

(一)报告要满足受众需要

报告调研结果的过程是一个沟通的过程,为了取得良好的沟通效果,在提交报告之前,需要对书面报告的主要读者和口头汇报的主要听众有一定的了解,以便确定报告的重点、结构和篇幅,使报告能够满足受众需要。不同对象的兴趣点不同,他们通常只关注与自己密切相关的信息。例如,营销总监的技术背景和具体兴趣点可能与产品经理非常不同,高层人员往往对调研项目的技术细节不感兴趣。因此,要针对受众的特点有所取舍,突出重点,避免提供大量无关信息,必要时为不同的对象准备不同的版本。

(二)灵活掌握报告格式详略程度

本模块提出了一份极为正规的调研报告所应包含的所有组成部分。这种极为正规的格式用于企业内部大型调研项目,或调研公司向客户提供的服务项目。对于那些不很正规的报告,某些组成部分可以略去不写。视项目的重要程度和委托方的实际需要,可以从最正规的格式到只有一份报告摘要的这一逐渐简化系列中选择一个适当的设计。

五、参考范例

×市现代化和谐社区群众满意度调研报告

第一部分 项目介绍

调查背景

过去的几年,×市各地在推进基层政权和社区建设工作中取得很大的成绩,许多工作在全省、全国都产生了很大的影响,但是社区建设到底好不好,社区辖地的群众最有发言权,×市民政局为推进×市的和谐社区建设进程,全面提升和谐社区建设的整体水平,真正让我们的社区形成人人关心、人人参与、人人支持、人人热爱、人人享有的安全、团结、幸福、和谐的大家园,计划在全市范围内对所有自愿报名参评的社区进行群众满意度测评,以此作为"×市现代化和谐社区群众满意度评估活动"的重要依据。

本次"×市和谐社区评选活动"民意调查方案,为了充分体现"公正、公平、合理、科学"原则,特委托×市场调研公司组织并实施本次调研活动。

调查的区域范围

本次调查的对象为自愿申报"×市现代化和谐社区群众满意度评估"的城市社区。分布在6区5县市和1个开发区。其中一区62个,二区63个,三区36个,四区23个,五区13个,六区24个,一县7个,二县5个,三市5个,四市20个,五市13个,×开发区4个,共计275个社区。

样本分布

按照数理统计原理,结合调研的目的、投入成本的可能以及时间上的安排,要求置信度水平不得低于95%,抽样误差控制在3%,因此各个社区的样本量根据辖地的常住户数定为:辖区常住户数在2000户以下的调查60个样本,而常住户数在2000~3000户的调查80个样本,常住户在3000及以上的调查100个样本,因此275个社区总样本量为19660个。样本中分普通家庭和特殊家庭,按照4:1的比例进行配额,实际操作中特殊家庭不足样本由普通家庭补充。

调查方法

本次调查采用入户的方式与被访者一对一面访。

质量控制

所有提交问卷,按照"两审一复一校正"的方法,即一级审核率100%,二级审核率为100%,进行30%的复核率(复核率是指每个访问员做的每个调查点的问卷复核比率要达到30%),进行100%的数据录入校正(主要是针对数据录入的缺省值进行审查及校对),确保进入分析阶段的数据完整性和准确性。其中一审是在访问时由现场督导当面进行,有助于发现问题当面指出。而复核是在二审结束后进行,并且时间为访问结束后的48小时内完成。

数据处理

采用SPSS统计分析软件对有效问卷进行数据分析和检验。

第二部分　被访者基本情况

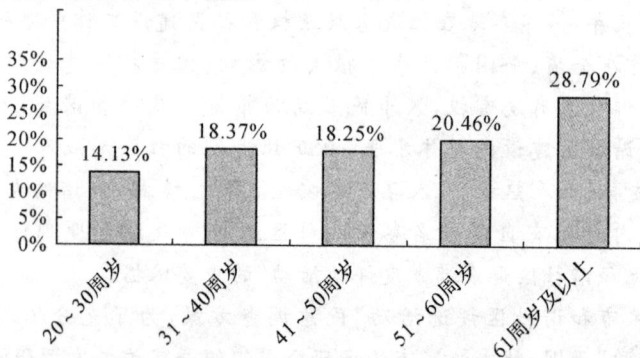

图1　被访者年龄分布

从被访者年龄分布来看,各个年龄段的分布跟总体的实际分布是吻合的,并且经过正太分布检验,样本服从正态分布,因此本次调查数据是具有代表性的(如图1)。

第三部分　民意调查结果分析

一、×市的和谐社区群众满意度整体综合评价分析

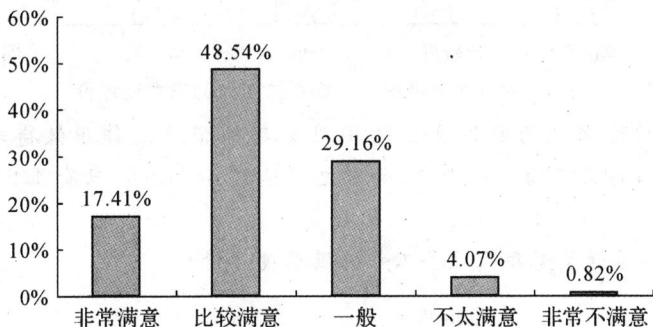

图2　对社区的和谐状况做客观性的综合评价

如图2所示,此图为所有被访者对自己所居住社区的和谐状况进行的综合评价,其中非常满意的占17.41%,比较满意的占48.54%,两者之和达到65.95%,而表示不太满意和非常不满意的仅占4.89%,表明×市的和谐社区建设取得了很大的成绩,居民生活在社区的这个大家庭里普遍感觉良好。

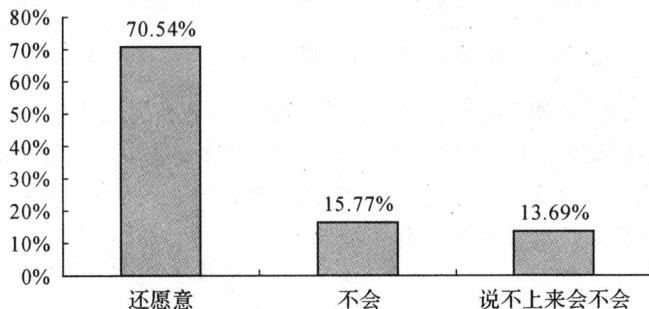

图3　从居住和谐度愿再次选择该社区居住

就仅仅考虑社区的和谐状况而言,被访者明确表示仍然愿意选择目前的社区居住的达到70.54%,再一次说明了广大居民于目前居住的社区整体来看还是比较满意的(如图3)。

(一)对社区基本服务的评价

1. 对社区开展困难家庭帮扶工作的满意度评价

如图4所示,此图是对社区开展困难家庭帮扶工作的满意度评价,有

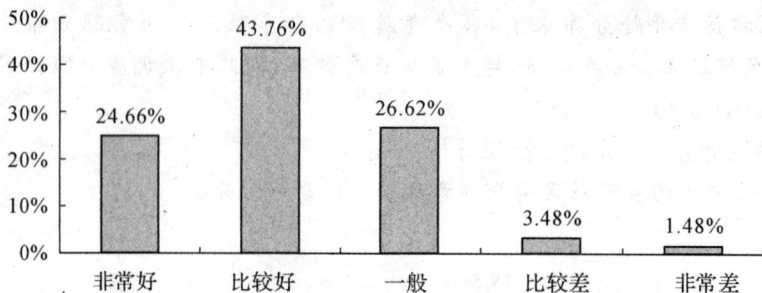

图 4 对社区开展困难家庭帮扶工作的满意度评价

24.66％的被访者认为社区在开展困难家庭的帮扶工作中做得非常满意，43.76％的被访者认为比较满意，两者之和达到68.42％，只有4.96％的被访者表示不满意。

2. 对社区开展老年人服务工作的满意度评价

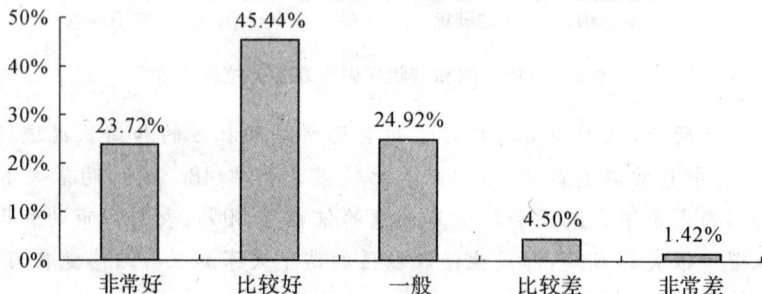

图 5 对社区开展老年人服务工作的满意度评价

如图5所示，此图是对社区开展老年人服务工作的满意度评价，有23.72％的被访者认为社区在开展老年人服务工作做得非常满意，45.44％的被访者认为比较满意，两者之和达到近七成，只有5.92％的被访者表示不满意。

3. 对社区开展就业帮扶工作的满意度评价

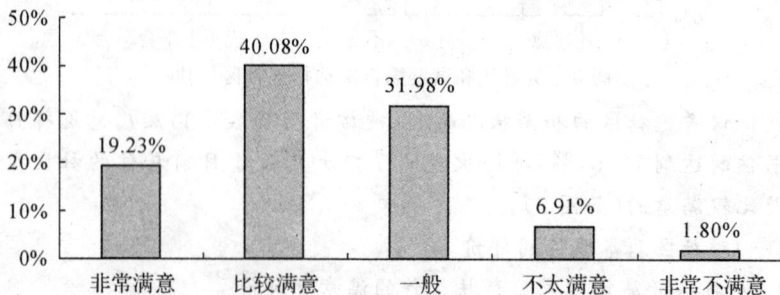

图 6 对社区开展就业帮扶工作的满意度评价

如图 6 所示,此图是对社区开展就业帮扶工作的满意度评价,有 19.23% 的被访者认为社区在开展就业帮扶工作做得非常满意,40.08% 的被访者认为比较满意,两者之和为 59.31%,有 8.71% 的被访者表示不满意。在社区基本服务的四项评价指标中,被访者对该项指标的评价相对低些。各个社区要广泛进行摸底调查,走访困难家庭,收集岗位,帮助困难人员实现就业。落实援助措施,一是开展"定岗培训"和"订单式培训",将技能培训和就业岗位送到就业困难人员身边。二是开展创业指导,以创业带动就业。劳动和社会保障局就业指导培训中心就面向×市区各类困难家庭和个人提供各种就业和创业培训指导工作。

4. 对社区提供的医疗卫生服务的满意度评价

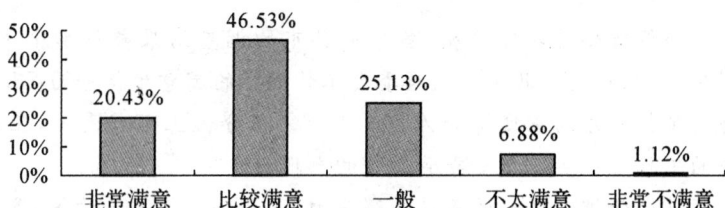

图 7 对社区提供的医疗卫生服务的满意度评价

如图 7 所示,此图是对社区提供的医疗卫生服务的满意度评价,有 20.34% 的被访者认为社区提供的医疗卫生服务工作做得非常满意,46.53% 的被访者认为比较满意,两者之和为 66.87%,有 8% 的被访者表示不满意。近年来×市各级政府推出的各项医疗卫生服务优惠政策解决了老百姓看病难的问题,让很多老百姓真正得到了实惠。

从以上四项指标的分析可见,×市的和谐社区建设就基本服务方面取得了可喜的成绩,广大居民对基本服务方面的评价都还是较好的。

(二)对社区文体教育活动开展的评价(略)

(三)对社区安全状况的评价(略)

(四)对社区环境状况的评价(略)

(五)对社区民主自治情况的评价(略)

(六)对社区工作者的工作情况评价(略)

因(二)、(三)、(四)、(五)、(六)分析的方法与(一)相似,这里略去了分析结果。

二 、×市各个区县市的对比分析

(一)各区县市的满意度得分(百分制得分)对比分析

注:涉及居委会工作内容的百分制得分=所辖的十四个小问题得分之和

	五区	六区	二区	五市	四市	×开发区	二县	四区	一区	三市	三区	一县	汇总
满意度总得分	83.37	76.84	76.62	73.26	73.19	72.23	71.28	70.12	68.32	68.25	67.79	65.90	72.65
社区居委会工作的满意度得分	84.78	77.77	77.56	73.46	72.50	70.59	70.72	69.52	68.16	66.56	67.68	65.08	72.91
非社区居委会工作的满意度得分	80.98	74.99	74.68	72.04	73.28	73.35	70.76	70.15	67.62	69.25	67.01	65.98	71.51

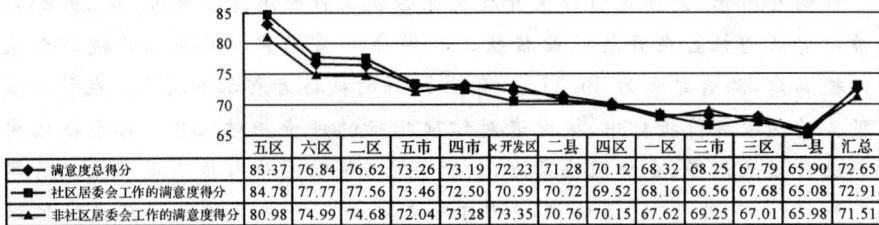

图 8　各个区县市的满意度得分对比分析

÷14÷3.75×100,非居委会工作内容满意度得分同理,三条线分别表示涉及社区居委会工作的满意度得分、满意度总得分、非社区居委会工作的满意度得分。

经×市场调研公司研究分析,各个区县市的调查结果整体水平比较好,全市总得分为 72.65 分,其中涉及居委会工作内容的满意度得分为 72.91 分,非居委会的工作内容满意度得分为 71.51 分。从分值上可以看出,在居民心中居委会的工作表现要比非居委会工作的表现好。

满意度总得分排在第一的五区总得分为 83.37 分,其次是六区 76.84 分,再次是二区 76.62 分(如图 8)。

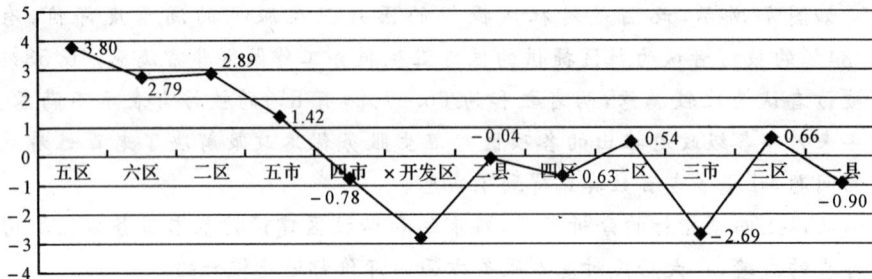

图 9　居委会工作相关的内容和非居委会工作相关的内容得分之差

图 9 的数字代表每个社区涉及居委会工作的满意度得分与非居委会工作的满意度得分之差。正数表示涉及居委会工作的满意度得分比非居委会工作内容满意度得分高,反之则低。从图 9 来看五区、六区以及二区的涉及居委会工作的满意度得分高出了 2 分之多,而×开发区和三市的则低出了 2 分之多。

(二)各区县市的各项满意度得分(百分制得分)对比分析

评价	一、社区基本服务	二、社区文体教育活动的开展	三、社区安全状况	四、社区环境状况	五、社区民主自治情况	六、社区工作者的工作情况	满意度总得分
五区	86.64	82.78	80.65	79.02	84.70	85.40	83.37
六区	79.24	76.79	75.64	72.83	78.34	76.83	76.84
二区	79.80	75.07	75.85	72.35	78.17	76.92	76.62
五市	76.73	70.47	72.76	70.00	74.66	72.58	73.26
四市	75.99	68.49	74.26	71.31	74.40	72.52	73.19
×开发区	72.03	69.17	72.82	73.77	72.55	70.08	72.23
二县	74.79	64.30	70.83	69.33	73.85	71.32	71.28
四区	73.58	67.00	70.09	68.74	71.50	67.75	70.12
一区	71.57	63.33	69.29	65.20	69.92	68.30	68.32
三市	70.75	60.70	70.35	67.54	70.00	66.73	68.25
三区	70.69	64.60	67.05	65.84	69.11	67.11	67.79
一县	70.45	59.61	66.89	62.28	68.53	64.94	65.90
汇总	75.91	69.64	72.36	69.48	74.24	72.35	72.65

该表是反映各个区县市以及整个×市本次调查的六大方面的满意度得分情况,从此表可见,相对较差的是社区环境状况和社区文体教育活动的开展两方面,其中五区、六区、二区以及五市是社区环境状况评价最低,而其他的区县市是社区文体教育活动的开展评价最低,这些就是下一步要改进和提高的地方。

(三)各区县市的参评社区满意度总得分达80分的情况分析

区域	社区总数	参评社区个数	样本量	满意度总得分80分以上的社区个数	80分以上占总数的百分比	80分以上占参评社区数的百分比
一区	75	62	4080	1	1.33%	1.61%
五区	24	13	980	10	41.67%	76.92%
二区	74	63	4300	26	35.14%	41.27%
三区	44	36	2580	3	6.82%	8.33%
四区	37	23	1780	2	5.41%	8.70%
四市	48	20	1380	5	10.42%	25.00%
五市	32	13	1180	3	9.38%	23.08%
三市	33	5	340	0	0.00%	0.00%
二县	18	5	460	0	0.00%	0.00%
一县	23	7	460	0	0.00%	0.00%
六区	34	24	1880	8	23.53%	33.33%
×开发区	6	4	240	0	0.00%	0.00%
合计	448	275	19660	58	12.95%	21.09%

从上表看,只有五区和二区两个区的参评社区有30%以上满意度得分在80分以上,其余各区县市除了六区23.53%,其余的都距离30%还相对比较远,这意味着和谐社区的建设工作任务还比较重。

三、和谐社区建设的六个方面其满意度与重要度交叉分析

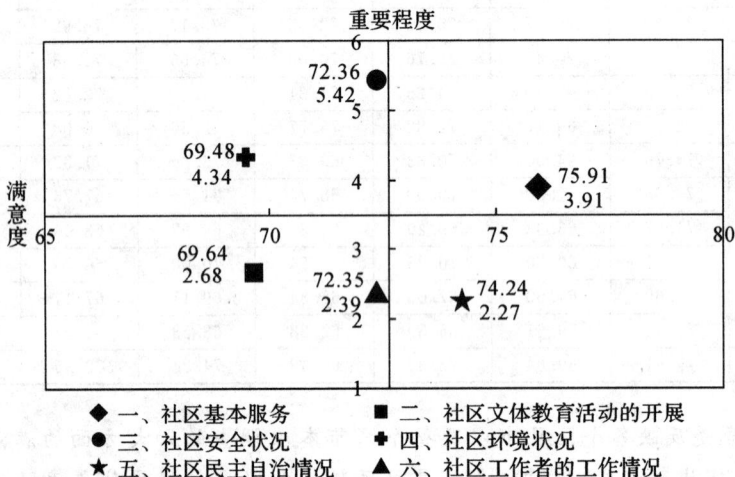

图10　各项内容重要程度、满意度象限分析图

如图10所示,此图为×市涉及和谐社区六个方面的内容满意度和重要程度的交叉对比分析图,横坐标表示满意度得分,中心坐标在72.65分(此分值为整个×市的满意度总得分)处,纵坐标是重要程度,中心坐标取的中间值,即在3.5处。

从此图可见,从满意度得分看社区基本服务和社区民主自治情况在平均分以上,其余各项内容得分均在平均分以下。而重要程度上社区安全状况排第一;其次重要的是社区环境状况,重要度排第二。从满意度和重要度交叉分析,这两方面重要程度很高,而满意度相对其他方面要低,所以下一步和谐社区建设的重要工作就是加大力度改善社区的环境状况以及加强社区的安全防范措施。再依据前面的细分,主要体现在对社区车辆的停放及管理工作、社区内各种噪音及环境污染方面的管理与控制、社区民警加强对社区辖地外来人员的管理各项安全防范措施的实施以及加强小区内小商小贩的管理等。而重要程度排第三,满意度最高的社区基本服务是下一步要注意维护的一个指标。

四、不同群体的综合评价对比分析

从前面的分析看,各个社区无论从综合评比还是分项评比,排名靠前的

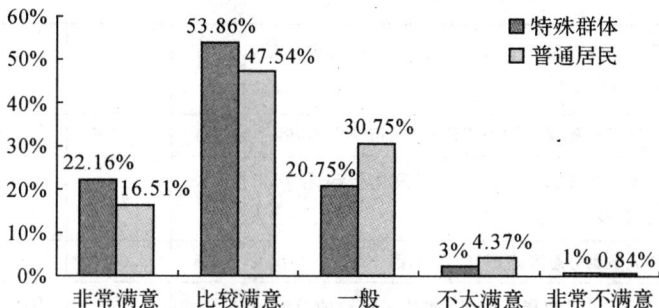

图 11 　 不同居民类型的综合评价

是一致的,所以就以综合评价作为代表,分析不同群体在综合评价上的差异。

图 11 再次论证了特殊家庭的满意度评价比普通居民的满意度评价高。

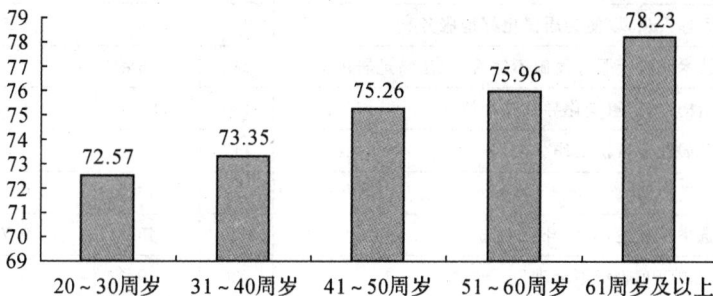

图 12 　 不同年龄段居民的满意度综合评价

图 12 为不同年龄段的被访者满意度综合评价得分,分值已换算为百分制得分,即:年龄越大的满意度评价越高。

第四部分　建议和意见

7,519 missing cases; 12,141 valid cases			
	Count	Responses	Cases
小区卫生差,环境卫生整体不乐观,绿化差	4019	20.44%	33.10%
加强治安管理,建议装摄像头	3813	19.39%	31.41%
加强停车管理(车乱停),车位车棚不够,导致道路拥挤	3570	18.16%	29.40%
噪音严重影响居民生活(小区内的车辆,菜场,其他)	1521	7.74%	12.53%
青少年、老年人活动场所、健身点少,公共设施设备不齐全	1353	6.88%	11.14%
居委会与居民沟通少,居委会未对居民进行经常走访及了解居民情况	1166	5.93%	9.60%

市
场
调
研
与
分
析

社区应该多开展一些有助于青少年成长的教育培训活动,以及老年人文体活动	973	4.95%	8.01%
对外来人员管理不当及商摊管理不严格,出租户太多,吵	741	3.77%	6.10%
对特殊家庭照顾不周,缺乏救济补贴;对离休干部、下岗工人、老年人关心不够	687	3.49%	5.66%
物业、保安工作人员服务态度差,不负责任,部分保安年龄偏大	526	2.68%	4.33%
社区工作者应尽心尽职为居民服务(如社区活动的及时通知、代收发邮件包裹等),做好本职工作	368	1.87%	3.03%
居民对宠物管理不当	346	1.76%	2.85%
居委会工作人员解决问题不及时	339	1.72%	2.79%
社区内的设施设备破坏没有及时修理	338	1.72%	2.78%
增加物业管理人员,以便为居民更好地服务	310	1.58%	2.55%
医疗服务技术及医疗服务设施不完善,无法满足居民	248	1.26%	2.04%
社区房子结构差,严重老化导致路面坑洼	180	0.92%	1.48%
未能很好开展就业帮扶工作	117	0.60%	0.96%
邻里之间互动不够	90	0.46%	0.74%
对居委会选举不清楚,应公开民主选举	89	0.45%	0.73%
居民对小区内停车收费不合理	79	0.40%	0.65%
杜绝社区工作者私自滥用土地,破坏绿化	42	0.21%	0.35%
小区内车速快,不注意行车安全	38	0.19%	0.31%

第五部分 各区县市参评社区得分结果(部分区县市参评社区得分结果略去了)

××区:

社区名单	满意度总得分	涉及社区居委会工作的满意度得分	非居委会工作的满意度得分	一、社区基本服务	二、社区文体教育活动的开展	三、社区安全状况	四、社区环境状况	五、社区民主自治情况	六、社区工作者的工作情况
一社区	91.99	92.99	89.93	94.21	92.69	90.68	86.88	91.93	93.90
二社区	91.68	93.96	88.14	94.26	93.27	86.93	86.42	93.50	94.83
三社区	89.93	92.38	86.02	93.78	90.04	85.99	83.25	91.36	93.98
四社区	88.58	90.80	84.83	89.27	90.46	84.55	82.92	90.08	92.58

社区名单	满意度总得分	涉及社区居委会工作的满意度得分	非居委会工作的满意度得分	一、社区基本服务	二、社区文体教育活动的开展	三、社区安全状况	四、社区环境状况	五、社区民主自治情况	六、社区工作者的工作情况
五社区	88.53	89.29	87.06	89.79	88.50	86.94	85.69	88.36	90.90
六社区	88.07	89.44	86.03	90.23	87.72	88.11	82.56	88.99	90.49
七社区	83.67	83.45	83.89	85.61	81.55	85.29	82.33	83.75	83.26
八社区	81.61	84.02	78.07	86.18	85.64	76.03	76.85	81.78	82.78
九社区	81.36	82.25	79.89	85.40	81.50	81.99	76.38	80.11	82.21
十社区	81.15	84.55	75.90	84.10	80.91	74.21	74.58	83.82	88.06
十一社区	77.05	78.02	75.02	82.00	73.77	71.93	74.06	80.41	78.47
十二社区	72.81	73.41	71.52	76.45	71.28	69.49	69.94	74.86	73.72
十三社区	67.24	64.97	68.80	70.33	56.93	67.53	68.50	70.96	65.15
汇总数据	83.37	84.78	80.98	86.64	82.78	80.65	79.02	84.70	85.40

第六部分　项目运作督导报告（略，参看项目四相关内容）

资料来源：师生工学结合调研项目整理资料，2008 年 9 月 30 日。

模块2　进行市场调研口头汇报

口头调研报告是书面调研报告的补充。由于管理人员常常没有时间和兴趣阅读整篇书面报告，因此不能忽视口头报告的作用。口头报告的目的是通过与管理层的互动，引起其对调研结果的重视，澄清有关问题，帮助其理解和采纳调研结果与建议。以下的任务则呈现完成整个工作的过程。

一、正式工作项目任务

以小组（不超过 8 人）为单位，根据本项目模块撰写的书面调研报告，制作 PPT 进行市场调研口头汇报。

二、理论知识

（一）口头报告的概念

市场调研口头报告是市场调研的主持人或报告撰写者以口头陈述的形式向委托方汇报调研方法、报告结果以及结论、建议的活动。

(二)口头报告的作用

1. 能用较短的时间说明调研报告的核心内容；

2. 生动而富有感染力,容易给听众留下深刻的印象；

3. 能与听众直接交流,便于增强双方的沟通；

4. 具有一定的灵活性,一般可以根据具体情况对报告内容、时间做出必要的调整。

三、实践操作

调研人员在撰写了书面市场调研报告之后,就可以开始向有关人员口头汇报市场调研报告的工作了,本部分将呈现市场调研口头报告的过程。

(一)做好口头报告前的准备工作

为了使口头报告更容易达到汇报者要达到的目标,需要进行以下三个方面的准备。

1. 汇报提要

应该为每位听众提供一份关于汇报流程和主要结论的提要,提要不应包含数字或图表,但要预留出足够的空白部分以利于听众做临时记录或评述。

2. 最终报告

调查者在做口头汇报中省略了报告中的很多细节,作为补充,在口头报告结束时,应该准备一些最终报告的复印件,以备需要者索取。在有些情况下,需要将最终书面报告在做口头报告之前呈递给听众。

3. 口头报告PPT

精心制作汇报PPT,在正式报告之前,最好能够预演一次。

4. 场地和设备

事先对场地和多媒体设备进行必要的测试,避免关键时刻掉链子。

(二)借助多媒体工具作口头报告

为了使报告更生动灵活,富有吸引力,在条件许可的情况下,应该借助多媒体工具进行展示,包括胶片、投影仪、录像片、电视以及电脑等。

它可以保持与会者的注意力,有利于增强记忆,也可以促使讲解者按一定的规则去组织思维,易于得出结论。

四、问题与经验

通过本模块的学习我们要解决市场调研报告的口头汇报问题。口头调研报告是否能够达到目的取决于许多因素,为了取得好的效果,我们需要注意做好以下工作：

1. 按照书面报告的格式准备好详细的演讲提纲

采用口头报告方式并不意味着可以随心所欲、信口开河,它同样需要有一份经过精心准备的提纲,包括报告的基本框架和内容,并且其内容和风格要与听众相吻合。这就要求报告者首先要了解听众的情况,包括他们的专业技术水平如何,他们理解该项目的困难是什么,他们的兴趣是什么等。

2. 使用通俗易懂的语言

口头调研报告要求语言简洁明了,通俗易懂,有趣味性和说服力。如果汇报的问题较为复杂,可先做一个简要、概括的介绍,并运用声音、眼神和手势等的变化来加深听众的印象。

3. 采用清晰的图形表达

用计算机做出的图形可以加强口头陈述的效果,但要保证图形清晰易懂,一张图形上不要有太多的内容,以便听众有一个清晰的认识。

4. 做报告时要充满自信

有些人在演讲时过多使用道歉用语,这是不明智的。这既说明了演讲者的准备不充分,又浪费了听众的宝贵时间。另外,演讲时要尽量面对听众,不要低头或者背对听众。与听众保持目光接触,在可以表现报告者自信的同时也有助于把握听众的喜爱与理解程度。

5. 把握回答问题的时机

在报告进行时最好不要回答问题,以免出现讲话的思路被打断、时间不够用等现象,应在报告结束后,对听众提出的问题进行回答,以便更清楚地表达报告者的思想。

6. 把握好报告的时间

应根据报告的内容和报告的对象来确定报告的时间。时间过短,往往不能表达清楚报告者的思想;时间过长,容易引起听众的不耐烦,使听众对报告产生抵制心理,所以要在适当的时间内完成报告。

五、参考范例

×区现代化和谐社区群众
满意度调研报告

项目单位:×区民政局

研究机构:×市场调研公司

报告时间:二零零八年十月

第一部分 项目情况

×区现代化和谐社区群众满意度调研项目组成员

项目总负责人：

项目总监：

项目执行总监：

成员：

调查目的：

为了深入了解×市各区县市"和谐社区"建设的现况，深入挖掘"和谐社区"建设的要点、难点，从而进一步推动×市和谐社区建设进程，达到全面提升"和谐社区"建设整体水平之目标，×市民政局决定在全市范围内以社区为单位，采取自愿申报参评的原则，对所申报的社区进行社区群众满意度调查测评工作，并以此作为"×市现代化和谐社区群众满意度评估活动"测评的重要依据，本项工作从 2008 年开始，每年一次，持续三年。为了充分体现"公正、公平、合理、科学"原则，本次"×市和谐社区群众满意度评估活动"民意调查方案采取委托第三方世行组织、培训及实施，×区根据市里对第三方资格的核定要求，委托由×市场调研公司负责承担具体的调查实施工作。

调查范围：

按照本次社区测评的自愿申报原则，×区共有 62 个社区参与此次和谐社区群众满意度测评活动。

调查方法：

调查根据已设定的问卷（指标），采用入户的方式对抽中的被访者进行一对一的访问，并为此获取一手调查数据。

样本分布：

按照数理统计原理，结合调研的目的、投入成本的可能以及时间上的安排，要求置信度水平不得低于 95%，抽样误差控制在 3%，因此各个社区的样本量根据辖地的常住户数定为：辖区常住户数在 2000 户以下的调查 60 个样本，而常住户数在 2000～3000 户的调查 80 个样本，常住户在 3000 及以上的调查 100 个样本，因此 62 个社区总样本量为 4080 个。样本中分普通家庭和特殊家庭，按照 4：1 的比例进行配额，实际操作中特殊家庭不足样本由普通家庭补充。

数据处理：采用 SPSS 统计分析软件对有趣问卷进行数据分析和检验。

项目时间：本项目从 2008 年 7 月底开始，于 2008 年 10 月上旬结束，历时两个半月。

质量控制：

为最大限度地避免人为性误差，确保调查数据持既定流程及规范实施，调查过程中，所有提交问卷，按照"两审一复一校正"的方法，即一级审核率

100%,二级审核率为100%,进行80%的复核率(复核率是指每个访问员做的每个调查点的问卷复核比率要达到30%),进行100%的数据录入校正(主要是针对数据录入的缺省值进行审查及校对),确保进入分析阶段的数据完整性和准确性。其中一审是在访问时由现场督导当面进行,有助于发现问题当面指出。而复核是在二审结束后进行,并且时间为访问结束后的48小时内完成。(详见《×市现代化和谐社区群众满意度调查项目运作手册》)

其他说明:

(一)对本次"和谐社区"报告的说明

社区是否和谐,直接关系到以众多社区组成的一个城市是否和谐。期望和谐是全人类的一种愿望,但这种愿望则由于其无法用绝对值来衡量,是人们对事物产生的一种感性认知,因此,科学、合理的和谐测评工作,必须首先定义"和谐标准"即和谐测评指标,而这项工作是目前国内长期需要研究并正在研究的社会课题。鉴于人们对和谐的评定与其年龄、文化、职业、地位、收入及家庭结构等诸多因素有着密切的关联,同时考虑到社区建设工作涉及二十多个部门的工作质量,故本次和谐社区评定指标是本着"力求简单、统一标准、求大同存小异"的原则进行设计,从综合评价问题上存在着一定的感性差异,故设计中按"社区工作者"和"非社区工作者"两大方面进行区别评价,便于管理层更好地理解本次调查结果,并为此有的放矢地予以改善和提升。

(二)对满意度调研的专业诠释

凡"满意度调研"过程,通常是人们对行为及事物所表现出来的一种情绪化、个性化的表达过程。鉴于一些发达国家及西方国家对满意度评价的理性规则,结合中国传统礼仪之邦对评价的相对感性特征,国内市场调查行业从长期对"满意度"评定的经验分析,被访者的"非常满意"答案可理解为对事物的一种绝对肯定,相对"满意度调查项目"中的考核指标有着非常重要的参考价值,而"满意"答案则可视为"比较满意",是绝大多数人对事物持相对肯定的一种情绪表达,鉴于此,如果说回答"一般"或"说不上满意还是不满意"等,是我们就某些方面需要改进或进一步需要完善的话,则回答"不满意",尤其是持有"非常不满意"的结果,更是被访者对某些事物一种情绪上的极度宣泄,须引起事物给予者的高度重视。

第二部分　项目总述

根据×市场调研公司对调查数据的全面整理和分析,得出如下调查结论:

● 本次和谐社区调查,×区整体水平较好。满意度得分80分以上的社区有45个,占参评社区的72.58%。

● 参评的62个社区涉及社区工作者的满意度得分80.34分,非社区工作者的满意度得分 80.11 分。其中有 37 个社区的"涉及社区工作者的满意度"高于"非社区工作者的满意度"。

● 各社区间的工作质量存在一定差距。满意度总得分最高的一社区(93.24 分)比得分最低的六十二社区(70.43 分)高出 22.81 分。因此,建议加强各社区和各部门的沟通与合作,共同提升工作质量。

● 社区的环境状况需要重点治理,其满意度得分为 77.85 分,相对其他方面得分偏低。而从涉及社区环境状况的四个方面看,社区的车辆停放管理工作满意度评价最低,因此它是环境治理工作的重中之重,应予以重视。

● 不同年龄、不同群体的满意度有差异。被访者的满意度随着年龄的增加而增高,特殊家庭的满意度要高于普通家庭。数据提醒社区的服务不仅要有重点,还要兼顾整体。

● 居民对"社区目前邻里互助和邻里关系的状况"和"社区工作者在服务过程中的态度"两项指标的满意度评价最高,被访者认为满意的占比分别为72.57%、72.84%;而"社区文体教育活动场所和设施"、"社区车辆的停放及管理工作"以及"社区工作者走访了解本社区居住户情况"三项的满意度则最低,被访者认为满意的占比分别为 33.53%、27.40%、28.08%,社区应该尽早拿出行之有效的办法解决。

● 就六个方面而言,居民重要度排名前三位的社区的安全状况、社区环境状况以及社区基本服务是"和谐社区"建设工作的重要内容,应该引起社区的长期重视。

第三部分 民意调查数据分析

一、整体综合评价分析

本次调查结果显示,×区有 57.28%的被访者对社区的和谐状况感到满意,而"不满意"仅 5.93%,表明被访者对×区的和谐社区建设工作基本认可。高达36.28%的被访者表示"一般",表明×区的和谐社区建设工作还可以更上一个台阶。从社区的和谐状况来看,明确表示还愿意在本社区居住的有 67.43%被访者,再次说明被访者对×区和谐社区建设工作的认可(如图 1,2)。

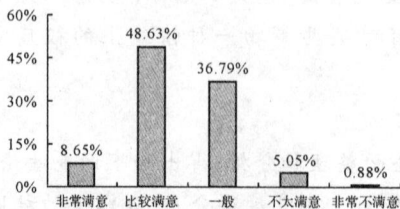

图 1 对社区的和谐状况做
客观性的综合评价

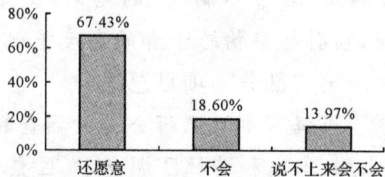

图 2 从社区居住的和谐程度来说,
再次选择这个社区居住的意向

二、不同群体的满意度评价对比分析

从图3可见,就年龄分布而言,61周岁以上的老年群体满意度评价最高。满意度评价相对低的是41～50周岁的中年群体,由于这部分群体相对年轻人有更多的休闲时间,相对老年群体有更充沛的精力参与各项文体活动。但是,由于社区活动场所和设

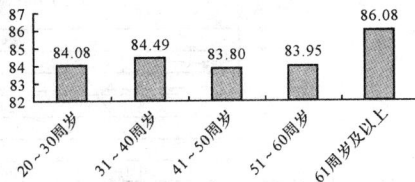

图3 不同年龄段居民的满意度
综合评价

施不完善,使对此需求较大的中年群体满意度偏低。特殊家庭的满意度比普通家庭的满意度要高。

从图4中可知,特殊人群评价满意的达到68.29%,普通群体评价满意度为55.09%。社区除了做好特殊群体的服务工作,还需多关注普通家庭的需求,使社区整体满意度提高。

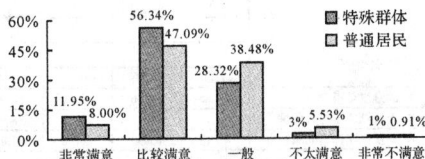

图4 不同居民类型的综合评价

三、参评社区满意度得分比较分析

(一)参评社区的满意度得分(百分制得分)对比分析

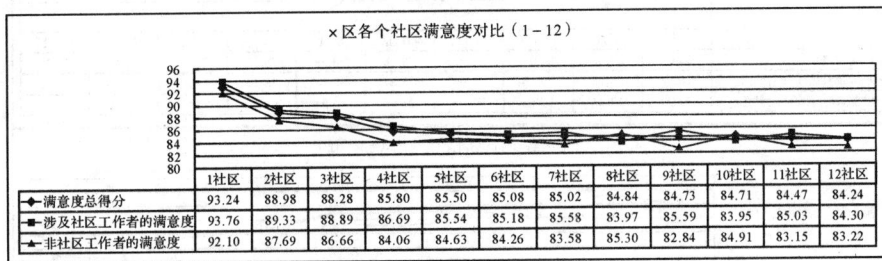

×区各个社区满意度对比(1-12)

	1社区	2社区	3社区	4社区	5社区	6社区	7社区	8社区	9社区	10社区	11社区	12社区
◆满意度总得分	93.24	88.98	88.28	85.80	85.50	85.08	85.02	84.84	84.73	84.71	84.47	84.24
■涉及社区工作者的满意度	93.76	89.33	88.89	86.69	85.54	85.18	85.58	83.97	85.59	83.95	85.03	84.30
▲非社区工作者的满意度	92.10	87.69	86.66	84.06	84.63	84.26	83.58	85.30	82.84	84.91	83.15	83.22

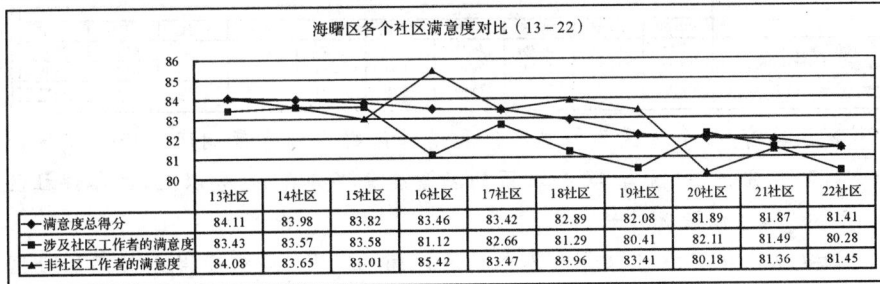

海曙区各个社区满意度对比(13-22)

	13社区	14社区	15社区	16社区	17社区	18社区	19社区	20社区	21社区	22社区
◆满意度总得分	84.11	83.98	83.82	83.46	83.42	82.89	82.08	81.89	81.87	81.41
■涉及社区工作者的满意度	83.43	83.57	83.58	81.12	82.66	81.29	80.41	82.11	81.49	80.28
▲非社区工作者的满意度	84.08	83.65	83.01	85.42	83.47	83.96	83.41	80.18	81.36	81.45

×区各个社区满意度对比（23-32）

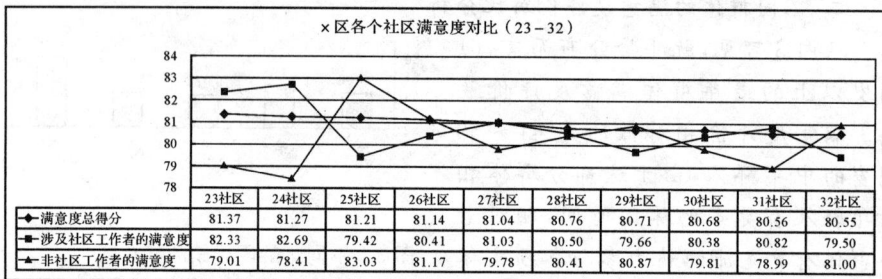

	23社区	24社区	25社区	26社区	27社区	28社区	29社区	30社区	31社区	32社区
满意度总得分	81.37	81.27	81.21	81.14	81.04	80.76	80.71	80.68	80.56	80.55
涉及社区工作者的满意度	82.33	82.69	79.42	80.41	81.03	80.50	79.66	80.38	80.82	79.50
非社区工作者的满意度	79.01	78.41	83.03	81.17	79.78	80.41	80.87	79.81	78.99	81.00

海曙区各个社区满意度对比（33-42）

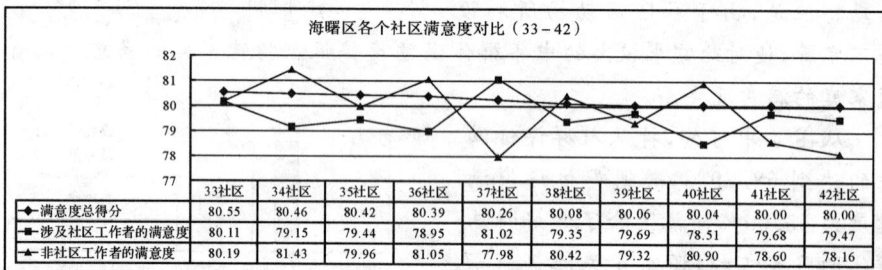

	33社区	34社区	35社区	36社区	37社区	38社区	39社区	40社区	41社区	42社区
满意度总得分	80.55	80.46	80.42	80.39	80.26	80.08	80.06	80.04	80.00	80.00
涉及社区工作者的满意度	80.11	79.15	79.44	78.95	81.02	79.35	79.69	78.51	79.68	79.47
非社区工作者的满意度	80.19	81.43	79.96	81.05	77.98	80.42	79.32	80.90	78.60	78.16

海曙区各个社区满意度对比（43-52）

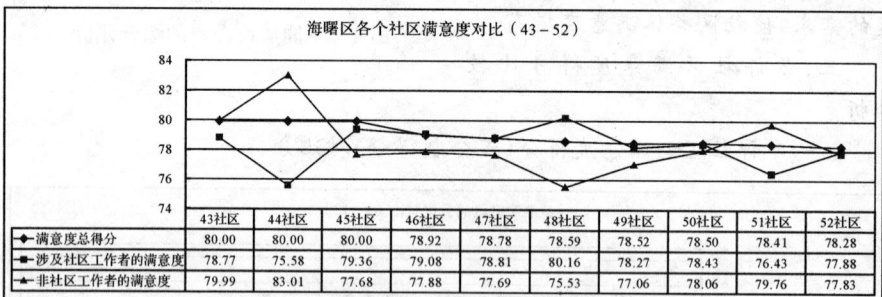

	43社区	44社区	45社区	46社区	47社区	48社区	49社区	50社区	51社区	52社区
满意度总得分	80.00	80.00	80.00	78.92	78.78	78.59	78.52	78.50	78.41	78.28
涉及社区工作者的满意度	78.77	75.58	79.36	79.08	78.81	80.16	78.27	78.43	76.43	77.88
非社区工作者的满意度	79.99	83.01	77.68	77.88	77.69	75.53	77.06	78.06	79.76	77.83

海曙区各个社区满意度对比（53-62）

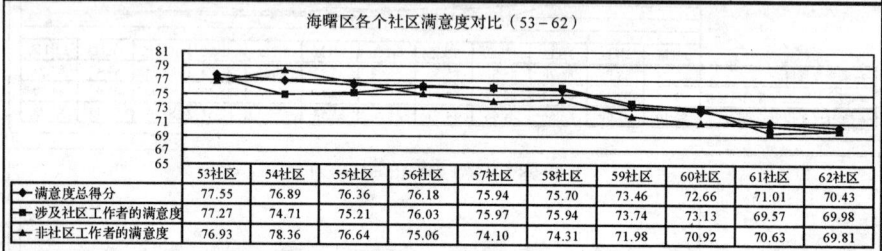

	53社区	54社区	55社区	56社区	57社区	58社区	59社区	60社区	61社区	62社区
满意度总得分	77.55	76.89	76.36	76.18	75.94	75.70	73.46	72.66	71.01	70.43
涉及社区工作者的满意度	77.27	74.71	75.21	76.03	75.97	75.94	73.74	73.13	69.57	69.98
非社区工作者的满意度	76.93	78.36	76.64	75.06	74.10	74.31	71.98	70.92	70.63	69.81

　　×区其有62个社区参加现代化和谐社区群众满意度调研。经×市场调研公司研究分析，×区有45个社区的满意度总得分在80分以上，占参评社区的72.58%，总体情况较好。

　　但是从上组图中可以看出各个社区之间的差异：满意度得分最高的社区达到93.24分，这是满意度研究中比较高的分值。而62社区仅70.43分，两者分差达22.81分。建议各社区间加强交流、合作、整合资源，对普遍存在的问题共同研究解决，学习彼此的经验，以求共同进步。

　　×区 62 个参评社区整体分析，涉及社区工作者的满意度得分为 80.34 分，略高于非社区工作者的满意度得分 80.11 分，两者差异不大。

　　(二)涉及社区工作者相关内容和非社区工作者相关的内容对比分析

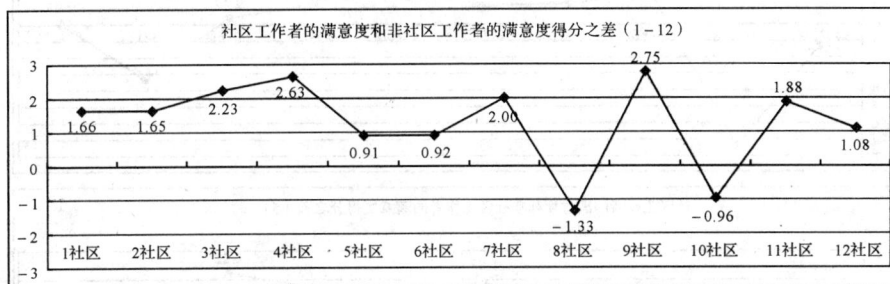

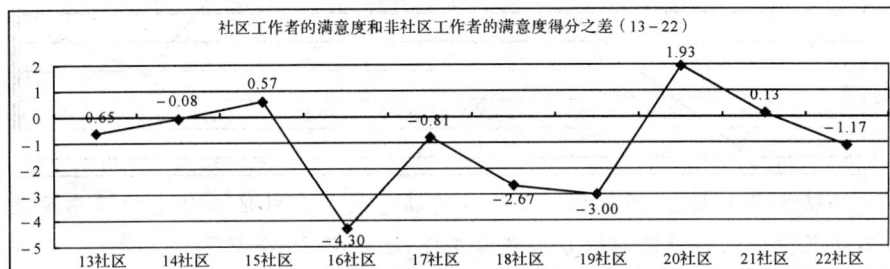

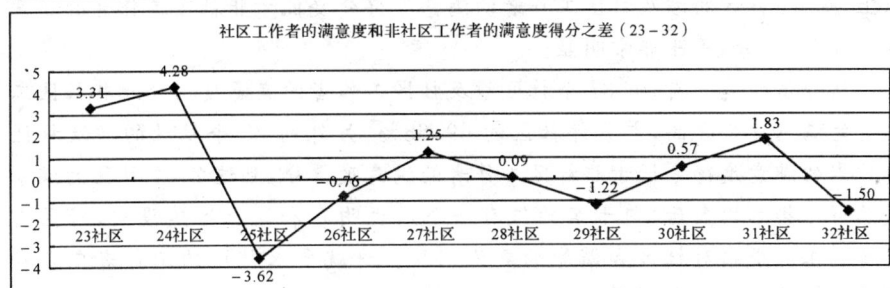

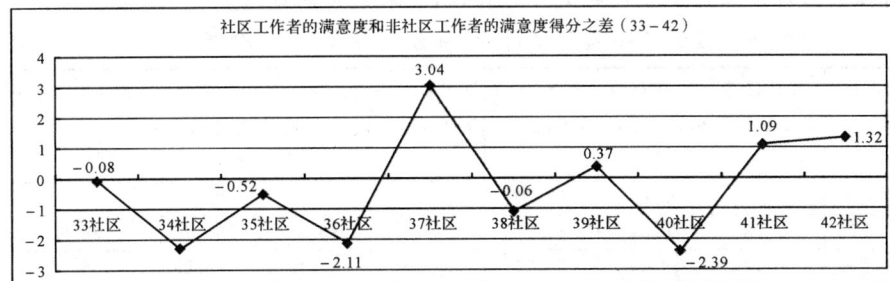

社区工作者的满意度和非社区工作者的满意度得分之差（1－12）

社区工作者的满意度和非社区工作者的满意度得分之差（13－22）

社区工作者的满意度和非社区工作者的满意度得分之差（23－32）

社区工作者的满意度和非社区工作者的满意度得分之差（33－42）

　　上组图的数字代表每个社区涉及社区工作的满意度得分与非社区工作的满意度得分之差。正数表示涉及社区工作的满意度得分比非社区工作内容满意度得分高，反之则低。

社区工作者的满意度和非社区工作者的满意度得分之差（43－52）

社区工作者的满意度和非社区工作者的满意度得分之差（53－62）

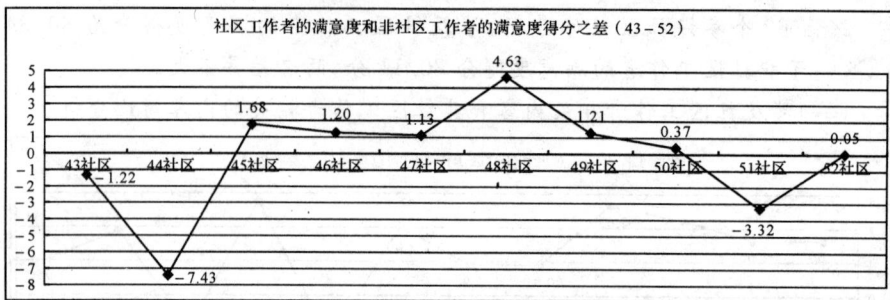

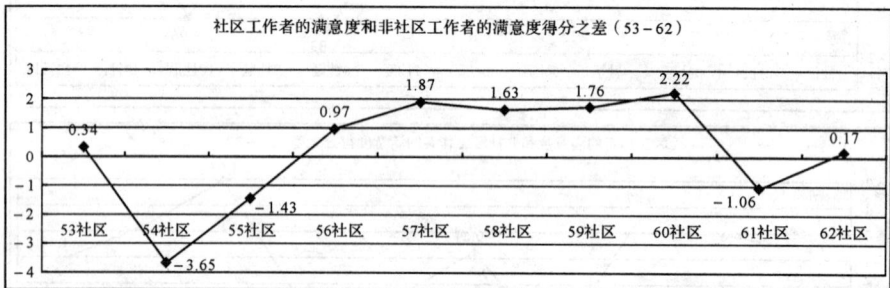

　　从整体水平上看，涉及社区工作者的满意度和非社区工作者的满意度差距不明显。但从各社区比较分析可以发现，还是有 19 个社区的差异在±2 分以上，如 44 社区的涉及社区工作者的满意度得分要低于非社区工作者的满意度得分 7.43 分，差距非常明显。

　　从分值的差异看，有 37 个社区涉及社区工作者的满意度得分此非社区工作者的满意度得分高，占参评社区的 69.68%，另外的 25 个社区的涉及社区工作者的满意度得分低于非社区工作者的满意度得分，且这 25 个社区的满意度总得分排名均靠后（前十名的仅有一个），说明在和谐社区建设中，社区工作者的工作成绩对社区和谐影响更为明显。这就要求社区的工作者要在和谐社区的建设工作中担负起更大的责任，贡献更大的成绩。

　　（三）参评社区的各项满意度得分（百分制得分）对比分析

评价	一、社区基本服务	二、社区文体教育活动的开展	三、社区安全状况	四、社区环境状况	五、社区民主自治情况	六、社区工作者的工作情况	满意度总得分
1 社区	94.17	93.62	92.74	91.17	93.07	93.64	93.24
2 社区	90.38	86.87	89.37	85.75	89.38	90.13	88.98
3 社区	88.47	89.06	88.62	84.25	88.49	88.86	88.28
4 社区	88.87	84.74	85.78	82.46	85.67	86.06	85.80
5 社区	89.30	79.97	86.61	81.66	88.03	85.41	85.50
6 社区	89.10	81.95	85.46	83.46	86.02	82.80	85.08
7 社区	88.42	85.57	86.88	78.92	84.57	84.11	85.02

续 表

评价	一、社区基本服务	二、社区文体教育活动的开展	三、社区安全状况	四、社区环境状况	五、社区民主自治情况	六、社区工作者的工作情况	满意度总得分
8 社区	85.47	84.00	86.02	83.25	85.28	83.13	84.84
9 社区	87.76	83.35	85.61	78.75	85.31	85.88	84.73
10 社区	84.69	78.75	87.94	82.88	86.25	85.58	84.71
11 社区	87.50	81.49	85.68	80.54	85.66	84.62	84.47
12 社区	86.26	80.88	87.24	81.04	83.18	84.47	84.24
13 社区	87.55	78.52	88.00	79.58	85.55	82.99	84.11
14 社区	86.96	75.56	86.52	83.50	84.53	84.58	83.98
15 社区	86.34	78.60	87.56	79.92	85.41	82.22	83.82
16 社区	84.87	82.66	88.00	82.50	84.60	74.86	83.46
17 社区	85.41	78.25	87.20	81.13	84.53	81.50	83.42
18 社区	84.65	80.91	85.70	82.08	82.50	78.56	82.89
19 社区	85.78	81.53	84.02	81.29	80.36	76.99	82.08
20 社区	84.81	77.48	80.44	78.25	84.72	82.12	81.89
21 社区	82.77	78.07	84.30	78.81	83.11	81.55	81.87
22 社区	86.74	69.30	86.71	78.13	83.21	80.53	81.41
23 社区	85.66	79.74	81.35	75.08	83.35	80.50	81.37
24 社区	84.45	79.62	79.22	76.38	83.94	81.84	81.27
25 社区	84.17	74.88	82.31	82.46	84.29	77.43	81.21
26 社区	84.24	75.63	82.40	80.59	82.84	78.65	81.14
27 社区	84.25	79.84	81.82	75.92	82.35	78.86	81.04
28 社区	82.92	79.07	79.45	80.03	82.96	78.37	80.76
29 社区	82.76	72.63	81.46	81.79	81.02	81.32	80.71
30 社区	84.35	78.28	76.98	80.58	82.14	78.52	80.68
31 社区	83.64	73.43	80.08	76.83	84.15	82.19	80.56
32 社区	83.05	79.53	82.20	79.28	79.83	76.86	80.55
33 社区	84.40	76.92	84.21	75.83	81.77	77.73	80.55
34 社区	83.58	72.53	85.47	79.81	80.28	78.93	80.46
35 社区	85.97	70.21	83.15	76.38	82.37	79.85	80.42
36 社区	80.93	75.67	84.89	80.21	79.25	78.00	80.39
37 社区	81.30	76.66	78.29	77.46	83.21	81.60	80.26
38 社区	85.27	75.93	81.15	76.91	81.16	78.35	80.08
39 社区	83.02	73.75	83.19	75.13	82.50	79.62	80.06
40 社区	82.11	74.99	81.71	80.04	82.57	75.61	80.04

续 表

评价	一、社区基本服务	二、社区文体教育活动的开展	三、社区安全状况	四、社区环境状况	五、社区民主自治情况	六、社区工作者的工作情况	满意度总得分
41 社区	82.53	75.57	75.57	77.09	82.24	78.96	80.00
42 社区	83.82	65.24	81.12	77.17	84.00	82.21	80.00
43 社区	83.76	74.45	83.18	74.00	82.10	77.90	80.00
44 社区	83.41	72.86	81.60	70.21	80.63	78.00	80.00
45 社区	78.93	60.08	86.50	04.83	83.65	78.00	80.00
46 社区	84.82	69.55	79.09	75.42	81.44	81.14	78.92
47 社区	80.51	76.03	80.06	74.21	82.29	76.98	78.78
48 社区	84.99	76.28	78.89	69.50	81.00	78.73	78.59
49 社区	82.26	69.92	74.55	78.71	81.96	79.19	78.52
50 社区	80.47	72.98	79.84	74.91	82.87	78.58	78.50
51 社区	84.01	68.67	79.65	79.88	79.52	75.16	78.41
52 社区	80.65	74.56	77.89	77.79	79.61	76.68	78.28
53 社区	80.77	72.50	80.02	72.13	79.53	77.83	77.55
54 社区	81.81	64.57	82.77	76.04	76.46	75.73	76.89
55 社区	81.03	64.53	76.18	76.19	79.67	77.26	76.35
56 社区	79.79	71.30	76.30	71.29	79.31	75.74	76.18
57 社区	81.39	66.85	77.02	70.13	80.61	75.15	75.94
58 社区	82.02	66.71	74.68	72.13	80.35	75.68	75.70
59 社区	82.13	65.83	70.70	68.83	77.36	73.20	73.46
60 社区	77.32	66.31	71.39	68.08	76.14	74.02	72.66
61 社区	77.34	58.22	71.53	66.67	75.33	70.98	71.01
62 社区	77.51	61.12	70.63	65.45	74.39	70.37	70.43
×区汇总	84.09	75.51	81.80	77.85	82.46	79.77	80.69

注:上述表中的各项内容之百分制得分＝历辖的四个小问题得分之和÷4÷3.75×100

上表是×区各个社区以及六个方面工作内容的满意度百分制得分以及满意度总得分表。整个×区的满意度总得分为80.69分。整体水平较好。

从表格对比分析发现以下问题:

1.从六个方面的工作满意度得分情况比较,各方面工作质量存在差异,社区的基本服务得分最高为84.09分,但社区文体教育活动的开展只有75.51分。针对文体教育活动得分不高,再纵看各个社区,总得分排名靠前的社区该项得分并不是最低的,而排名靠后的社区确实是该项内容得分最低。因此,每个社区各方面情况也各有不同。

2.同一个工作项,社区间工作质量差距也比较大。如文体教育活动方面,45社区(60.08分)、62社区(61.12分)和61社区(58.22分)得分较低,而1社区得分则高选93.62分。由此可见,社区间应该加强交流与合作,分享彼此的经验和资源,以求其同进步,使不同社区的居民都能够感受到相同的和谐环境。

四、24个调查指标的数据分析

(一)对社区基本服务的评价

1.对社区开展困难家庭帮扶工作的满度评价

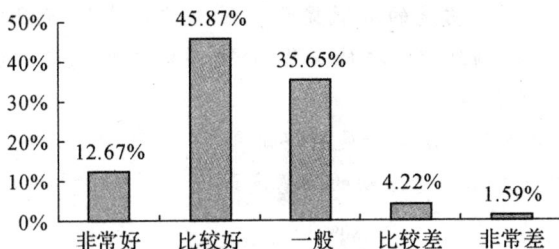

2.对社区开展老年人服务工作的满意度评价

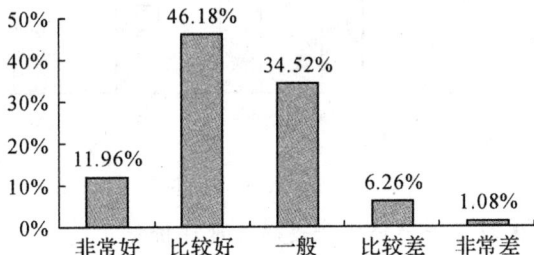

3.对社区开展就业帮扶工作的满度评价

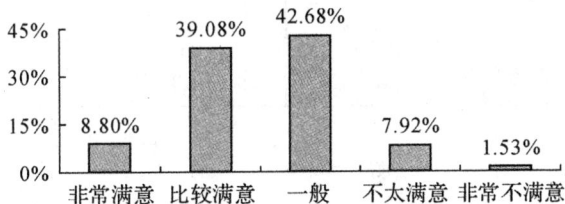

4.对社区提供的医疗卫生服务的满意度评价

社区基本服务最直接反应出社区对特殊家庭服务工作是否到位。

×区各区在"社区基本服务"的工作基本得到居民的认可。除了"社区开展就业帮扶工作"满意度偏低为47.88％外,其余三项工作满意度都在60％左右,说明社区该项工作让居民基本满意。

同时,从上面4个图表对比可以发现:每项工作的"一般"评价都在30％

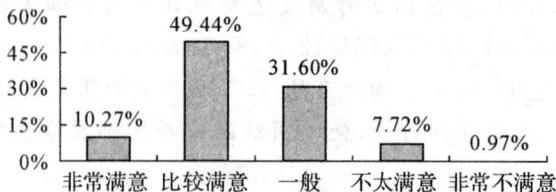

以上,尤其是"就业帮扶工作"的"一般"评价更是高达40%,说明每项工作的工作质量提升空间非常大。因此,高占比的"一般"评价应该引起社区工作者的高度重视。

"就业帮扶工作"满意度的偏低提醒社区工作者在做好困难家庭和老年人服务的同时也要兼顾到就业扶持工作,使更多的居民感受到社区工作者的服务,从而为社区的和谐投上满意的一票。

(二)对社区文件教育活动开展的评价

1. 对社区组织文体教育活动的满意度评价

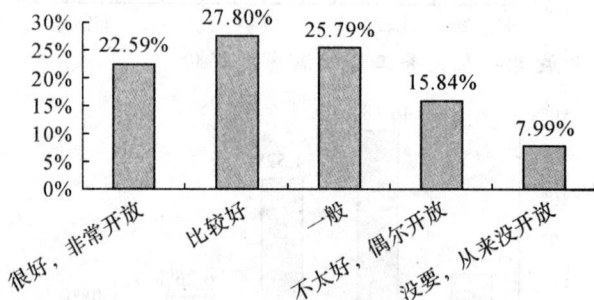

2. 对社区文体教育活动场所开设满意度评价

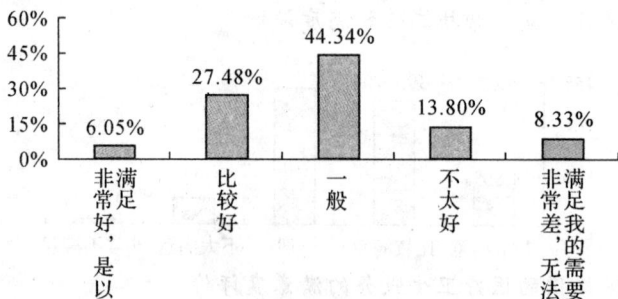

3. 对社区组织开展教育培训活动的满意度评价

4. 对社区组织开展有益于青少年健康成长活动的满意度评价

社区文体教育活动的组织、开展是影响居民对"和谐社区"满意度评价非常直接的因素之一。通过本次调查发现:"社区组织的文体活动"好评度为50.39%;"社区文体教育活动场所和设施"好评度为33.53%;"社区组织开展

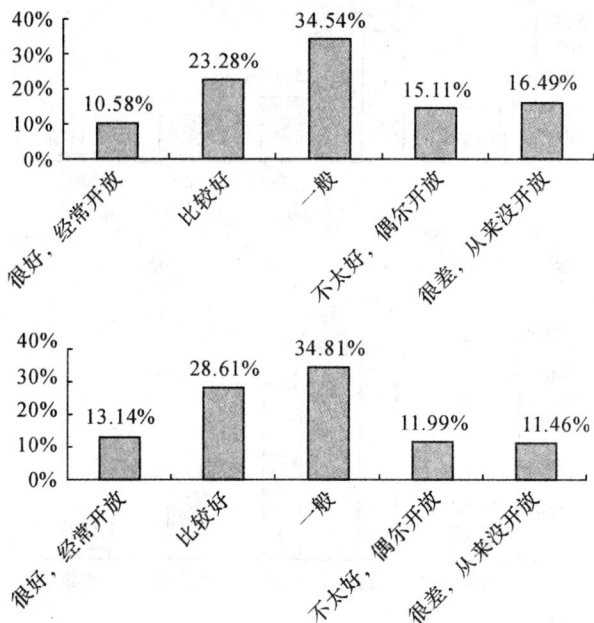

教育培训活动"好评度为 33.86%;"社区组织开展青少年健康成长活动"好评度为 41.75%。尤其对社区活动设施、场所需求较强烈的 41～50 岁群体会因为社区硬件设施不完善而否定整个社区的和谐程度。由此可见,社区文体活动场所和设施的完善对构建"和谐社区"意义很重大。

从数据还可以发现,由于社区活动场所和设施的缺乏直接造成社区相差的教育培训和青少年成长活动组织太少,从而使居民对这两个工作项满意度评价不高。相关活动的开展过少除了硬件设施不完善外,社区工作者组织工作不积极和宣传工作不到位也是其中的原因之一。在社区文体活动的开展工作中,50.39%的被访者给予"社区组织文体教育活动"满意评价,说明社区工作者完全有能力组织好社区的文体活动。因此,社区应该在大力完善社区硬件设施建设的同时,积极开展丰富多彩的文体教育培训活动,并加大宣传力度,使更多的居民参与到社区活动中来。

(三)对社区安全状况的评价

1. 对社区的安全感满意度评价

2. 对社区的治安防范措施的满意度评价

3. 对社区警务室的工作评价

4. 对社区在化解邻里纠纷、改善邻里关系等方面的满意度评价

由上组图可见,居民对"社区的安全感"好评率为 57.6%,说明各社区安全状况令居民基本满意。但是 34.18%的"一般"评价,15.98%的"不太有安

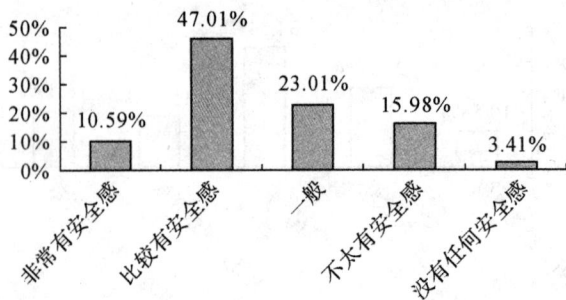

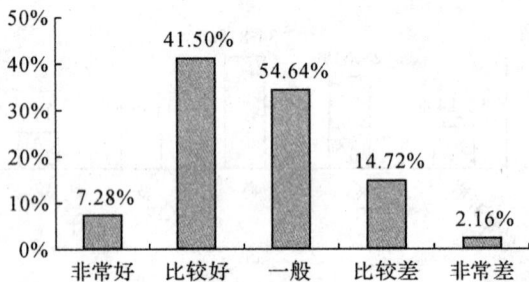

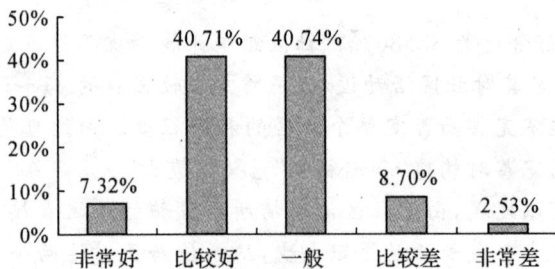

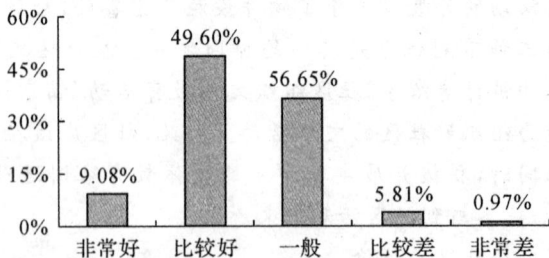

全感"和3.41%的"没有安全感评价"说明部分居民安全感的缺失,该现象应该引起社区工作者的高度重视。

被访者对"社区治安防范措施"的好评率仅为48.58%,对"警务室工作质量"好评率仅为48.09%。两个数据说明社区在安全工作上的投入没有得到大部分居民的认可。该数据也解释了为什么有19.39%的被访者安全感缺失的原因。

"安全感满意度"、"治安防范措施"、"警务室工作质量"三个工作项的差评度都超过10％，凸显社区安全问题存在一定的严重性，而"一般"评价超过20％，甚至"警务室工作质量"中，"一般评价"超过40％，说明要将安全工作质量更上一个台阶是完全可行的。若不加以改善和提升，将会成为该项工作满意度下滑的空间。

社区在调节邻里关系工作方面有58.58％的被访者给予满意评价，说明居民对该项工作的基本认可。另外，完善社区硬件建设，多开展社区活动都是调节邻里关系的方式。

（四）对社区环境状况的评价

1. 对社区的卫生状况方面的满意度评价

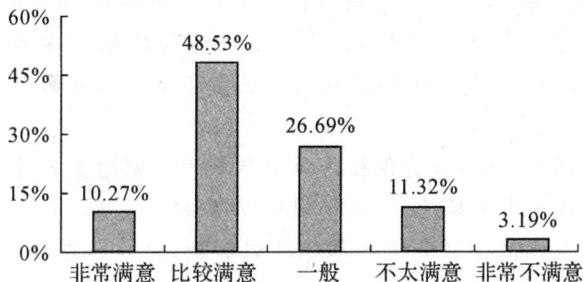

2. 对社区的绿化方面工作的满意度评价

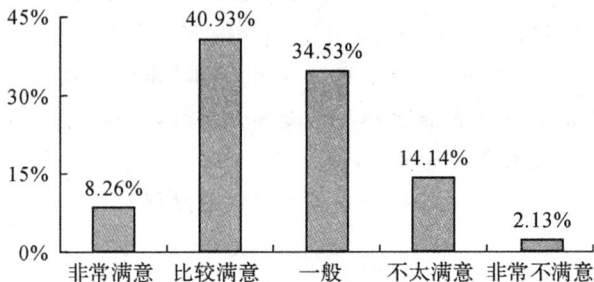

3. 对社区车辆的停放及管理工作的满意度评价

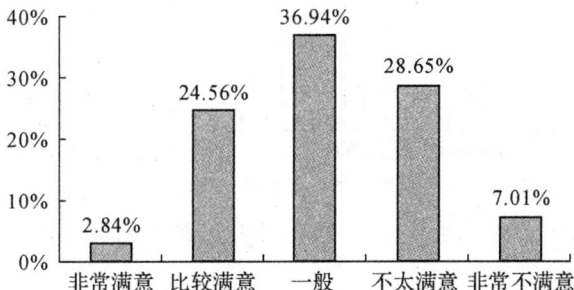

4. 对社区内各种噪音及环境污染方面的管理及控制的满意度评价

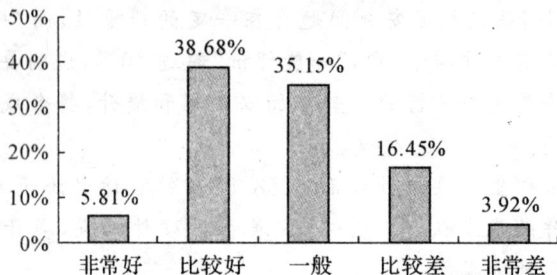

由数据可以看出×区的环境状况相比其他方面显得不容乐观。

居民对卫生环境给出 58.8％的好评,说明社区工作者在社区卫生的清理、维护方面确实投入了一定的精力。但是,"社区绿化"(好评度 49.19％)、"车辆停放及管理"(好评度 27.40％)、"噪声、环境污染管理"(好评度 44.49％)三项工作的好评度偏低,说明社区在环境状况方面的工作质量居民不太满意。

通过实地调查发现:当前各社区由于车辆的急剧增多而停车位相对较少直接引发了社区停车不规范,车辆管理难以到位的问题。而由于车辆停放及管理不到位又直接造成社区绿化草坪破坏加剧,噪声和环境污染严重,甚至还造成邻里纠纷。在老小区此问题更为突出。

因此,车辆的停放问题是社区环境治理工作的重点。把它盘上理好了,其他的环境问题都将迎刃而解。

四项工作中的"差评价"都在 10％以上,尤其"车辆停放管理"的不满意度占比为 35.66％,说明当前社区环境问题的严重性,需尽早拿出解决方案。

(五)对社区民主自治情况的评价

1. 对社区居委会民主选举组织工作的满意度评价

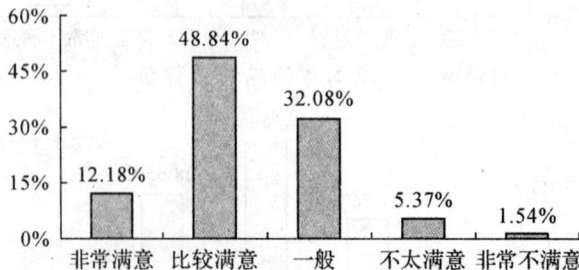

2. 对社区居委会处理涉及居民公共利益事项的方法的满意度评价

3. 对社区向居民收集意见或建议,并对这些意见或建议的反馈工作的满意度评价

4. 对社区目前邻里互助、邻里关系的状况的满意度评价

（图表1：满意度分布柱状图）
- 非常满意 8.49%
- 比较满意 36.69%
- 一般 44.52%
- 不太满意 8.32%
- 非常不满意 1.97%

（图表2：评价分布柱状图）
- 非常好 5.74%
- 比较好 28.13%
- 一般 41.03%
- 比较差 18.89%
- 非常差 6.18%

（图表3：满意度分布柱状图）
- 非常满意 14.24%
- 比较满意 58.33%
- 一般 24.71%
- 不太满意 2.50%
- 非常不满意 0.22%

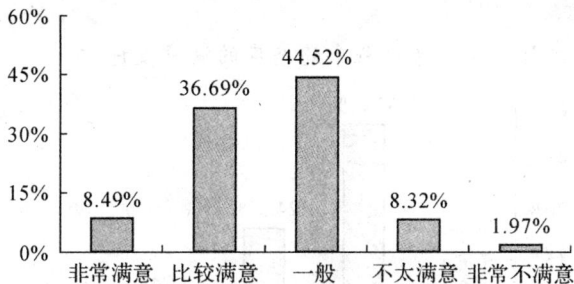

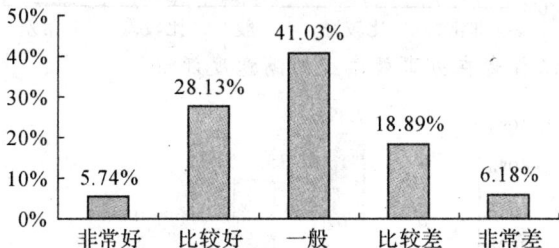

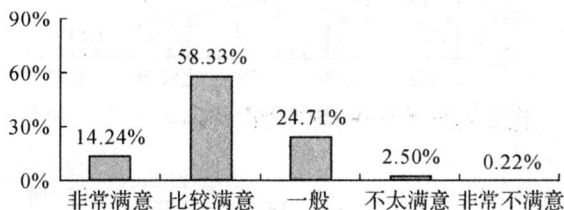

×区的"民主自治"工作现状有喜有忧。

喜的是居民对"民主选举组织工作"给出 61.01％的满意度好评，说明该项工作组织得到位；忧的是被访者对"处理居民公共利益事件"和"向居民收集意见和建议并及时反馈"满意度评价不高，分别为 45.19％和 33.88％，该引起社区足够的重视。

在"处理居民公共利益事件"方面被访者给出 45.19％的满意度，说明社区工作者解决公共事件的方式、方法还有待改进。但高达 44.52％的"一般"评价，说明在以后的和谐社区建设中该项工作还有很大的改进空间。"向居民收集意见和建议并及时反馈"仅得到 33.88％的好评，再次证明社区工作者工作主动性较欠缺。由实际调查得知：由于对居民意见和建议的不重视，直播导致社区工作者在处理居民公共事件上无法让居民称心如意。因此，在后面的工作中，社区工作者的处事方式要加以改进。同时，多倾听居民的心声，重视他们的意见和建议，无论能否解决都能给予及时的反馈。

居民对邻里关系 72.57％的好评说明社区人际关系的和睦。如果社区工作者调节更到位，社区活动开展更丰富一点，居民的邻里和谐度将更高。

(六)对社区工作者的工作情况评价

1. 对社区工作者在服务过程中的态度的满意度评价

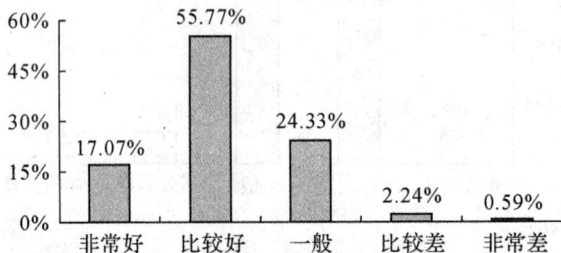

非常好	比较好	一般	比较差	非常差
17.07%	55.77%	24.33%	2.24%	0.59%

2. 对社区工作者在办事效率上的满意度评价

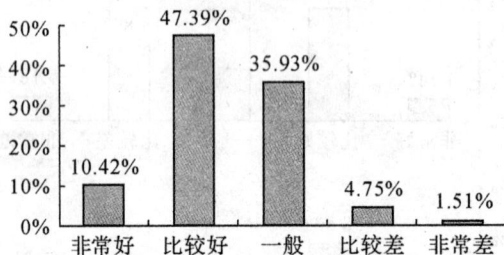

非常好	比较好	一般	比较差	非常差
10.42%	47.39%	35.93%	4.75%	1.51%

3. 对社区工作者走访了解本社区居民情况的满意度评价

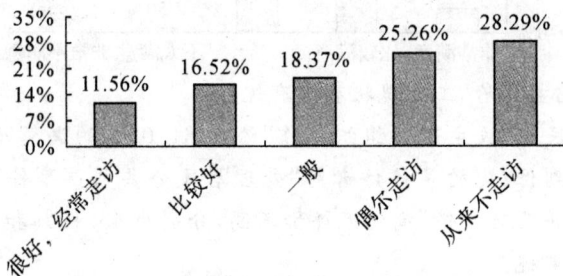

很好,经常走访	比较好	一般	偶尔走访	从来不走访
11.56%	16.52%	18.37%	25.26%	28.29%

4. 对社区工作者尽力尽责解决居民问题的满意度评价

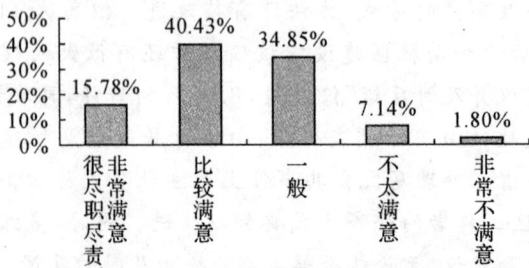

非常尽职尽责,很满意	比较满意	一般	不太满意	非常不满意
15.78%	40.43%	34.85%	7.14%	1.80%

　　社区工作者的服务态度居民给出了 72.84% 的好评。办事效率也让居民感到基本满意,好评度为 57.81%。

　　但是,社区对居民户的走访情况被访者仅给出28.08％的满意评价,而被访者表示不满意的高达53.55％。该项数据再度凸显社区工作者工作积极主动性不够。通过实地调查得知:由于社区工作者与居民间沟通渠道的欠缺,造成双方面信息沟通不顺畅,很多居民不了解社区在组织各项文体教育培训活动,而社区也无法深入了解居民实际情况,从而导致工作者在处理居民的公共事件上无法让居民称心如意。同时,由于沟通不到位,还影响到工作者的办事效率和效果。因此,居民对社区工作者的办事效率"一般"评价高达35.93％,对社区走访了解居民情况"一般"评价高达34.85％。

　　上述数据说明如果社区工作者加强对居民户的走访力度,对促进社区其他相关工作的顺利解决都起到极大的推动作用。因此,该引起社区工作者足够的重视。

　　就整体满意度而言,×区六个工作项中社区的基本服务、社区安全状况和社区的环境状况与社区的整体满意度联系较为紧密,这三方面满意度的高低,直接影响到整个社区的满意度;对于社区工作者满意度来说,社区基本服务、社区的环境状况和社区工作者的工作情况直接影响被访者对社区工作者的满意度。而这六个方面之间又有高度相关,社区的环境状况影响到社区安全状况,社区的基本服务的满意度影响社区工作者的工作情况的满意度。在以后的和谐社区建设中,"一般"评价将是工作质量重点提升的空间。

五、满意度评价 & 重要度关注分析

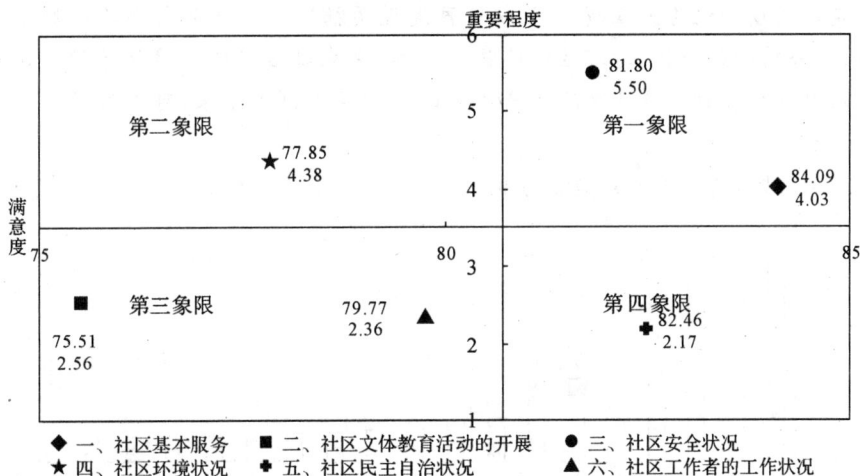

各项内容重要程度、满意度象限分析图

　　上图为×区涉及和谐社区六个方面的内容满意度和重要度的交叉对比分析

象限图,象限图分析主要用于寻找和谐社区建设工作中的优势与劣势。横坐标表示满意度得分,中心坐标在 80.69 分(×区的满意度总得分)处,纵坐标是重要程度,中心坐标取中间值,即在 3.5 处。

当指标位置处于第一象限时,表示重要程度高,满意度也高,说明这类测评指标是居民很看重、同时也是居民评价比较高的指标,体现的是和谐社区建设工作的竞争优势,需继续保持;当测评指标位于第二象限,显示重要程度高,满意度低,说明这类测评指标居民很看重,但居民的评价低,是和谐社区建设的薄弱环节,是需要重点改进的关键指标;测评指标位于第三象限时,表示重要程度低,满意度亦低,说明这些指标相对位于第一和第二象限的指标,对此类工作的不断投入,而对于满意度产出来说并不大;当指标在第四象限时,则显示其相对的重要程度低,而满意度则较高,说明这类测评指标在现阶段对居民的影响比较小。同时,我们要强调的是,这些第三、四象限的指标,不能认为它们是无关紧要的指标。因为当某项服务一直长期稳定地保持高满意度时,居民在评价总体满意度时会不自觉地忽略它,但一旦这项服务质量不好,居民马上觉得不能承受,反映在统计指标上就是这项指标的重要度会大大增加,也就是我们满意度调研专业中非常重要的分析所在,即基本、激励和绩效三大类指标研究。

从图可见,处在第一象限的有两个,一是社区安全状况,二是社区基本服务;而需要改进的是社区的环境状况,居民对环境状况重要度为第二(4.38),但是满意度却仅为第五(77.85 分),再度说明社区环境状况需要改进的紧迫性,结合前面的分析,对社区环境状况改善,需从社区车辆的停放及管理工作以及社区内各种噪音及环境污染方面的管理及控制入手来,可以有效改善社区的环境状况。

六、被访者的意见或建议分析

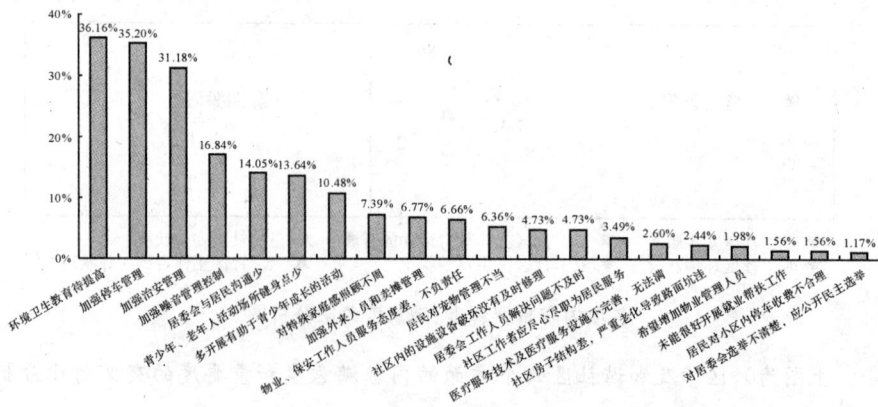

　　从图表可以看出：×区被访者所提意见和建议中，卫生环境的占比例为36.16％，车辆管理为35.20％，安全方面31.18％，社区活动方面为24.02％（包括活动设施13.54％和青少年活动开展10.48％），噪声影响为16.84％，加强居委会与居民沟通14.03％，加强对外来人员和小商贩的管理6.77％。

　　同时，再结合居民对社区各项工作的满意度评价，将居民意见百分比与对相关工作的满意度评价(被访者评价"非常满意"和"满意"的占比)进行对比分析：

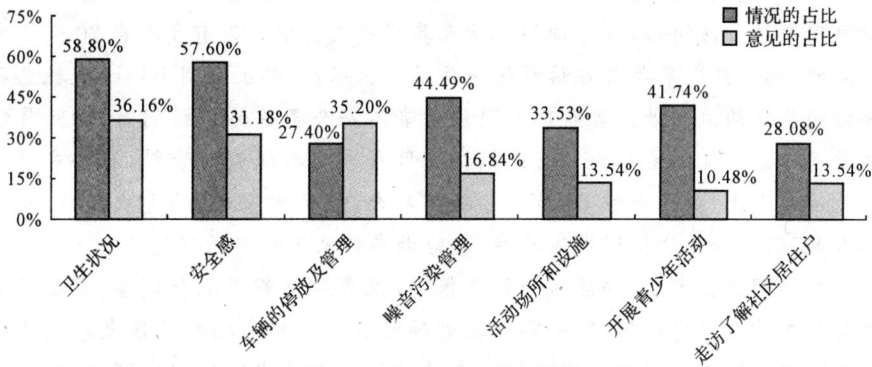

　　从图示数据发现：居民提意见和建议比较多的工作项目在满意度评价中得分都不高。除了"卫生状况"和"安全感"，满意度超过半数，其余五项满意度占比都在50％以下。所以该数据再次说明这些项目将是下一步和谐社区建设整改的重要工作内容。

　　第四部分　项目运作督导报告

　　一、项目执行内容

　　本次针对×市×区62个社区辖区的居民采取入户访问的方式进行调查。共计有效问卷4080份。

　　二、项目执行时间

　　2008年7月27日—2008年9月7日

　　三、项目运作总结陈述

　　本次调查的目的是测评居民对所居住的社区各方面的满意程度，从而为×市现代化和谐社区的评比提供支撑材料。本次调查安排项目运作主管1名，项目督导15名，另组织项目管理人员4名，访问员由接受过×调研公司专业培训的大学生担任。

　　2008年7月25日下午，组织访问员培训。为了防止不同认识或意识导致的不同理解，严格按照《项目实施规范手册》，对访问员和审核人员进行标准化和规范化的培训。培训内容主要包括访问调查的基础知识、实地抽样、问卷指标和内容的讲解等，还分小组进行现场模拟练习。7月26日上午，对访问员再次行培训,培训内容主要是如何正确处理在访问过程中可能发生自生问题和一些突发事件。按10%的比例做了预调查,并对所做的预调查进行总结。

7月27日上午调查正式开始,整个访问于9月7日结束,历时1个月零12天。各访问员每天(除双休日外)于下午四点半左右到达指定的访问地点,在督导人员的带领下开始进行访问。在访问中,访问员将完成的问卷及时交督导一审,发现有问题立刻在现场解决。调查方案规定,样本中必须保证被访户同意接受访问后,首先询问被访人其家庭成员中是否有年龄在20~70岁之间的,具有最近半年都在该社区居住的常住居民,其次利用KISH表挑选符合访问要求的被访着。当甄别发现被访者不符合条件终止访问时,访问员经必要解释后有礼貌地退出。可是根据社区居委会所提供的资料,有许多样本户无法联系上,原因有许多,有的年龄不符合,有的搬家,有的是出租户,而非本人,有的电话无法接通或不存在,这给调查带来了相当的难度。

在访问过程中,有的区域拒访率很高,很多群众都不配合调查,有些社区保安及工作人员态度不好,一些比较老的社区和比较高档的社区表现尤为明显,这也给调查增加了一定的困难,有的社区甚至还出现抢问卷事件,如车站社区、秀水社区、青林湾社区等,后来民政局出现协商才算解决。但是值得欣慰的是有许多群众还是很支持这个调查访问的,都会积极配合。由于个别访问员对问卷存在理解上的差异,于第二天对其所做的问卷作了补救措施。

督导在审核中,对于不符调查对象的问卷和漏答的问卷予以作废或由原访问员重新请问。对于回答高度相似的或有逻辑性错误的问卷,督导要求访问员追问原因或重新访问。最后未发现原则性错误,问卷质量良好。下表是问卷的访问情况和复核情况:

问卷访问情况:

到访户数			13416	
成功访问户数		408	成功率	30.46%
未成功访问户数		9329	未成功率	69.54%
不成功的原因	被访户不成功原因	空关	893	
		拒访	4085	
	被访者不成功原因	三次未遇	285	
		拒访	3519	
		条件不符	539	
此次项目拒访率			65.07%	

问卷复核情况：

成功访问户数	4087	总复核份数	2160	复核率	52.85%
复核出错户数	38	复核出错率	1.76%	废卷数	7
访问员总人数	80	被复核访问员人数	80	访问员被复核率	100%
访问员出错人数	7	访问员出错率	6.25%	其他	

×市场调研公司

2008 年 9 月 15 日

资料来源：师生工学结合调研项目整理资料，2008 年 9 月 30 日。

参考文献

[1] 纳雷希·K.马尔霍特拉:《市场营销研究:应用导向》,北京:电子工业出版社,2006。

[2] 涂平:《营销研究方法与应用》,北京:北京大学出版社,2008。

[3] 郑聪玲、徐盈群:《市场调查与分析实训》,大连:东北财经大学出版社,2008。

[4] 郑聪玲:《统计》,杭州:浙江大学出版社,2009。

[5] 刘永炬:《市场部》,北京:京华出版社,2005。

[6] 岑咏霆:《营销调研实训》,北京:高等教育出版社,2003。

[7] 赵轶:《市场调查与分析》,北京:北京交通大学出版社,2008。

[8] 蒋萍:《市场调查》,上海:上海人民出版社,2007。

[9] 刘红霞:《市场调查与预测》,北京:科学出版社,2007。

[10] 赵轶、韩建东:《市场调查与预测》,北京:清华大学出版社,2007。

[11] 朱胜:《市场调查方法与应用学习指导与习题》,北京:中国统计出版社,2005。

[12] 曲岩、刘继云:《统计学》,北京:中国林业出版社,2007。

[13] 胡祖光、王俊豪、吕筱萍:《市场调研与预测》,北京:中国发展出版社,2006。

[14] 邱小平:《市场调研与预测》,北京:机械工业出版社,2008。

[15] 李世杰:《市场营销与策划》,北京:清华大学出版社,2006。

[16] 韩德昌、郭大水、刘立雁:《市场调查与市场预测》,天津:天津大学出版社,2004。

[17] 马连福:《现代市场调查与预测》,北京:首都经济贸易大学出版社,2005。

[18] 郭凤兰:《市场调查与预测》,重庆:重庆大学出版社,2006。

[19] 柴庆春:《市场调查与预测》,北京:中国人民大学出版社,2006。

[20] 高微:《市场营销调查与预测》,北京:首都经济贸易大学出版社,2006。

图书在版编目（CIP）数据

市场调研与分析 / 郑聪玲著. —杭州:浙江大学
出版社，2011.7(2021.7重印)
ISBN 978-7-308-08791-9

Ⅰ.①市… Ⅱ.①郑… Ⅲ.①市场调研②市场分析
Ⅳ.①F713.52

中国版本图书馆 CIP 数据核字（2011）第 119722 号

市场调研与分析

郑聪玲 著

责任编辑	李海燕
封面设计	刘依群
出版发行	浙江大学出版社
	（杭州市天目山路 148 号　邮政编码 310007）
	（网址：http://www.zjupress.com）
排　版	杭州青翊图文设计有限公司
印　刷	嘉兴华源印刷厂
开　本	787mm×960mm　1/16
印　张	20.25
字　数	364 千
版 印 次	2011 年 7 月第 1 版　2021 年 7 月第 5 次印刷
书　号	ISBN 978-7-308-08791-9
定　价	36.00 元